现代教育领导与管理译丛
张新平　程晋宽　主编

Ethical Educational Leadership in Turbulent Times: (Re)Solving Moral Dilemmas (Second Edition)

激荡时代的伦理教育领导：破解伦理困境（第2版）

[美] 琼·波琳娜·夏皮罗（Joan Poliner Shapiro）
史蒂文·杰伊·格罗斯（Steven Jay Gross）著
张新平　主译

教育科学出版社
·北京·

出 版 人　郑豪杰
责任编辑　秦　欢　翁绮睿
版式设计　杨玲玲
责任校对　贾静芳
责任印制　叶小峰

图书在版编目（CIP）数据

激荡时代的伦理教育领导：破解伦理困境：第2版／（美）琼·波琳娜·夏皮罗，（美）史蒂文·杰伊·格罗斯著；张新平主译．—北京：教育科学出版社，2024.6
（现代教育领导与管理译丛）

书名原文：Ethical Educational Leadership in Turbulent Times：（Re）Solving Moral Dilemmas（Second Edition）
ISBN 978-7-5191-3606-2

Ⅰ.①激…　Ⅱ.①琼…②史…③张…　Ⅲ.①教育学—伦理学—研究　Ⅳ.①G40-059.1

中国国家版本馆CIP数据核字（2023）第228946号

北京市版权局著作权合同登记　图字：（01-2024-2276）号

激荡时代的伦理教育领导：破解伦理困境
JIDANG SHIDAI DE LUNLI JIAOYU LINGDAO：POJIE LUNLI KUNJING

出版发行	教育科学出版社		
社　　址	北京·朝阳区安慧北里安园甲9号	邮　　编	100101
总编室电话	010-64981290	编辑部电话	010-64981167
出版部电话	010-64989487	市场部电话	010-64989572
传　　真	010-64989419	网　　址	http://www.esph.com.cn
经　　销	各地新华书店		
制　　作	北京金奥都图文制作中心		
印　　刷	河北燕山印务有限公司		
开　　本	720毫米×1020毫米　1/16	版　　次	2024年6月第1版
印　　张	18.5	印　　次	2024年6月第1次印刷
字　　数	257千	定　　价	70.00元

此书第2版将湍流理论与包含了正义、批判、关怀和职业的多元伦理范式结合在一起。通过书中多个案例的实践探索，这些概念的完美融合得到了更充分的彰显，进而有力增强了本书的整体有效性。

——迈阿密大学教育、卫生和社会学院教育领导系教授、系主任迈克尔·E. 丹特利（Michael E. Dantley）

夏皮罗和格罗斯通过《激荡时代的伦理教育领导：破解伦理困境（第2版）》一书，准确地击中了关键。我们必须教导有抱负的领导者做出符合伦理的决策，而本书的两位作者为领导者提供了工具，使他们在做出决策和实施决策时，能够从更高的层面评估湍流的程度。

——印第安纳大学实践副教授及印第安纳大学公立学校联盟执行主任芭芭拉·J. 欧文（Barbara J. Erwin）

本书简介

教育领导者不仅要面对班级、学校、学区以及教育机构中的道德伦理决策，也必须考虑某些影响群体稳定的、错综复杂且具威胁性的事物。在这个战争、恐怖主义事件、自然灾害频发，倡导问责制和高风险测试的激荡时代，决策过程尤其艰难。基于案例研究的《激荡时代的伦理教育领导：破解伦理困境》是一本引人入胜的书，其目的是帮助领导者在激荡时代做出符合伦理的决策。本书是在史蒂文·杰伊·格罗斯（Steven Jay Gross）创立的湍流理论（Turbulence Theory）以及琼·波琳娜·夏皮罗（Joan Poliner Shapiro）和杰奎琳·斯特夫科维奇（Jacqueline Stefkovich）创立的包含了正义、批判、关怀、职业的多元伦理范式（Multiple Ethical Paradigms of justice，critique，care，and the profession）的基础上形成的。本书依据专业人员面临的现实困境，对理论问题做了清晰的解释，以帮助领导者破解那些现实中具有挑战性的问题。

第2版新增：

- 拓展了对湍流理论的讨论，并增加了伦理领导（ethical leadership）领域的最新研究成果。

- 新增案例涉及"年度适当进步"（adequate yearly progress，AYP）、滥用学生数据、财务压力、课程设计、学生安全、体育及社会公正等问题。

- 对案例末尾的问题做了更新，以便充分反映当代议题。

《激荡时代的伦理教育领导：破解伦理困境（第2版）》一书对于那些有抱负、有实践精神的教育管理者和领导者来说是一本有价值的书。

琼·波琳娜·夏皮罗是美国天普大学教育学院教育领导学教授。

史蒂文·杰伊·格罗斯是美国天普大学教育学院教育领导学教授。

献给我幽默的丈夫欧文·M. 夏皮罗（Irving M. Shapiro）博士，感谢他一直以来的支持。夏皮罗先生一贯奉行关怀伦理，并在其中加入了批判伦理的思想，从而将两者完美结合。

——琼·波琳娜·夏皮罗

献给我的妻子吉恩·李·格罗斯（Jean Lee Gross）。无论湍流是轻度的还是中度的，重度的还是极端的，你都能帮助我认识到稳定性和支持性能使事物免于级联的挑战。感激之情无以言表。

——史蒂文·杰伊·格罗斯

纪念莉萨·马里·沃勒（Lisa Marie Waller）——一位卓有天赋的教育人和专注的博士生。

——琼·波琳娜·夏皮罗和史蒂文·杰伊·格罗斯

目　　录

前　言

教育领导者所做的决策往往会影响下一代的生活和学习。在这个战 IX
争、恐怖主义事件、自然灾害、金融风险频发，倡导问责制和高风险测试的激荡时代，决策过程愈加艰难。本书第 2 版将帮助教育领导者做出这些艰难的决策。

本书创新

为了找到新版本的创新点，我们曾征询过以本书为教材的读者的意见。他们提出，新版本可以加入更多的案例，关注“年度适当进步”、财务压力、体育和社会公正等问题，重点关注相关事件的后续发展。与这些主题有关的伦理困境已包含在这一版本中。本书第 2 版还特意增加了其他相关主题，包括：学生的身心安全；标准化时代下的课程设计；特殊学生需求；与高风险测试相关的新型评级系统和作弊问题；等等。同时，本书添加了一个中国城乡教育相关案例。此外，湍流理论亦有所发展与优化：在位置性（positionality）和级联（cascading）之外，增加了稳定性（stability）这一新元素，其目的是要讨论在既有困境中，使湍流水平上升或降低的有效方法。

教育领域也动荡不安。2008 年金融危机导致了失业率上升、破产、 X
房屋止赎等情形，并大大减少了对许多社区公立学校的支持。此外，激荡时代中，对美国及其他发达国家的教育政策也必须纳入考虑。在编撰本书时，《不让一个孩子掉队》法案（No Child Left Behind Act，NCLB）仍然有效，那些希望以豁免形式获得救济的州也在其行动中意识到了新的限制。新的联邦政策（如“力争上游”计划，Race to the Top，RTT）为各州提供了紧急财政援助，但同时也使各州陷入相互竞争的局面，造成了紧张的局势。近年来，在公立学校政策领域，出现了越来越强烈的私有化倾向和向市场转移的压力。教育券、特许学校、网络学校以及类似的传统学校竞争形式将教育领导者置于前所未有的动荡境地。

本书内容及结构

本书对“教育领导”的定义非常宽泛，不仅包括学校和中心学区管理者，也包括高等教育的教师和管理者。在激荡时代解决复杂的伦理问题远非易事，正因如此，本书书名经过了慎重考虑。本书中采用“（重新）破解”［（re） solve］的形式以表明，虽然（使用本书所提供的伦理框架之后）决策无疑是会发挥作用的，但并非是一劳永逸的，它或许只能解决眼前的问题。这一解决方法的意义在于，它能够在紧张局势下，为决策者提供充足的时间应对动荡。因此，无论伦理困境或案例得到的“破解”是暂时的还是永久的，都将能帮助教育领导者处理棘手的伦理问题。

本书第一部分介绍了两个理论：多元伦理范式（Shapiro & Stefkovich，2001，2005，2011）与湍流理论（Gross，1998，2004，2006；Shapiro & Gross，2008）。第 1 章对这两个概念做了概述，举例说明了如何在伦理决策中使用这两个概念。第 2 章和第 3 章分别详细讨论了多元伦理范式和湍流理论。多元伦理范式可以帮助教育者理性决策，而湍流理论能使他们在最终决策时考虑情感氛围的作用。这一综合框架可以协助教育领导者做出适当且明智的选择，以此迎接挑战，保护和真正教育下一代。

本书第二部分在承接前一部分的基础上，从理论转向实践。书中所提供的案例是真实的并涵盖了一系列主题，包括种族、民族、社会阶层、性别、宗教、学习者多样化和安全问题等。不少困境涉及多个主题。这些案例是由从业人员（其中大多数也是研究生）以及一些曾做过领导的教员提出的。每个案例结尾的问题都有助于读者破解自身面对的伦理困境。这些案例挖掘正义、批判、关怀和职业的伦理并关注湍流理论，将决策的情感背景一并考虑在内。除了提出问题，指导者还可以引导学习者关注某一特定困境所涉及的主题——例如关于种族、民族或宗教的讨论。

本书希望，多元伦理范式和湍流理论的运用，能够帮助教育者感性且理性地做出决策，并为教育领导者提供一套贯穿职业生涯的概念和（或）工具。

致　谢

感谢现任及前任的编辑希瑟·贾罗（Heather Jarrow）和内奥米·西尔 XIII
弗曼（Naomi Silverman），他们分别为关怀伦理和批判伦理的发展做出了实践方面的贡献。同时，也要感谢伊莱恩·阿尔特曼（Elaine Artman）、罗伯特·R. 巴尔纳（Robert R. Barner）、林恩·G. 贝克（Lynn G. Beck）、芭芭拉·珍妮·欧文（Barbara Jeanne Erwin）、艾琳·S. 约翰逊（Eileen S. Johnson）、玛莎·麦卡锡（Martha McCarthy）、杰里·罗比肖（Jerry Robicheau）和一位匿名评审，他们的意见给予我们极大的帮助。我们真诚地感谢杰奎琳·斯特夫科维奇，她的优秀思想贯穿了全书，尤其体现在第2章中。罗伯特·斯塔雷特（Robert Starratt）为我们建立了一个有效且富有创造性的伦理框架。我们还要感谢保罗·贝格利（Paul Begley），他为我们在美国教育管理大学委员会（University Council for Educational Administration，UCEA）领导与道德研究中心主办的会议上提供了一个举行工作论坛的机会。此外，我们要对美国教育管理大学委员会的执行董事米歇尔·杨（Michelle Young）致以真诚的感谢，感谢他多方鼓励、支持我们的工作。来自天普大学（Temple University）、纽约大学（New York University）和佛蒙特大学（University of Vermont）的同事和研究生亦为本书做出了贡献，他们所提供的伦理困境案例使本书内容更加翔实，他们分别是：斯泰西·L. 阿罗诺（Stacey L. Aronow）、丽塔·M. 贝克尔（Rita M. Becker）、萨拉·M. 贝克尔（Sara M. Becker）、马克·布拉索夫（Marc Brasof）、埃伦·亨德森·布朗（Ellen Henderson Brown）、科琳·A. 考德威尔（Corrinne A. Caldwell）、小艾伯特·F. 卡塔罗（Albert F. Catarro，Jr.）、约瑟夫·P. 杜塞特（Joseph P. DuCette）、玛丽·M. 菲古拉（Mary M. Figura）、戴维·X. 菲特（David X. Fitt）、肯德尔·L. 格洛纳（Kendall L. Glouner）、埃米莉·L. 格罗斯（Emily L. Gross）、凯利·D. 哈博（Kelly D. Harbaugh）、塔米卡·C. 哈维（Tamika C. Harvey）、桑迪·M. 霍梅尔（Sandy M. Homel）、诺艾尔·杰奎琳（Noëlle Jacquelin）、威利特·琼斯（Willette Jones）、詹姆斯·康拉德（James Konrad）、克里斯托弗·J. 莱克（Christopher J. Lake）、莫琳·F. 林顿（Maureen F. Linton）、肖恩·利特尔（Shaun Little）、卡罗尔·A. 洛佩斯（Carol A. Lopez）、特里·M. 麦克唐纳（Terry M. McDonald）、伊冯尼特·J. 马歇尔（Yvonnette J. Marshall）、珍妮特·M. 梅（Janet M. May）、罗伯特·J. 墨菲（Robert J. Murphy）、爱德华·L. 迈尔斯（Edward L. Myers）、卡伦·R. 内尔（Karen R. Nell）、詹姆斯·M. 奥康纳（James M. O'Connor）、克里斯滕·R. 夸克（Kristen R. Quirk）、辛西娅·L. 瑞恩汉（Cynthia L. Renehan）、苏珊·H. 夏皮罗（Susan H. Shapiro）、杰米·R. 舒达（Jamie R. Shuda）、艾利森·J. 斯塔普林（Alison J. Staplin）、梅利萨·斯特巴（Melissa Sterba）、莉萨·马里·沃勒（Lisa Marie Waller）、埃里克·沃特斯（Eric Waters）、特洛伊·L. 威斯汀（Troy L. Wiestling）、杨光（Guang Yang）和道格拉斯·赞德（Douglas Zander）。

我们尤其要感谢来自美国、加拿大、瑞典、澳大利亚和中国台湾的学者和实践者，在“民主伦理教育领导”方面，他们一直同我们保持密切合作。同时，感谢天普大学为我们每个人提供了进修假期，让我们有时间和空间阅读以及撰写伦理道德方面的文稿，最终促成了本书。此外，我们还要感谢克里斯蒂娜·P. 科里·莱格（Kristina P. Corey Legge），她曾是天普大学教育管理专业的研究生助理，她帮助我们完成了本书第 1 版的收尾工作。

最后，特别感谢我们的家庭。如果没有他们对我们工作的支持，如果不是他们给予我们坚定的信念，本书是难以完成出版的。

琼·波琳娜·夏皮罗

史蒂文·杰伊·格罗斯

宾夕法尼亚州，费城

2012 年 12 月

第一部分

理解理论框架

本书第一部分详细介绍了破解伦理困境的理论框架，使读者能够在一定程度上运用多元伦理范式和湍流理论破解伦理困境。

第 1 章对多元伦理范式与湍流理论的基本概念做了概述，简要描述了正义、批判、关怀和职业这四类伦理，介绍了轻度、中度、重度和极端程度的四类湍流，呈现了一个利用多元伦理范式和湍流理论来破解的伦理困境。此外，本章着重介绍了湍流度计（Turbulence Gauge）的设计。

第 2 章呈现了多元伦理范式的丰富背景。每一伦理都有着深厚的知识传统，因此，本章从四类伦理的角度出发呈现了大量相关文献，着重介绍了相关学者及其所进行的工作。

第 3 章探讨了湍流理论及其演变。本章内容包括湍流的水平、级联、稳定性及其在评估教育情境受湍流影响程度方面的应用。湍流理论与当下及之前的学术研究都有一定关系。

第1章　本书概述

（本章案例由诺艾尔·杰奎琳提供。）

> 恐惧的答案不是畏缩与躲闪，也不是未经抗争的软弱投降。恐惧的答案是勇敢地面对它、观察它、分析它，最后采取行动。（Roosevelt，1963）

21世纪伊始，在这个战争、恐怖主义事件、飓风、火山爆发、龙卷风、金融风险频发，倡导高风险测试的时代，教育领导者面临的决策形势与和平时期相比更为严峻。在这个不断变化和充满挑战的世界里，教育领导者要做出发生在课堂、学校、学区以及教育机构中的伦理道德决策。除此之外，他们还需要考虑疏散计划、心理援助、冲突解决以及影响其群体的全球事件和威胁。最难破解的是做出有关两难困境和复杂伦理问题的决策。本书通过特定的设计，帮助身处激荡环境中的教育领导者破解伦理困境。

即使在最好的时代，教育领导者每天也要面对艰难的道德困境。福斯特（Foster，1986，p. 33）解释道："每一项行政决策都是对人类生活的调整——这就是为什么行政的核心是解决道德困境。"富兰（Fullan，2001）谈到，领导者被要求不断地为那些"复杂、充满矛盾和困境"的大问题提供"一次性解决答案"（once-and-for-all answers）。霍默-迪克森（Homer-Dixon，2000）在陈述中进一步提到这些观点：

> 我们要求（领导者）能够解决或至少能够管理大量相关的问题，这些问题可能会毫无预兆地发展成危机。关键是，我们要求他们能够驾驭日益动荡的现实，然而这一现实对人的大脑来说简直是无法理解的；我们用更大胆、更强大的特殊利益来鼓励他们产生创新的政策理念；我们把他们淹没在往往毫无帮助且会分散注意力的信息中；我们迫使他们做出决定并加速行动。(p. 15)

这个复杂且充满挑战的时代对掌权者的要求越来越高。在这种情况下，中心学区和学校的管理者再也无法独自完成一切事务（Donaldson, 2001；Fullan, 2001, 2003）。本书对教育领导的定义非常宽泛，不仅包括管理者，还包括那些帮助领导者承担决策职能的人（Elmore, 2000；Gronn, 2001；Guiney, 2001；Hart, 1994a, 1994b；Katzenmeyer & Moller, 2001；Neufeld & Roper, 2003；Poglinco et al., 2003；Spillane, Halverson, & Diamond, 2001；Spillane & Orina, 2005）。教育领导将会产生越来越多的职位和头衔，如教师领导、教学教练、协调员、部门主任和危机管理团队成员。特别是教师领导，他们可以担任特许学校校长或学习共同体组织的领导，或扮演合作教师和督学的角色，协助大学培养下一代教育工作者（Campbell, 2004；Glickman, 2002；Hansen, 2001；Hostetler, 1997；Strike & Ternasky, 1993）。

然而，在分布式领导（distributive leadership）中也有需要注意的地方。在问责制时代（era of accountability），最终决策往往由最高领导者做出。例如，2001 年，美国公立学校的校长和督学在《不让一个孩子掉队》法案等立法文件中被特殊强调，让他们做出艰难的决策并对其负责。由此，被任命的领导者和那些在决策过程中本应持有发言权的人之间的关系趋于紧张。但是，尽管有些事先警示，伦理困境中仍会出现分布式领导的事例。

在这本书中，正如贝格利（Begley, 1999）所讨论的那样，“伦理”这一术语与价值观密切相关，尤其是当转向决策和问题解决时。贝格利强调，从某种程度上来说，决策过程不可避免地会涉及价值观，即选择首选替代方案而拒绝其他方案。他还强调了教育领导者因价值观冲突而面临的问题，其中一些冲突涉及明确的价值观，另一些冲突则涉及不为人知的、可能与组织或群体价值观不相容的核心价值观。这种价值冲突贯穿全书，在不同的伦理困境中皆有讨论。

在理论层面，本书以正义、批判、关怀和职业的多元伦理范式（Shapiro & Stefkovich，2001，2005，2011）和湍流理论（Gross，1998，2004，2006）为基础，把两者相融，形成了一个旨在帮助教育领导者在激荡时代解决困境的理论框架。这一理论框架融合了戈尔曼（Goleman，1995）所说的两种心理理论，即理性心理与感性心理。这种融合试图在两种截然不同的认知方式之间找到平衡。戈尔曼对这种平衡进行了很好的描述：

> 这两种根本不同的认知方式相互作用，构建起我们的精神生活。理性心理是我们通常意识到的一种理解模式，它在意识上更加突出，使人更加深思熟虑，能够进行思考和反思。伴随着理性思维的是另一种让人感受到冲动和强烈情感的情绪，它有时候是不合逻辑的，那就是感性心理。
>
> 理性和感性的区别就像人们通常所说的“头脑”和“心灵”的区别。“打心底”认为某事正确的感觉比用理性心理得出的答案更让人信服，也就是说，我们的大脑对这两种感受是有明确区分的。

因此，本书的重点如下：

1. 呈现正义、批判、关怀和主要涉及理性心理的职业的多元伦理范式（第 2 章）；

2. 介绍触动感性心理的湍流理论概念（第 3 章）；

3. 从现实的伦理困境出发，结合多元伦理范式和湍流理论对案例进行分析（第 4 章至第 10 章）；

4. 协助教育领导者在激荡时代破解困境，甚至是极端困境。

本章旨在通过介绍多元伦理范式和湍流理论，为本书提供简要概述。理论之后呈现的是一个现实的伦理困境——“老天爷，这到底是什么?”。通过运用上述两个理论，来破解这一困境，同时也让读者对后文中的多个伦理困境有所了解。

一、多元伦理范式简述

《教育中的伦理领导与决策：以理论视角看待复杂困境》（*Ethical Leadership and Decision Making in Education*：*Applying Theoretical Perspectives to Complex Dilemmas*）一书提供了在激荡时代帮助教育领导者解决困境的基本视角。这本由夏皮罗和斯特夫科维奇（Shapiro & Stefkovich，2001，2005，2011）撰写的书，探讨了正义、批判、关怀和职业的多元伦理范式。斯塔雷特（Starratt，1994a）将正义、批判和关怀这三种范式结合在伦理学和学校研究中，夏皮罗和斯特夫科维奇进一步发展了这些伦理，并添加了第四个视角——职业伦理。

多元伦理范式的视角之一是正义伦理（ethic of justice）。这一视角关注权利、法律和政策。正义伦理是自由民主传统的一部分，它相信内含于法律制度的信念并不断进步（Delgado，1995）。这一范式关注公平、平等和个人自由。正义视角引出了一些问题，例如：是否存在适合解决特定伦理困境的法律、权利或政策？为什么这项法律、权利或政策适用于这种特殊情况？在这种情况下，法律、权利或政策应如何实施？

批判伦理（ethic of critique）已经被一些研究者讨论过，他们不相信正义范式的分析和理性方法。其中一些学者发现，正义伦理所侧重的法律、权利或政策与民主概念之间存在着矛盾。它们不仅迫使我们重新思考民主等重要概念，而且要求我们重新定义和重构特权、权力、文化、语言，特别是社会正义等相关概念。这一伦理要求教育工作者处理有关阶级、种族、性别和其他差异领域的难题，包括：谁制定法律、规则或政策？谁从这些法律、规则或政策中受益？谁拥有权力？谁的声音被淹没了？

近年来，男性伦理学家对关怀伦理（ethic of care）进行了阐述，但当代女性学者在很大程度上更详细地讨论了这一伦理。她们通过关注关怀的道德决策伦理来挑战通常被认为是由父权制主导的正义伦理。对关怀伦理的关注引发了对忠诚、信任和赋权等其他概念的讨论。这一伦理要求个人考虑决策和行动的后果。关怀伦理要求考虑这样一些问题，例如：谁将从我的决策中受益？我的行为会伤害谁？我今天所做的决策的长期影响是什么？如果我现在得到了别人的帮助，我将来应该做些什么来回馈这个人或者整个社会呢？

最后，对于教育领导者来说，职业伦理（ethic of the profession）在由国家教育管理政策委员会（National Policy Board for Educational Administration，NPBEA）的州际学校领导执照联盟（Interstate School Leaders Licensure Consortium，ISLLC）（NPBEA，1996）制定的文件中以及之后在国家教育管理政策委员会研发的题为《教育领导政策标准：ISLLC 2008》（*Educational Leadership Policy Standards*：*ISLLC 2008*）的修订文件中得到了最充分的解释。其中"标准 5"指出，教育领导者通过正直、公平和道德的方式促进每个学生的成功（NPBEA，2008，pp. 4-5）。这种伦理把学生置于整个决策过程的中心。它不仅考虑专业的标准，而且考虑社会的道德规范、教育领导者的个人和职业规范，以及许多教育组织的职业规范（Shapiro & Stefkovich，2001，2005，2011）。职业伦理在解决伦理困境时所提出的问题包括：什么最符合学生的利益？教育领导个人及专业准则是什么？应考虑哪些专业组织的道德规范？群体对这个问题有什么看法？在这种特殊情况下，专业人士应该采取什么适当行动？

多元伦理范式如图 1.1 所示。

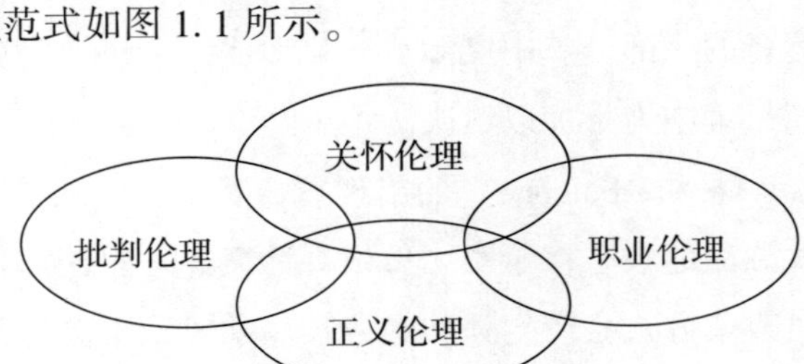

图 1.1　多元伦理范式

二、湍流理论简述

格罗斯（Gross，1998，2004）在其著作《保持中心：激荡时代的课程领导》（*Staying Centered: Curriculum Leadership in a Turbulent Era*）和《信守承诺：在激荡时代保持学校和地区的领导力》（*Promises Kept: Sustaining School and District Leadership in Turbulent Times*）中提出，多年来，开发课程、创新教学和评估的学校都经历了一定程度的动荡或不稳定。此外，他还发现所研究的十个学校和区域的动荡程度可以分为四个级别：

轻度湍流（light turbulence）涉及学校正常运作中的问题。这方面的例子包括解决某社区脱节问题或某学校地理隔离的问题。例如，格罗斯研究的一所学校为了应对地理隔离，加入了一个国家改革组织，并实现了在小规模学校举办一年一度的全州创新大会。轻度湍流的关键在于，动荡是环境的一部分，组织可以轻易地处理。如果不行，至少组织可以控制动荡水平。

中度湍流（moderate turbulence）是指那些普遍被认为重要且需要解决的问题。中度湍流的例子包括组织失去支撑，或者学生人数激增等。格罗斯调研的一所学校为了应付学生人数激增的问题，将其作为在职人员现场会议的重要内容来讨论。学校对教师进行了欢迎、倾听、促进新生融入的培训。校长采取的是接纳的态度，他说，新生不只是简单地加入学校，他们完全有权利改变学校，这也符合学校的办学理念。基于以上，中度湍流不是组织正常运行的一部分。中度湍流一旦形成，会迅速吸引人们的注意力，但其可以通过集中力量加以解决。

重度湍流（severe turbulence）的出现意味着组织受到了威胁。格罗斯研究发现，重度湍流的核心在于团体价值观冲突。一旦团体价值观发生冲突，团体成员对改革方式会产生强烈的分歧。学校董事会选举会变得非常情绪化，成员间的友谊也会因为派别压力而宣告终结，改革进程将暂停。为此，该地区采用了“四阶段战略”来破解这一困境。这四个阶段包括：

转向解决争议较小的议题；选举一名中间派成员担任董事会主席；召开战略规划委员会视频会议；提醒团体成员结束不和谐的局面，稳定和信任才是该地区的准则。重度湍流之下，组织的一般化行政行动远不能应对产生的严重问题。重度湍流也意味着，组织需要改变固有思维，开发出一套协调一致的战略。

极端湍流（extreme turbulence）意味着组织受到严重威胁乃至遭遇毁灭。基于机构终将解体的事实，格罗斯推测，极端的动荡也是有可能的。他在 1998 年的研究中指出，十个学校都能对自己遇到的湍流（从轻度湍流到重度湍流）做出反应，并取得成功。然而，后续的一项研究（Gross，2000）呈现了一个极端湍流的例子。在这个例子中，组织所面临的一连串压力最终导致了整个改革进程的终结。

因此，湍流理论增强了我们评估当前问题严重程度的能力。在尝试战略转移以破解困境时，它能帮助我们进一步将特定问题置入具体的情境。

为了将这四个湍流等级与组织面临的具体问题联系起来，格罗斯（Gross，2004）创建了湍流度计。通用湍流度计如表 1.1 所示。第一列包括上述四类湍流水平，第二列包括每一级湍流的一般定义。在本章后文讨论具体伦理困境时，将增加第三列，也就是将湍流水平应用于特定情境，从而形成湍流度计。

表 1.1　通用湍流度计

湍流水平	一般定义
轻度	与组织的日常问题相关；组织正常环境很少或没有受到干扰；轻微压力迹象
中度	组织对该问题产生普遍认知；认识到问题的具体根源
重度	对整个组织造成威胁，可能会产生大规模群体示威，组织产生危机感
极端	组织的正常运作遭受结构性损害

三、伦理决策背景下的湍流理论探讨

尽管早期关于湍流理论的大量研究都是用来解释人们面对组织潜力和挑战时的行为，但格罗斯与夏皮罗的合作很快就清楚地表明，这一理论在伦理决策领域具备应用价值。那些在忙碌的组织生活中面对伦理困境的人，需要通过深刻的反思和系统化的方式，对决策中隐含的情感背景做出反应。出于这样的目的，夏皮罗和格罗斯在他们的学术研究中把多元伦理范式与湍流理论结合在一起，与教育实践者合作，并为大学和州政府官员提供建议。在这一背景下，湍流度计给定的四类湍流水平被用于早期的决策制定，以阐明困境的破坏强度，个体的位置性和级联事件也被考虑在内。[①] 前文所描述的湍流度计是在组织动荡发生之后来评估湍流水平的。接下来，结合伦理视角对困境进行分析，并采取相应的行动。以上步骤结束后，对湍流水平再次进行评估。整个过程结束后，可能有人会问："如果我采取了这一行动，湍流最终会达到什么水平？对哪些人产生影响？"

这一过程并没有固定不变的步骤，但图 1.2 大致展示了循环的运行。

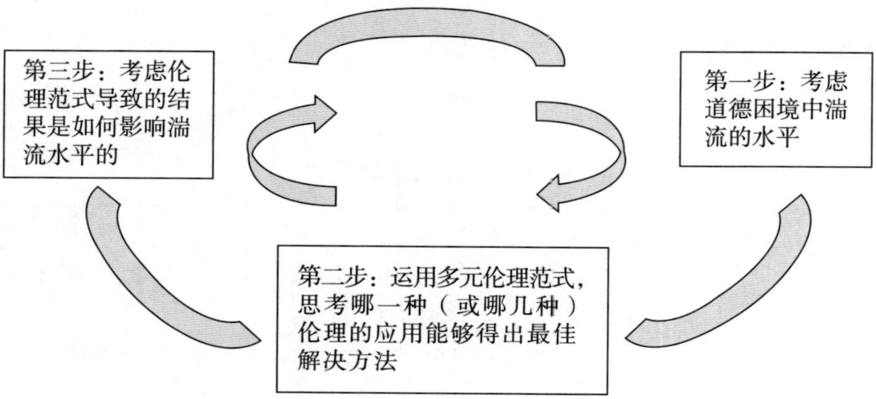

图 1.2　多元伦理范式和湍流理论结合形成的综合系统

---

① 详见第 3 章，在湍流理论的背景下检验位置性、稳定性及级联。

根据格拉泽和斯特劳斯（Glaser & Strauss，1967）的观点，该理论需要提供：

- 相关预测（relevant predictions）；
- 解释（explanations）；
- 解读（interpretations）；
- 应用（applications）。

夏皮罗和格罗斯认为，与多元伦理范式结合使用的湍流理论可以帮助那些面临伦理困境的人完成上述四项任务。正如苏斯金德（Suskind，2004）在批评商学院研究生僵化地开展案例研究时所说的那样：

> 他们常常惊奇地发现，世界的变化往往是没有理由的。解决问题的关键并不是在辩论中固执己见，而在于灵活变通，不断重新评估变化的现实。简而言之，要深思熟虑之后再判断。（p. 48）

四、一个真实的伦理困境案例

诺艾尔·杰奎琳是一名研究生，也是一名学校管理人员，她在案例研究1.1中提出了一个伦理困境。这个例子的作用在于使读者理解如何使用正义、批判、关怀、职业范式和湍流理论去解决伦理困境。在此基础上，该案例又讨论了利用理论概念来解决困境的方法。最后，该案例列出了一些思考题，用于课堂讨论和反思，最终解决困境。

本章案例后的思考题相对来说比较简单。在阅读第2章和第3章对多元伦理范式和湍流理论更深入的解释之后，从第4章到第10章的思考题将会复杂很多。因此，本章案例作为导入案例，将为接下来分析更复杂的困境做好准备。

案例研究 1.1

老天爷，这到底是什么？

校长惊悸地挂断电话，回想起电话那头的女人所说的话："这是新泽西州局长的私人电话，你明天尽快打给他，就说是我给的电话。"

霍克尔女士（Ms. Hockel）坐在客厅的沙发上思考：在这样的情况下，何谓不作为，何谓正确行动？30 多岁的霍克尔女士是一名校长，同时也是两个孩子的母亲。到目前为止，她才刚上任 8 个月，但是此时她面对的问题只是这 8 个月内伦理困境引发的众多问题之一。这个问题比该地区最近在国家财务审计中存在挪用公款嫌疑的问题更让她困扰。霍克尔女士努力思考着原因：也许是因为这一困境相对于成人错误或伦理来说，更直接地关系到儿童的智力、精神和道德发展。

霍克尔女士觉得有必要与该地区以外她所信赖的同行和家人讨论这个问题。她痛苦地想着："这究竟是为什么？我会上法庭吗？更重要的是，我明天要怎么办？"一切的起因在于，在那个看似寻常的早上，一个男人带着电钻走进了学校，在每个教室和办公室的墙面都贴上了"我们信仰上帝"的标语。他的行为受到奎因博士（Dr. Quinn）的庇护，奎因博士是这个只有一所学校的小型学区的督学。虽然霍克尔女士的行政助理是一名虔诚的天主教徒，并且她也对霍克尔女士进行了劝告和示意，但霍克尔女士还是立即撕下了他的标语。

霍克尔女士刚到这所学校不久，知道奎因博士已经通过了新泽西州同等效力途径的督学认证，但她私下里觉得奎因博士缺乏一些重要的基础行政知识和行政背景，尤其是在法律和道德方面。霍克尔女士并不天真，她意识到，如果她在这件事上不坚持自己的观点，可能会产生一些长远的后果，这关乎她的个人和职业发展。霍克尔女士想："董事会是否会对批准展示这些标识达成一致？我该和谁争论呢？我知道些什么？毕竟，学校的律师(也是督学的好友)也出席了会议。我难道像那位督学经常开玩笑说的那样'太过自由'了？"霍克尔女士又想起事情发生的那个下午，学校教师一个又一个地偷偷溜进她的办公室，向她诉说对这些标识的看法。有些教师因为没有"被事先告知"而感到非常生气，有些教师从法律层面表示了反对，还有一些教师认为，督学所做出的决定"也能发挥一点积极的作用"。

这所学校的学生都来自一个"问题社区"。社区成员很贫穷，68%的成年人没有读完高中。此外，大多数教师认为他们没有做好为人父母的准备，因为他们中的大多数人在初为人父母时都相当年轻。大多数教师、督学还有霍克尔女士觉得，光是这些数字就很能说明问题了。近50%的儿童都是寄养在亲戚家或者被其他家庭领养的。大量出现的"我们信仰上帝"的标识向霍克尔女士暗示着：某个伦理悖论正在撕裂她的道德观。霍克尔女士猜想，这位督学或许带有真诚的愿望，希望能够在一个价值观日益消退的社会中重树价值观。然而，这些价值观是否真的适合这个社区？更重要的是，学校是否应该成为教会与国家治理相融合的场所？此外，教师们的批评也加剧了霍克尔女士内心的担忧。这些迹象引发了批判、正义、关怀和职业伦理之间的哲学辩论，营造了一个霍克尔女士几乎没有时间去思考的现实困境。她意识到这个伦理困境涉及许多人——尤其是学校的学生。为了大家，她必须及时分析这个两难境地。当然她也明白，自己并不想让这场动荡变得更为剧烈。

多元伦理范式视角

霍克尔女士通过使用正义、批判、关怀和职业的多元伦理范式来破解这一困境。下面将从四种伦理出发，对该案例进行分析。

正义伦理

正如本书所有案例一样，面对这个困境，必须在考虑当前法律、权利和政策及其应用之后，再来阐明正义伦理。面对这种进退两难的境地，霍克尔女士和奎因博士都有各自的理由，但在目前的困境中，最重要的还是法律、规则和政策。

例如，2002 年，乔治 · W. 布什（George W. Bush）签署了一项法案①，重申自 1956 年以来一直被美国官方认可的这句座右铭（Hennessey，2011）。似乎是为了对重申这句座右铭的行为做出解释，2003 年，时任布什政府教育部部长的罗德 · 佩奇（Rod Paige）对公立学校中教会和政府的界限做了澄清。在一份备忘录中，他谈到了《不让一个孩子掉队》法案的实施指导部分：

> 该指导部分明确了学生在公立学校享有祈祷的权利。如指导意见所述，（美国宪法）第一修正案禁止政府赞助的宗教活动，但保护学生个人发起的宗教活动。因此，学生可以阅读圣经或其他经文，进行饭前祷告，并在午餐、休息时间和其他非教学时间与同学一起祷告或学习宗教材料。其程度与学生可能参与的非宗教活动的程度相同。公立学校不应敌视学生及其家庭所享有的信仰宗教权利。
>
> 同时，学校工作人员不得强迫学生参加祈祷和其他宗教活动。教师、学校管理者和其他学校工作人员在以国家公职人员的身份履职时，不得鼓励或劝阻祈祷，也不得与学生一起参加祈祷活动。

他接着说道：

> 在这个充满挑战的时代，比以往任何时候都更重要的是承认

① 指《不让一个孩子掉队》法案。——译者注

我们所拥有的自由。我希望这一指导能够促进公立学校对第一修正案的共同理解。我鼓励大家在社区中广泛分享这份指导，并与学校管理者、教师、家长和学生讨论它的内容和重要性。(Paige，2003)

霍克尔女士倍感沮丧。在公立学校里，教会和政府之间不再像她认为的那样泾渭分明。当她重新思考自 2002 年以来发生的事件时，她问了自己一些相互矛盾的问题：是谁提出悬挂这些座右铭？是学生、学生家长还是学校管理者？座右铭是否会强迫学生在学校祷告？霍克尔女士决定寻求一些法律援助来回答下列疑问：在这种特殊情况下，重申这句座右铭和对法律的指导或修改意味着什么？法院将如何解释？总的来说，从法律的角度，如果删除或保留这些墙上的座右铭意味着什么？ 15

批判伦理

考虑到罗德·佩奇对教会和政府间界限的解释，以及对这句座右铭含义的重申，霍克尔女士不得不重新审视奎因博士的行为。她问：奎因博士能否在这个新时代悬挂这样的标识？修订后的解释和重申是否能让他像国会议员建议的那样，在学校里公开张贴座右铭？此外，到底是谁希望改变政教分离的局面？为什么对这句座右铭会有如此多的重申？最后，她是应该顺应这些变化，改变自己对公立学校中教会和政府明确区分的看法，还是应该坚持己见呢？

关怀伦理

霍克尔女士决定抛开立法，将目光转向她的学生、教师和员工以及当地社区。她提出的许多疑问都涉及长期的关怀、关心和联系。她想：这句座右铭对她所在学校的学生是有益的还是有害的？教师和员工的士气如何？这些标语会不会使她的下属产生嫌隙？家长和当地社区的其他人会对这些标语做出什么反应？这些标语是否会像督学所希望的那样，为孩子和家庭创造更好的价值观？

职业伦理

作为一名教育领导者，霍克尔女士坚持认为，对她来说，考虑个人准则和职业准则非常重要。当她想到自己的价值观和信仰时，她问自己："为什么我会不由自主地撕下那些标语？我对公立学校中政教分离的信念有多强烈？我的信仰是来源于我的家庭、宗教、朋友、导师还是我所受的教育？"她也考虑到了各个赞助方，以及思考作为教育领导者，自己现在应该如何考虑这些赞助方。还有她的上司——督学，他的意见是怎样的？她能否同意督学的意见，让座右铭继续张贴在墙面上？考虑到上下级关系，她是否应该直接赞同他的决定？

继而，她开始质疑社区的价值观。他们会认为学校是在把自己的信念强加给他们的孩子吗？或者，他们会对标语感到高兴，并相信座右铭可能会对他们的孩子产生积极的影响吗？最重要的是，对于孩子们来说，这些座右铭究竟意味着什么？这对他们有价值吗？标语能给孩子们的生活带来积极的改变吗？还是会传达另一个信息——公立学校允许开展宗教活动？对于孩子们当下和长远的发展来说，这到底意味着什么？

五、湍流水平：中度湍流

在这个充满了不确定性、战争和对法律的解释不断变化的时代，在我们信任的公立学校里张贴和撕毁"我们信仰上帝"的座右铭成为一种有重要意义的行为。作为中度湍流水平事件，一般的行政反应已经不够了。霍克尔女士在当着秘书的面撕下标语之后，收到了一份反对声明。学校的教师已经拜访过霍克尔女士，表达了从赞同到愤怒的各种不同意见。一些人计划在下次学校董事会上与社区成员一起抗议。

在这种情况下，霍克尔女士必须采取行动了。她有许多选择：在明知湍流有可能会在短期内升级的情况下，她是否还应该坚持撕掉标语？在意识到这种反应可能会被认为是不服从命令且有可能失去工作时，她是否应该与督学争辩？在知道自己将面临冲突或支持，并且这种冲突或支持的状况会影响到事件湍流水平的前提下，霍克尔女士是否还应该和教师以及工作人员一起讨论这一困境？她是否应该与家长讨论，并在社区内公开讨论支持或冲突的可能性？或者，即使明知这一行为会被视为不服从，她是否应该越过督学，直接向董事会申诉呢？

不论霍克尔女士最终决定怎样做，她现在都必须稳住局面。在这个爱国主义盛行且受宗教和政治双重影响的国度里，这一话题尤其具有挑战性。如果缺乏深思熟虑、积极参与和创造性的拓展，整个局面都有可能会受到威胁，并形成严重的动荡。表 1.2 是适用于此种情况的湍流度计。它在表 1.1 的基础上增加了第三列内容，即“此种情况下的湍流应用”。

表 1.2　当前湍流度计 17

湍流水平	一般定义	此种情况下的湍流应用
轻度	与组织的日常问题相关；组织正常环境很少或没有受到干扰；轻微压力迹象	
中度	组织对该问题产生普遍认知；认识到问题的具体根源	在尊重双方价值观的基础上达成一项可行的协议
重度	对整个组织造成威胁，可能会产生大规模群体示威，组织产生危机感	
极端	组织的正常运作遭受结构性损害	

通过以下三步完成第三列：

1. 通过探究各个湍流水平及其一般定义，考虑目前的湍流水平。即哪一类湍流水平最能描述当前的状况？

2. 确定了当前的湍流水平后，在第三列中描述湍流的具体情况。

3. 填写第三列剩余部分。回答：在此种情况下，如果湍流不那么剧烈，情况会是怎样的？如果局势变得更加动荡，情况又会怎样？通过这些关键步骤，我们可以估算出一系列可能会发生的动荡，如表 1.3 所示。

表 1.3　当前完整湍流度计 18

湍流水平	一般定义	此种情况下的湍流应用
轻度	与组织的日常问题相关；组织正常环境很少或没有受到干扰；轻微压力迹象	正常工作环境下，在导致破坏的决策形成之前提出问题，双方进行对话

续表

湍流水平	一般定义	此种情况下的湍流应用
中度	组织对该问题产生普遍认知；认识到问题的具体来源	在尊重双方价值观的基础上达成一项可行的协议
重度	对整个组织造成威胁，可能会产生大规模群体示威，组织产生危机感	各方沟通受限并强调各自的立场，各方都准备为利益而战
极端	组织的正常运作遭受结构性损害	大规模示威活动导致各方深刻且持久的分歧，媒体上上演的法庭之争变得习以为常，整个组织体系能源耗尽

经过深思熟虑，霍克尔女士认为现在她已经准备好了。你认为她会怎么做呢？为了帮助霍克尔女士和读者，本文提出了一些与这一困境相关的关键问题。除湍流理论外，还利用了其他的伦理观点，以利于最终决策。

问题讨论

1. 本案例是否存在适用的法律、权利或者政策支持？如果有，本案例是否应该遵循这些法律、权利或政策？如果没有，是否存在其他的指导方针？（正义伦理）

2. 是谁制定了相关法律、权利、政策或指导方针，为什么它们不适用于此种情况？反之，为何没有相关法律、权利、政策或指导方针？除了法律、权利、政策或指导方针之外，还应该考虑哪些概念？（批判伦理）

3. 霍克尔女士撕下标语的行为会伤害到谁，或者说会帮助到谁？从长远来看，她的决定会改变学生、教师或当地社区的生活吗？（关怀伦理）

4. 对霍克尔女士来说，她应该采取怎样的行动才能把学生的最大利益置于决策过程的中心？作为校长，霍克尔女士所能做的最好决定是什么？她为什么要这样做或不这样做？（职业伦理）

5. 面对中度湍流，你认为如果仅以传统方式来处理，湍流水平是否

会加剧？你认为在这样的情况下怎样能够降低湍流水平呢？（湍流理论的应用）

6. 作为一种学习经验，行政部门将会如何利用这种动荡？考虑一下：如何将这种动荡所带来的能量重新集中起来？这会给学校和社区带来活力和启发吗？（湍流理论的应用）

六、激荡时代的教育困境

在强调爱国主义和宗教信仰自由的美国，“我们信仰上帝”的困境变得难以解决。而在其他时间和地点，这种困境甚至不会发生。此外，在正常情况下，霍克尔女士可以将焦点置于正义伦理而迅速处理这一事件。然而，在目前的情况下（例如，以指导方针解释法律，使得政治和宗教界限不再那么清晰的情况下），人们的情绪持续高涨，霍克尔女士不得不做出艰难的决定。

从教学角度来说，让学生表达自己意见的一种方式是对伦理困境进行讨论——这与许多研究者（Belenky et al.，1986；Gilligan，1982；Mitra，2008；Mitra & Gross，2009；Noddings，1992；Shapiro & Smith-Rosenberg，1989；Shapiro & Stefkovich，1997，1998，2001，2005，2011；Stefkovich & Shapiro，1994，2003；Weis & Fine，1993）的观点一致。对这些困境的正式陈述可能会引来同行和教师的探究性提问和解答。开放大学课堂，进行诚实而富有挑战的讨论，从而打破沉默——这样的方式能够让教育领导者做好准备，打破边界，深入实地处理复杂事务，即使是之前禁忌的话题。以学生描述的现实生活的伦理困境为话题，也是一种有效的方法，它可以使学生在工作和独立生活之前，了解一些当前的情感问题甚至是某些令人痛苦的问题。

在激荡时代，课堂为讨论危机局势提供安全空间似乎至关重要。没有人知道在危机之下我们将作何反应。我们期望通过对湍流理论和正义、批判、关怀以及职业的多元伦理范式的应用，使教育领导者能够在考虑理性和感性的状态下，更加自信地面对不可避免的冲突。通过对真实困境的探索，确定困境将造成的湍流水平以及破解困境的方法，使用不同的伦理观点寻求解决方案，我们希望这种理论组合可以帮助那些必须在危急关头做出艰难决定的教育领导新人和有经验的领导者——如校长、督学、教师领导、教学教练、协调员、合作教师或班主任。

第 2 章　多元伦理范式：理论的进一步开发[1]

当夏皮罗和斯特夫科维奇意识到她们对不同的伦理规范做出不同的反 20
应，并且从不同的角度看待这个世界时，她们走到了一起并形成了一个写作团队（J. P. Shapiro，2006；Stefkovich & Shapiro，1994）。她们的这一认识是在伦理学的教学中产生的。具体来说，这发生在斯特夫科维奇接手夏皮罗教授的一门伦理学课程时。斯特夫科维奇对于伦理困境的教学方法和夏皮罗的教学方法截然不同，正因这一差别，她们两人聚在一起讨论、分享各自的理论和教学方法，这是非常重要的。在交谈中，她们意识到，对于伦理困境，夏皮罗常常强调关怀和批判伦理，而斯特夫科维奇则倾向于使用正义和职业伦理。不同的职业背景为她们不同的理论意识和教学方法做出了解释：夏皮罗具有教师和女性研究的背景，而斯特夫科维奇具有律师和学校顾问的背景。不同伦理规范的融合使得她们进行了十几年持续的合作。

在双方谈话过程中，斯特夫科维奇和夏皮罗不仅讨论范式，也讨论教育学，甚至是某些具体的作业。她们逐渐意识到，两个人都喜欢和学生一起应对伦理困境。同时，她们都要求学生通过明确个人及职业道德规范来进行自我反省。她们也都要求学生写出自己在这一领域所面临的现实伦理
困境。她们的研究生的教育经历多种多样：有些具有基础教育工作经历， 21
有些曾在高等教育领域工作，一部分来自城市，也有不少人来自郊区和农

---

① 本章内容部分来自由夏皮罗和斯特夫科维奇合著的《教育中的伦理领导与决策：以理论视角看待复杂困境（第 3 版）》中的第 2 章。

村。随着时间的推移，两人在教育学和范式方面共同撰写了一些探索性的文章（Shapiro & Stefkovich，1997，1998；Stefkovich & Shapiro，1994）。随后，该研究小组产生了利用研究生提供的伦理困境编写一本伦理困境案例集的想法。

案例手册是一种非常适合的方式。原因之一是，斯特夫科维奇常在法律培训中使用案例。同时，夏皮罗也在女性研究课程中关注使用伦理，伦理困境是一种教学工具。因此，她们两人自然而然地转向了困境或案例。

虽然写作团队欣赏当时仅有的几本案例书，但他们意识到，其中大部分（可能不是全部）都有不足之处。她们认为运用伦理困境，可以在课堂上很好地对学生进行实践方面的训练，但她们也注意到了理论上的缺失。为了帮助学生，她们开始在伦理学领域进行更广泛、更深入的阅读，将关注点转向由斯塔雷特（Starratt，1994a）在其著作《建设伦理学校》（*Building an Ethical School*）中所提出的正义伦理、批判伦理和关怀伦理上来。第四种范式，即职业伦理范式，是由夏皮罗和斯特夫科维奇在缜密构思后形成的。以上四者形成了多元伦理范式，并成为破解伦理困境的方法。

本章的目标之一是介绍多元伦理范式的理论背景，以帮助读者理解范式。另一个目标是帮助读者回答本书中每个困境结尾所列出的一些问题。其中不少问题着重关注了正义、批判、关怀和职业的伦理。

“伦理”本身的定义对于理解多元伦理范式来说是非常重要的。伦理这一概念随时间推移而演化。伦理最初来源于希腊词“ethos”，意为风俗、习惯，尤指一个群体区别于其他群体的风俗习惯。后来，伦理演变成了性格或者品质、风俗习惯以及被认可的行为方式。例如，杜威（Dewey，1902）认为，在行为被定义为对或错、好或坏的条件下，伦理可以被定义为“处理行为的科学”。虽然杜威对伦理学作为一门科学的描述可能是有争议的，但他对行为的关注是毋庸置疑的。当人们用批判的视角来审视这些定义的时候，他们可能会问：以谁的标准来衡量好坏？谁对谁错？行为方式需要得到谁的允许？

要回答这些或者其他的重要问题，我们要对正义、批判、关怀和职业伦理进行描述。这些伦理分别来源于不同的传统，即使来源不同，它们仍会相互碰撞出火花。下文还将说明它们是如何影响现代学校管理者、教师领导和高等教育管理者的决策过程的。 22

一、正义伦理

过去，像亚里士多德、卢梭、黑格尔、马克思和杜威这样的哲学家倾向于把社会而非个人视为中心，并试图教会个人如何在群体中度过一生。在这一传统中，正义源于“共同的理解”（Starratt，1994a，p. 50）。诺丁斯（Noddings，1999）在关于正义的文章中补充了这一观点，“在现代，它（正义）更直接地指向组织和人类之间的某种偏好关系”（p. 7）。

正义伦理是自由民主传统的一部分，它与法律、权利和政策息息相关。根据德尔加多（Delgado，1995）所说，正义“具有渐进主义的特征，信仰法律体系，并渴望进步”。这一传统中的自由部分被定义为“对人类自由的承诺”，而其中民主部分则意味着“制定尊重人民平等主权的决策程序”（Strike，1991，p. 415）。当今的哲学家常常需要从正义的角度出发处理权利和公正等问题，这些问题在很大程度上是分配公平的一部分。实际上，罗尔斯（Rawls，1971）将正义定义为公平。

从正义伦理出发的教育家和伦理学家深刻地影响了教育和教育领导中的相关方法。一些现代教育伦理著作利用了正义伦理基本原则，包括比彻姆和奇尔德雷斯（Beauchamp & Childress，1984），古德拉德、索德和西罗特尼克（Goodlad，Soder，& Sirotnik，1990），科尔伯格（Kohlberg，1981），塞尔乔瓦尼（Sergiovanni，1992，2009），斯特赖克（Strike，2006），斯特赖克、哈勒和索蒂斯（Strike，Haller，& Soltis，1998，2005），约多夫、基普和莱文（Yodof，Kirp，& Levin，1992）等人的著作。

科尔伯格（Kohlberg，1981）深刻地感受到了正义伦理的重要性。在第二次世界大战中，作为一名年轻的美国犹太士兵，他帮助解放了一个集中营，看到了不公正社会所造成的后果——这也正是他对这种模式充满热情的原因之一。他认为，不仅要使学校更加公正，即提供平等的教育机会和保证信仰自由，而且要进行教育，使学校能培养出自由和公正的人（p. 74）。对科尔伯格来说，正义不是一套规则，而是一种道德原则，一种
23 普遍的选择模式，一种希望所有人在任何情况下都能始终采用的选择规则（p. 39）。科尔伯格的教育观点不可能是无价值倾向的。相反，科尔伯格模式认为，学校特别应该教授有关正义、公平和尊重自由的原则。

20 世纪 60 年代末到 80 年代初，科尔伯格将“正义群体”理念引入学校。在各种各样的机构中，如罗斯福综合中学、布朗克斯科学专科高中和马萨诸塞州剑桥市的另一所高中，学生和教师管理学校纪律，有时甚至一起运作学校。在这种文明且周到的方式下，学生被教导要在规则、权利和法律的指导下处理学校内部问题（Hersh，Paolitto，& Reimer，1979）。

塞尔乔瓦尼（Sergiovanni，1992，2009）与科尔伯格并无不同，他呼吁道德领导，尤其要求在其“美德学校”设计中遵循正义原则。塞尔乔瓦尼将教育领导视为一种管理工作，并要求教育管理者创建公正和慈善的机构。他所谓的“慈善”是指为了学校的福利，社区应该给学校以深切的关注。这一关注不仅要考虑学生、教师和管理人员，也要考虑家庭。

塞尔乔瓦尼的“美德学校”将正义伦理置于其核心地位。他认为，接受这一原则意味着每一位家长、教师、学生、管理人员和学校群体的其他成员都必须得到平等、公平、有尊严的对待（Sergiovanni，1992，pp. 105-106）。

从当代的角度来看，正义伦理包括各种各样的问题，人们可能会对法治的解释提出质疑，也可能会对公平、自由和责任等更为抽象的概念提出质疑。这些问题可能包括但肯定不限于：平等与公平的对立、道德绝对主义与情境伦理的对立、个人权利与社会利益的对立等。

此外，正义伦理常常成为法律原则和理想的框架，特别是当它们影响到教育的时候。在许多情况下，法院不愿意对学校管理者施加限制，从而使他们在做出重要行政决定时有相当大的自由裁量权（如“教育委员会和岛屿树联盟自由第 26 号学区诉比科案”，*Board of Education*，*Island Trees Union Free School District No. 26 v. Pico*，1981）。与此同时，法院的意见常常反映了教育界和整个社会的价值观（Stefkovich & Guba，1998）。例如，

直到 1992 年，法院才支持在学校使用金属探测器来筛查武器。此外，在某地合法的东西可能在其他地方被认为是非法的。例如，体罚在一些州仍然是合法的（Hyman & Snook，1999），脱衣搜身在许多州也是合法的 24
（Stefkovich & O'Brien，2000）。在那些州，是否支持这类做法取决于学校管理者和社区。在这方面，正当程序和隐私权等道德问题往往与对文明的需求和多数人的利益不相称。

因此，从广义上讲，正义伦理考虑的问题包括：是否存在与特定案件相关的法律、权利或政策？如果有，是否应该强制执行？法律是在某些地区执行的，而在其他地区不执行吗？为什么是这样或者为什么不是这样？这些法律、权利或政策是否必须存在呢？

二、批判伦理

批判伦理通常反对或强调正义伦理固有的问题。许多作者和研究者（如，Apple，1988，2000，2001，2003；Astuto，Clark，& Read，1994；Bakhtin，1981；Bowles & Gintis，1988；Foucault，1983；Freire，1970；Giroux，1994，2000，2003；Greene，1988；Larson & Murtadha，2002；Purpel，1989，2004；Purpel & Shapiro，1995；Rapp，2002；Reitzug，1994；Reitzug & O'Hair，2002；H. S. Shapiro，2006，2009；Shapiro & Purpel，1993，1998，2005；J. P. Shapiro，2006）不相信正义伦理的分析和理性方法。其中一些学者发现在正义、权利和法律以及诸如民主和社会正义等概念之间存在矛盾。作为回应，他们通过批评法律、权利和政策本身及其制定过程是否公正来提出疑难问题。他们还会提出一些涉及错误判决的问题，比如早期支持种族隔离的吉姆·克罗法（Jim Crow laws）（Starratt，1994c）。

这些学者并没有接受当权者的决策和价值观，而是利用一种可以处理矛盾、提出难题、辩论和挑战问题的伦理来挑战现状。他们的目的是唤醒人们对自己未觉察的价值观的认识，让人们意识到，随着时间的推移，自身的道德观念可能会频繁变化甚至毁坏。这不仅迫使人们重新思考民主和社会正义等重要概念，而且要求重新定义和构建特权、权力、文化、语言甚至正义本身等其他概念。在解构已被公众接受的概念的同时，这也提供了一种代表赋权、转变和可能性的语言。

批判伦理是以批判理论为基础的，其核心是对社会阶级及其不平等的分析。福斯特（Foster，1986）认为，批判理论家是那些以调查和批判的
25 方式开展社会分析的学者，他们从修正的马克思主义出发，对社会结构进行了研究（p. 71）。

批判理论家已转向对种族、性别以及社会阶层的综合研究。批判理论家的一个现实案例就是提出学校再现了社会中的不平等（Bourdieu，1977，2001；Lareau，1987，2003）。例如，"分流"（tracking）式教学可以作为一种工人阶级家族的孩子明确自己所处阶层的方式（Oakes，1993）。为了达到这个目的，学校管理者就各种学习主题和技能的适当性"做出"决策，"严格限制"某些学生将学到的东西（Oakes，1993，p. 87）。

尽管"分流"是一种不公平现象，但也确实存在着悖论。学校也是美国扩大经济机会和民主权利的主要力量，卡努伊和莱文（Carnoy & Levin，1985）指出了其中的一种重要矛盾：一方面，学校"分流"学生以确保其处于应处的阶层；另一方面，学校又为所有人提供经济和民主的便利。关注批判伦理的人尤为重视此种不一致。

与批判理论一样，批判伦理也经常与批判教育学联系在一起（Freire，1970）。吉鲁（Giroux，1991，2006）要求教育工作者理解，他们的课堂既是教育场所，也是政治场所。因此，伦理不是个人选择或相对主义的问题，而是一种基于拒绝接受不必要的人类痛苦和剥削斗争的社会话语。在这方面，批判伦理是一种扩大基本人权的话语（p. 48），并可作为反对不平等的斗争工具。在这种情况下，批判理论家往往关注那些沉默的人的声音，尤其是学生（Giroux，1988，2003；Weis & Fine，1993）。

对于吉鲁（Giroux，1991，2000，2003，2006）、韦尔奇（Welch，1991）和其他遵循这一传统的教育工作者来说，批判语言是核心。然而，他们中的许多人认为单靠谈话是不够的。这些学者通常是积极分子，他们认为对话应该是一个开始，这个开始会引起某种行动，最好是政治行动。

例如，夏皮罗和普佩尔（Shapiro & Purpel，1993，2005）强调通过对选择的讨论来赋予人们权力。这种对话有望提供吉鲁和阿罗诺维茨（Giroux & Aronowitz，1985）所称的一种可能性语言，当这种语言应用于教育机构时，可能使它们避免再现社会中的某些“歧视”（如阶级歧视、种族歧视、性别歧视、性取向歧视）。

帕克和夏皮罗（Parker & Shapiro，1993）在谈到教育领导时特别指出，纠正学校和社会中一些错误的方法之一是在培养校长和督学的过程中更加注意对社会阶层的分析。他们认为，鉴于美国财富和权力的日益分化，及其对学区内部和学区之间资源不公平分配所产生的影响，社会阶层 26
分析至关重要（pp. 39-40）。通过对社会阶层的批判性分析，有可能培养出更有知识、更有道德、更具敏感性的教育领导者。

卡珀（Capper，1993）在其关于教育领导的著作中强调道德领导者必须关心自由、平等和民主社会的原则（p. 14）。她总结了与教育领导者有关的批评伦理的根源和哲学支持。她在纽约市新社会研究学院谈到了20世纪20年代美国的法兰克福学派。在这一机构里，移民试图理解他们在欧洲所遭受的压迫。这一学派不仅提出了“马克思主义批判”（Marxist critique），而且考虑了心理学及其对个人的影响。卡珀写道：

> 教育行政批评理论家立足于法兰克福学派的工作，最终关注的是苦难和压迫，批判性地反思当前和历史上的社会不平等。他们相信领导力和权威的必要性，并致力于追随者的赋权和转变，同时以道德和价值观为基础做出决策。（p. 15）

因此，批判理论家通过揭露和质疑社会和学校中正在发生的事情，帮助教育者在界定关键道德和价值观的同时纠正错误。

然后，这种伦理要求教育工作者审视并努力解决那些能使所有的孩子——无论他们的社会阶层、种族或性别——都有机会成长、学习和取得成就的问题。这一过程能够使得与某些重要概念，包括压迫、权力、特权、权威、语言、声音、赋权等有关的选择得到发展。

总而言之，批判理论和批判教育学所固有的批判伦理，旨在唤醒所有人认识到社会的不平等，特别是各级教育的不公平。它要求处理有关社会阶级、种族、性别和其他差异领域的难题，例如：谁制定法律、规则和政策？谁从中受益？谁有这个权力？谁是沉默的声音？

一旦这些难题得到解答，正义伦理就会使人思考：怎样才能使那些被压制、被忽视和被压迫的人获得力量？为了实现社会正义和建设一个更美好的社会，我们可以提出多少新的可能性？

27

三、关怀伦理

与批判伦理相似，关怀伦理也常与西方当代正义伦理相并列。例如，斯特赖克（Strike，1999）就以这种方式区分了这两种伦理：

> 公正的目标是建立一种社会和人际关系，在这种社会和人际关系中，人们受到公平的对待，得到应有的待遇，受到平等的尊重，双方都满意的合作条件得到尊重。关怀旨在建立一种养育和关心都受到高度重视的社会及个人关系。（p. 21）

罗兰·马丁（Roland Martin，1993）继续论述正义伦理与关怀伦理的不同之处，她对男性的生产过程和女性的生育过程及其社会价值进行了明显的区分。她写道：

> 当代学术最重要的发现之一是，我们的文化中包含了一种价值层次，它将社会的生产过程及其相关特征置于社会再生产过程及其相关的照顾和养育特征之上。这并不是什么新鲜事。我们是西方思想传统的继承者，根据西方思想传统，与女性相关的那些功能、任务和特征被认为赶不上与男性相关的那些功能、任务和特征有价值。（p. 144）

一些女权主义学者（Beck，1994；Belenky et al.，1986；Gilligan，1982；Gilligan，Ward，& Taylor，1988；Ginsberg，Shapiro，& Brown，2004；Goldberger et al.，1996；Grogan，1996；Marshall，1992，1995；Marshall & Gerstl-Pepin，2005；Marshall & Oliva，2006；Marshall et al.，1996；Noddings，1984，1992，2002，2003；Sernak，1998，2005；Shapiro，Ginsberg，& Brown，2003；Shapiro & Smith-Rosenberg，1989）挑战了占主导地位的——通常被认为是父权制的——正义伦理，这使得关怀伦理在道德决策和整个社会中更加重要。他们特别关注忠诚、信任和赋权等概念。与批判理论家相似，这些女权主义学者强调社会正义是与关怀伦理相关的一个关键概念。

吉利根（Gilligan，1982）在其经典著作《不同的声音》（*In a Different Voice*）中介绍了在解决道德困境时的伦理关怀。作为科尔伯格曾经的研究生，她最初使用了与科尔伯格在工作中相同类型的道德困境。然而吉利根发现，不同于科尔伯格的男性受访者在道德事件中常常使用权利和法律来解决问题，女性常常更偏向于另一种方式，即关怀、关注和联结。

诺丁斯（Noddings，1992）不满足于仅在私人层面上倾听他人的声音，而是力图通过建立以关怀为首的教育分层制度，将关怀伦理带入与教 28
育相关的公共领域，认为学校的首要工作是照顾好孩子。诺丁斯强调，在成就上保持竞争优势意味着，一些孩子可能只把自己看作一个由要求苛刻、冷漠的成年人所组成的国家的棋子。对于诺丁斯来说，关爱是所有成功教育的基石，当代学校教育可以在它的光芒下重新焕发活力（p. 27）。

诺丁斯和吉利根并不是少数相信关怀伦理对教育至关重要的人。例如，罗兰·马丁（Roland Martin，1993）在关于课程的论述中提到了关怀、关心和联结所构成的“3C”（caring，concern，connection）。她呼吁教育工作者拓宽课程，将男性和女性的经验——而不是单性别的经验——纳入课程，同时也不要遗漏关怀伦理。罗兰·马丁认为，教育应该是“理性与感性、自我与他人的融合”（p. 144）。

尽管关怀伦理通常是与女权主义者联系在一起的，但男性和女性都认同它的重要性和相关性。贝克（Beck，1994）认为“关怀——作为一种基本伦理——解决了许多人表达的关注和需求问题。在某种意义上，关怀超越了意识形态的界限”（p. 3）。包括布伯（Buber，1965）和塞尔乔瓦尼（Sergiovanni，1992）在内的男性伦理学家和教育家进一步发展了这一范式。这些学者试图使教育成为“人类的事业”（Starratt，1991，p. 195）。

事实上，在功利主义哲学中，边沁（Jeremy Bentham）、穆勒（John Stuart Mill）和休谟（David Hume）都提到了一种属于公共领域的关怀伦理（Blackburn，2006）。根据布莱克本（Blackburn，2001）的研究，“多数人的最大幸福”这一概念将关怀引入公民领域，“关怀和仁爱的伦理，本质上就是功利主义，它给予以法为模型的道德哲学更少的空间，这种道德哲学的结构和公式是隐蔽而复杂的，只有启蒙运动者才知道”（p. 93）。

关怀伦理不仅对过去和现在的学者很重要，而且对经常被要求做出道德决策的教育领导者也很重要。如果关怀伦理被用来解决困境，那么就要修正教育领导者为职业所做的准备。在过去，他们接受的是军事化和商业化的培训。这意味着，教育领导者已知晓等级制度的重要性以及跟随领导的同时管理下属的必要性（Guthrie，1990）。他们遵循“规则、政策、标准操作程序、信息系统或各种非正式技术”（Bolman & Deal，1991，
29 p. 48）。当公正、权利和法律的伦理成为领导者做出道德决策的基础时，这些技巧和规则可能发挥了良好的作用。然而，当考虑其他伦理范式时，如需要领导者在决策过程中考虑涉及多方利益的关怀伦理时，这些规则是不够的。

贝克（Beck，1994）强调，教育领导者必须摆脱自上而下、等级分明的道德模式和其他决策模式，转而采用强调关系和联系的领导风格。管理者需要鼓励教师、员工和学生之间的合作，这将有助于促进人际交往，淡化竞争，促进归属感，并在相互学习的过程中提高个人技能。（p. 85）贝克认为教育管理不是简单地把任务交给别人，而是通过教育领导者分配领导权，确保每个人都能参与教育过程，让参与者觉得自己是被倾听的，让参与者感受到个人价值。

当关怀伦理受到重视时，教育领导者可以成为巴思（Barth，1990）

所说的“首席学习者”，意思是杰出的领导者和学习者在准备做出重要的道德决策时愿意倾听他人的意见。因此，培养这些人必须更加注重文化及多元知识，要特别强调学习如何倾听、观察和回应他人。例如，夏皮罗等（Shapiro et al.，1997）对市中心青少年的研究确定了三种不同类型的关怀：关注和支持，纪律，“和他们待在一起”（按时督促他们）。对于后者来说，尽管督促学生完成家庭作业可能被视为唠叨，但研究者发现，学生认为督促表明有人关心他们。

除了不同类型的关怀，关怀模式的另一个方面是它有时可以处理情感问题。教育伦理学家保罗·贝格利（Paul Begley）多次提出以下问题以突显这种复杂性：关怀伦理究竟是一种感性模式还是理性模式？通过对这个重要问题的思考，可见这种伦理的某些方面可以被认为是理性的，比如对学生加强纪律和关注；然而，移情和同情也是该伦理的一部分，这部分表现出的往往是情感。这个模型部分与新兴的大脑研究成果相吻合，即感性和理性以错综复杂的方式混合在一起（Lehrer，2009）。

因此，关怀伦理为教育领导者在日常工作中面对的复杂道德问题提供
了另一种视角和方式。透过这种模式来检视伦理困境，可能会引发有关教 30
育工作者如何协助年轻人满足需要和愿望，以及如何在决策过程中制定出关心他人的解决方案的问题。这种道德规范指导个人考虑他们的决策和行动的后果。它令人思考这样的问题：谁将从我的决策中受益？我的行为会伤害到谁？我今天所做决策的长期影响是什么？如果我现在得到了别人的帮助，我将来应该做些什么来回馈这个人或者整个社会呢？

四、职业伦理

夏皮罗和斯特夫科维奇（Shapiro & Stefkovich，2001，2005，2011）在其关于多元伦理范式的研究中对职业伦理给予了相当多的关注，认为有必要让教育领导者注意到这一伦理。其他领域对职业也有伦理要求（如法律、医学、牙医、商业领域），对教育领域来说，教育领导者需要使职业伦理发挥核心作用，不论是为了职业合法性还是为了学生。

近年来，教育领导的伦理问题越来越受到重视。许多研究者（Beck，1994；Beck & Murphy，1994a，1994b；Beck，Murphy，& Associates，1997；Beckner，2004；Begley，1999；Begley & Johansson，1998，2003；Bon & Bigbee，2011；Burford，2004；Cambron-McCabe & Foster，1994；Dantley，2005；Duke & Grogan，1997；Frick，2009；Goldring & Greenfield，2002；Greenfield，1991，1995，2004；Mertz，1997；Murphy，2005，2006；Normore，2004；O'Keefe，1997；Starratt，1991，1994a，1994b，1994c，2003，2004；Strike，Haller，& Soltis，1998，2005；Willower，1999；Zaretsky，2005）提倡未来的学校行政人员在伦理方面——特别是在伦理决策方面——要有一定的准备。在教师领导领域，也有类似的呼吁（Campbell，2004；Hansen，2001；Hostetler，1997；Strike & Ternasky，1993）。教师领导者，如特许学校或学习团体的负责人、教师教练、教育硕士导师或合作教师，以及实习教师的主管，都需要为做有伦理德性的专业人员而做好准备。

格林菲尔德（Greenfield，1993）指出，伦理准备可以使未来的校长或督学形成与道德推理能力有关的态度、信念、知识和技能（p. 285）。为了强调这种准备的重要性，格林菲尔德提出了一些认真的建议：

> 如果没有为学校管理者提供发展这种能力的机会，也就意味
> 31 着，作为公共教育工作者，我们无法完成为儿童提供服务的义务。因此，教育行政作为一种职业，有道德、有义务培训未来的行政人员，使他们能够运用与伦理学校发展有关的原则、规则、理想和美德。

20 世纪 90 年代中期，州际学校领导执照联盟和国家教育管理政策委员会（NPBEA，1996）意识到在培养未来的管理者的过程中应用道德原则的重要性，它们将职业道德确定为学校领导者必备的素质之一。该联盟由 24 个州和 9 个与教育管理专业有关的协会的代表组成，在州首席教育官员理事会的主持下，与国家教育管理政策委员会合作。修订后的《教育

领导政策标准：ISLLC 2008》为学校领导这一职业制定了六项标准。其中，“标准 5”强调教育领导者通过正直、公平和道德的方式促进每个学生的成功。其在对 1996 年的文件稍作修改的基础上增加了下列规定：（1）为确保每个学生的学业和社会成就，建立问责制；（2）建立自我意识、反思性实践、透明度和道德行为的模式原则；（3）维护民主、平等和多元的价值观；（4）考虑和评估决策的潜在道德和法律后果；（5）促进社会公平，确保学生的需求可以在学校的多方面得到满足（NPBEA，2008，pp. 4–5）。

“标准 5”及其功能继续强调着道德伦理在学校管理者知识储备中的重要性。除了这六项标准，许多州现在还要求校长通过一项包括伦理规范在内的衡量相关能力的考试。这些标准现在已被全国教师教育鉴定委员会所采纳（Murphy，2005）。

在过去，职业伦理通常被视为正义伦理的一个子集。这可能是因为职业伦理通常等同于规范、规则和政策，这些都与传统的正义观念非常契合（Beauchamp & Childress，1984）。一些州已经制定了自己的法规或标准。例如，《宾夕法尼亚州教育工作者职业行为规范》（*The Pennsylvania Code of Professional Practice and Conduct for Educators*，1992）和得克萨斯州的《伦理、标准和实践》（*Ethics*，*Standards*，*and Practices*，1998）都重点强调了正义伦理和职业伦理。

此外，一些与教育有关的专业组织也制定了自己的职业伦理规范。比彻姆和奇尔德雷斯（Beauchamp & Childress，1984）将其定义为“行业成员所看到的关于角色道德的明确陈述”（p. 41），其中有些伦理规范是长 32
期存在的，而有些则更具现代性。这些组织的例子包括但不限于美国学校管理者协会、美国大学教授协会、美国心理学会、学校经营官员协会、监督与课程开发协会，以及美国教育协会。最近，美国教育管理大学委员会也为教育领导者培养制定了专门的伦理规范。这一组织希望在六年的时间里，通过结合教育领导领域中不同的态度、观点和价值观，创造一种有意义的准则，并经常对其进行讨论和修改（UCEA，2011）。

尽管做出了一些使这些准则和标准变得更有意义的努力，但各州和各专业协会提出的伦理规范普遍存在矛盾之处。

一方面，规范的效力有限，因为它们在某种程度上脱离了当今教育领导者面临的个人和职业困境。纳什（Nash，1996）在其关于教育工作者和公共服务人员职业伦理的书中，注意到自己的学生对这些规范缺乏兴趣，从而认识到下述局限：

> 我们如何理解这种几乎普遍存在的对职业伦理规范的蔑视？完全无视职业规范意味着什么？多年来，我一直认为是授课引起了学生强烈的消极反应。例如，当我要求学生把他们的规范准则带到课堂上时，很少有人知道在哪里找到它们，而当我提出这样的要求时，大多数人会变得非常烦躁。然而，我现在明白了，他们不愿为他们认为微不足道、无关紧要的任务而烦恼，因为他们看不到学习做出伦理决策与求助于伦理规范之间存在关联。（p. 95）

另一方面，不应忘记职业伦理规范表明了该领域的指导方针和愿景，描绘了该领域的形象和特点（Lebacqz，1985）。其体现了“职业的最高道德理想”，从而“呈现了职业和职业道德品质的理想形象”（Nash，1996，p. 96）。从这个角度看，标准化的规范可以提供最有价值的功能。因此，问题可能不在于规范本身，而在于人们有时对规范在道德决策方面的期望过高（Lebacqz，1985；Nash，1996）。

33 然而，尽管纳什（Nash，1996）、夏皮罗和斯特夫科维奇（Shapiro & Stefkovich，2001，2005，2011）对标准化规范持积极态度，但不能否认学生的个人规范和职业规范与各州或专业团体制定的规范之间缺乏联系。在很大程度上，学生似乎没有注意到后一种规范，或者，即使意识到了，这种正式的职业规范对他们的影响也很小。大多数人认为创建自己的规范更有价值。

一位曾做过系主任的研究生指出了这种差异：

> 令我惊讶的是，我甚至喜欢做个人和职业的伦理陈述。我参加过一些讨论职业伦理规范的工会会议，都很平平无奇，毫无意义。做这些陈述迫使我思考——我做什么？我如何生活？之前的讨论则与这些问题无关。这是一种非常积极的经历。我也认同标准化的职业伦理规范的价值有限。我决定自己能接受什么样的决策。外界试图控制我，但这种控制对我的态度和行为几乎没有影响。（Shapiro & Stefkovich，2011，p. 23）

这位系主任并非唯一一个发现制定个人和职业规范的过程既愉快又有意义的人。随着时间的推移，斯特夫科维奇和夏皮罗发现，有抱负的教育领导者应该利用机会根据自己的生活故事和关键事件，以及自己的工作经验和期望，来制定自己的职业伦理规范。发展这些规范需要学生反思与自身的道德规范、职业行为和决策过程相关的各种概念。

学校管理者的行为很可能受到个人价值观的强烈影响（Aiken，2002；Aiken & Gerstl-Pepin，2005；Begley，1999，2000；Begley & Johansson，1998；Begley & Zaretsky，2004；Cate，2005；Friedman，2003；Gronn，1999；O'Hair，McLaughlin，& Reitzug，2000；Willower & Licata，1997），并且个人的伦理规范是建立在这些价值观和经验之上的（Shapiro & Stefkovich，1997，1998；Stefkovich & Shapiro，1994）。把职业伦理和个人伦理规范分开并不容易。一位来自辽阔农村地区的督学，通过观察恰当地总结出了许多从业人员的经历和感受：

> 如果不联系和参考个人伦理规范，就无从建立职业伦理规范，继而承认这些影响因素。现在回想起来，可以看到“发展个人的职业准则”对自己价值观、优先事项和行为的影响。这两种
> 规范似乎有一种不容置疑的“共同影响”。一个不能完全独立于 34
> 另一个。（Shapiro & Stefkovich，1998，p. 137）

在制定个人职业规范方面应发挥作用的因素不仅包括对个人规范的考

虑，还包括由专业协会制定的正式职业伦理规范和该职业的成文标准（例如 ISLLC）。此外，对业内公认的标准的认识和理解也需要得到人们的关注和认可。

当教育领导者或研究生在实践中发展自身的职业（和个人）规范时，他们会考虑各种伦理模型，或者专注于特定的伦理，或者将正义、关怀和批判伦理进行优化整合。这一筛选过程为职业判断和职业伦理决策提供了依据，当然这也可能导致不同规范之间的冲突。

职业伦理的发展远非一个一帆风顺的过程，它往往会落入陷阱。事实上，夏皮罗和斯特夫科维奇（Shapiro & Stefkovich，1998，2005，2011）指出了四种可能的冲突，这会影响一个人职业伦理规范的建立。本节已经提到了其中的一些问题。第一，个人伦理规范和职业伦理规范之间可能存在冲突。第二，职业规范本身可能存在固有的矛盾。当个人伦理规范与职业伦理规范相冲突，或当个人已经准备从事两种或两种以上的职业时，就会发生这种情况。在后一种情况下，一种职业规范可能与另一种职业规范不同。因此，一种职业中适合个人的规范可能并不适用于新的领域。第三，教育领导者之间可能会有职业规范的冲突，即在这个管理者看来决策是符合伦理要求的，而另一个管理者可能并不认为其是道德的。第四，领导者的个人及职业操守与社会风俗习惯之间也可能会产生冲突（例如专业团体、学校团体或教育领导者工作团体）。在一个群体中被认为不符合伦理规范的行为，在邻近的群体中可能仅仅被视为个人偏好问题。

弗曼（Furman，2003a，2003b，2004；Furman-Brown，2002）发展了一种独立的社群伦理，在其著作中向教育领导者们提出了挑战，倡导从英雄主义（个人）的管理决策转向群体参与决策。弗曼认为群体决策应当是一个全员参与的过程。这似乎也与分布式模型相吻合，在分布式模型中，教育领导者与其他人适当地分享工作和决策（Elmore，2000；Gronn，
35 2001；Katzenmeyer & Moller，2001；Kochan & Reed，2005；Neufeld & Roper，2003；Poglinco et al.，2003；Spillane，Halverson，& Diamond，2001）。

为了处理前面讨论过的四种冲突和产生一般的职业伦理，重要的是将

决策过程建立在有意义的基础之上。格林菲尔德（Greenfield，1993）认为学校，特别是公立学校，应该是培养儿童在民主社会中承担公民作用和责任的中心准备场所(p. 268)。格罗斯和夏皮罗（Gross & Shapiro，2008）也谈到了促进年轻人发展和推动他们成为具有批判精神和道德的公民的重要性。

在教育领导伦理重要性的研究中，并不是所有人都会讨论儿童的需要。尽管如此，这种对学生的关注仍然是该领域的中心。每个职业通常都具有一个基本的原则。在医学上，是“无害”。在法律上，主张所有客户都应得到“热心的代理”。在教育领域，夏皮罗和斯特夫科维奇（Shapiro & Stefkovich，2001，2005，2011）认为是“为学生的最大利益服务”。因此，这一理想必须置于任意一种专业伦理的核心，教育领导者需要关注从学前到十六岁的孩子甚至年龄更大的人群。

这种对学生最大利益的关注反映在大多数教育专业协会的规范中。例如，美国学校管理者协会在《学校管理者伦理声明》（*Statement of Ethics for School Administrators*）（American Association of School Administrators，1981，2007）一开始就强调，教育管理者应将学生的福祉作为所有决策和行动的基本价值。为学生的最大利益服务也符合州际学校领导执照联盟的职业标准。这些标准都以“教育领导者促进每个学生的成功”为出发点（NPBEA，1996，2008）。这种对学生最大利益的强调也与诺丁斯（Noddings，1992，2003）的关怀伦理相一致，关怀伦理将学生安放在教育层级的顶端。同时，这也反映了许多批评理论家的担忧，在他们看来，学生的声音和要求常常被压制（Giroux，1988，2003；Mitra，2004，2008；Mitra & Gross，2009；Weis & Fine，1993）。

但是，满足学生需求并不简单。在这个时代，道德困境变得异常复杂，因为困境涉及的学生群体越来越多，家长也越来越多，群体构成的多样性远远超出了种族和民族的范畴。在这方面，差异——种族和民族、宗教、社会阶层、性别、残疾和性取向等文化类别的差异，学习风格、例外
情况和年龄等个体差异——往往是不容忽视的（Banks，2001；J. A. Banks & 36
C. A. M. Banks，2006；Cushner，McClelland，& Safford，1992；Davis，

2000，2001；Gollnick & Chinn，1998；Shapiro，Sewell，& DuCette，2002；S. Shapiro，1999；Sleeter & Grant，2003；Tooms & Alston，2005）。

现有文献还没有对“学生的最大利益”做定义（Stefkovich，O'Brien，& Moore，2002）。然而，为了填补这一空白，相关研究者已着手进行了一些尝试（Stefkovich，2006；Stefkovich & O'Brien，2004；Walker，1995，1998）。斯特夫科维奇（Stefkovich，2006）将与学生最大利益相关的决策概念化为：个人权利、教导学生为自己的行为承担责任以及尊重学生的决策。斯特夫科维奇认为，这三个“R”——权利（rights）、责任（responsibility）和尊重（respect）——是做出符合学生最大利益决策的伦理关键所在，也是履行教育领导者职业义务的关键所在。

本节对职业伦理范式进行了描述。这一伦理希望教育领导者根据个人伦理规范以及职业标准来制定和审查自己的职业伦理规范，将学生置于伦理决策过程的中心地位。这一伦理还要求教育领导者考虑群体的意愿。

职业伦理超越了正义、批判和关怀伦理，它所关心的是：这个职业要求我做什么？不同的群体希望我完成什么？伦理规范冲突是存在的吗？这些规范是否有问题呢？我应该怎样考虑那些来源和需求各不相同的学生，从而实现他们的最大利益呢？

第3章　湍流理论

一、理论渊源：始于除夕夜的飞行 37

史蒂文·格罗斯（Steven Gross）曾经是一名优秀的飞行员。自他的第一次飞行——也就是1956年从位于纽约的艾德怀尔德机场（后来因纪念肯尼迪总统而改名）飞到巴哈马的拿骚——开始，飞行贯穿了他的青年时期。对于格罗斯来说，乘飞机就像是进行梦幻之旅，这种感觉不亚于乘坐改装过的宇宙飞船。当他是一个孩童的时候，他就坚信：无论地面天气是阴是雨或是雪，飞机起飞几分钟后，在几千英尺①的高空尽是阳光灿烂。他可以尽情俯瞰地球景象，而这在一百年前是无法想象的。

格罗斯的这种热情完全是自然而然迸发的。他的祖父任职于格伦·柯蒂斯公司（Glenn Curtiss Company），也就是怀特兄弟公司早期的竞争公司。作为第一架双翼飞机的建造者，格罗斯的祖父也怀着同样的愿景。第一次世界大战期间，他的祖父被派往法国南部组装早期的海军飞机。一代人以后，在第二次世界大战期间，格罗斯的父亲离开了步兵部队，加入今天的美国空军前身——陆军航空兵团（Army Air Corps）。他表现出了驾驶多引擎飞机和领导机组人员的天赋，成为第八空军（the Eighth Air Force）
的飞行员，在被占领的欧洲上空执行过30次飞行任务，包括驾驶一架名 38
为“狼群”（Wolf Pack）的B-17轰炸机参与诺曼底登陆。他在战争结束

① 1英尺等于30.48厘米。——译者注

时所获得的许多勋章中，有一枚便是著名的飞行优异十字勋章。此外，格罗斯的岳父也是一名航空爱好者，格罗斯与他关系亲密。格罗斯的岳父毕业于中华民国空军军官学校（Chinese Air Academy），是中华民国空军的将军。他因在第二次世界大战中英勇加入对日战斗机飞行试验而成为国家英雄，后来又成为中华民国空军军官学校的指挥官。

因为家世渊源，再加上所经历的几十次美妙的飞行，格罗斯期待着自己一生都会热爱飞行。然而，这只是一种美好的幻想。正是受到这种美好幻想的影响，1970 年的新年前夜，格罗斯欣然登上了一架从迈阿密到费城的喷气式飞机。坐在他旁边的一对退休夫妻看上去有些紧张。“哦，别管我们，”妻子说，“我们第一次乘坐飞机，有点紧张。”格罗斯并非狂妄自大，只是出于机上乘客之间的共同感受，对这对夫妻说：“别担心，我从六岁开始就一直在飞机上了，遍游于世界各地。没有比现在更安全的了，反而，乘车去机场是这次旅行最危险的部分。”现在回想起来，他的这一番话使得他看上去像是航空公司的洗脑说客。但当飞机上的晚餐送达时，他的说辞被证明是热情且正确的（在那个时代，即使是两个小时的航班，提供热餐也是常态）。乘客们的面前摆放着火鸡、土豆泥以及新蒸的豌豆。格罗斯和他的新朋友们享受着这顿晚餐，吃饭的时候那位丈夫还嘲笑了他焦虑的妻子。突然，飞机开始垂直下降，就像坐过山车那样。火鸡、土豆泥以及豌豆迅速“装点”了乘客们的衣服。尖叫声和恐慌的哭喊此起彼伏，死亡的预感蔓延了整个机舱。坐在格罗斯身旁的老人开始哭泣，他刚刚掉落的假牙在面前的半杯水中晃荡着。

飞机稳定下来后，格罗斯试着用对话使恐慌的自己平静下来（这种对话只是自言自语）：“太可怕了，不过也没关系，刚才只不过是飞机遭遇了一次气流而已。这样的事情常常发生，大家只是吓了一跳，衣服上沾了点食物而已，也没有什么可害怕的，我们很快就会到达目的地。”这种临危不惧的品质在格罗斯日后的教师生涯中发挥了极大的作用。

然而这是无用的。虽然旁边的男人渐渐停止了哭泣，但是从夫妻俩紧锁的眉头上可以看出，他们对于飞行已经丧失信心。格罗斯对他们的鼓励实际上只是在修复自己理想主义飞行的裂痕。当格罗斯到家开始新年派对的时候，他知道心中的裂痕已经无法修复。他受到了创伤，开始认为飞行是一件冒险的事情。实际上，他第一次经历了重度湍流。

往后数年，格罗斯在飞行中一直高度紧张。他没有终止飞行，但始终感到恐惧。就像其他的创伤后遗症一样，哪怕是雷电天气预报这种微小的刺激，也会让他感觉到胃里一阵翻腾，唤起他对于飞行的恐惧，更别说是飞机的颠簸了。格罗斯变得过分专注于对湍流的恐惧，他曾问父亲，他在纳粹德国上空执行飞行任务时是否会有同样的担忧。他的父亲用亲切有趣但又略带嘲讽的语气说：“史蒂文，比起这种事情，我还是比较担心高射炮和敌机。”

虽然心怀恐惧，但在后来的25年里，这种恐惧并未对他造成严重影响。然而，一切都在加拿大多伦多一个叫作“世上最大的书店”（World's Biggest Bookstore）的地方发生了变化。那时格罗斯在城里研究一本关于在公立学校开展重大创新的书。坦率地说，他有些茫然。他所研究的高中显示出一种全新的但令人烦恼的模式。无论在课程、教学和评估方面进行多么周全的改变，无论周边社区的计划多么慎重、敏感，似乎总是有某种强烈的干扰，使一系列事情发生重大变化。这是为什么？格罗斯认为，细心、有能力的教育工作者在公布学校改革方案时，总是不得不面对愤怒的家长们，这从某种程度上讲是不公平的。

当然，他知道改革总是伴随着反对意见。他有足够的理论和哲学知识去理解黑格尔的辩证法（Hegel，1892），这些新内容很容易被看作当前理论的对立面，它们来源于现有观点，综合形成新的观点，反过来又会促使新的对立观点产生。然而，当他试图进行教育创新时，他发现这并未给他带来什么安慰。格罗斯需要解决的四个迫在眉睫的问题是：

- 如何对学校创新所面临的干扰水平进行界定，以便比较不同程度的挑战？
- 如何更深入地理解这种干扰的情感强度？
- 学校如何以可度量的方式看待自身面临的干扰，从而更有可能采取理性的行动？

- 对于决定进行创新的学校来说，干扰是否存在积极的影响？还是说干扰永远是一种要减少或避免的有害力量？

40 格罗斯进入这家书店只是为了在舒适的空间中漫步。在数不清的过道里漫无目的地浏览书籍如同一剂良药，让他思绪万千，使他慢慢放松下来。差不多到了打烊的时候，他在书店的指导书架上发现了一本飞行员入门手册。考虑到他对飞行的态度，他不知道为什么自己的手会不由自主地伸出来。他迅速翻到了“湍流”（turbulence）的部分，里面是飞行员对湍流的定义。书上说，有时候飞行中根本不会遇到湍流，这就是所谓的“平稳飞行”。但通常情况下，飞行过程中会遇到四个级别的湍流，分别是轻度湍流、中度湍流、重度湍流和极端湍流。那本书接着对每一级别都进行了描述：

- 轻度湍流：飞机完全不受干扰或只受轻微干扰。
- 中度湍流：飞机有非常明显的震动。
- 重度湍流：强烈的阵风威胁了对飞机的控制。
- 极端湍流：剧烈的湍流力量使得飞机失去了控制，并对飞机造成了结构性损坏。

在致力于研究多种情况下的湍流的文献中，这四个级别都是最基本的（Lester，1994）。

格罗斯意识到，对湍流的思考越多，这些类别对学校创新所面临的问题就越有意义。他继续研究北美洲的学校，并开始将四类湍流应用到他所观察到的环境中。

在为期一年的调研中，格罗斯发现了三种湍流水平的例子。例如，一所小学发现很难吸引所有的家庭参与教育，因为他们的学生来自两类层次分明的社区：一类是住在校园附近的中上层阶级，另一类是住得较远的工人阶级。这引起了学校领导和当地家长教师协会的关注，因为这意味着有些学生的家长可以进入并影响学校，而另一些家长则可能觉得被剥夺了参与学校活动的权利。虽然目前还没有出现什么危机，但社区脱节问题

（the issue of a disjointed community）会导致一系列的危机，该小学所面临的局面需要定期监测和反馈。

格罗斯研究的一所高中则面临着更加严峻的挑战。这所高中的表现一向不错，紧跟创新思路，而此时却突然不得不接纳同区一所被迫关停的姊妹学校的学生。这个问题已经不止是轻度湍流，学校如果不及时为新生及其家庭提供解决方法，那么学校的改革议程也不得不暂时停止。面对这一挑战，学校领导高度重视接纳新生，认为新生有能力影响学校，也有义务受到学校的影响。学校教职工在学期前的职工活动中提出了具体的解决措施，其中包括指导新生入学，为学生提供咨询，建立新老生相联的伙伴系统。这所学校面对中度湍流，且做出了具体回应。新生大量涌入对于学校来说是一个明显的冲击。这不是学校通常面对的情况，而是需要集中精力来解决的问题。值得强调的是，中度湍流往往迫使人们提高行动力、敏感性和创造性。一般来说，学校委员会如果能及时对湍流采取行动并给予明确关注，就能对这种程度的动荡做出反应。

另一个中西部地区面临着质的挑战。该地区以其优异表现而闻名，包括在国家主办的考试中取得突出成绩。多年来，学校和地区领导不间断地为学校项目增加新课程和教学实践。虽然许多社区成员支持新的学习目标，但另一群人却发现这与以成果为导向的教育（outcomes-based education，OBE）原则相近（Spady，1988）。由于以成果为导向的教育已成为一个充满政治色彩的问题，两大阵营开始互相对立。很快，在激烈的辩论中，双方分歧不断加大，开始互相诋毁，愤怒最终爆发，人们长久的友谊在激烈的对峙中枯萎。这种情况既不属于轻度湍流，也不属于中度湍流，因为这场危机波及了整个地区及其学校的改革计划。

显而易见，如果不加紧重新夺回控制权，该地区将面临灾难。庆幸的是，地区和社区领导聚集到了一起。一位中立且备受尊敬的社区领导当选董事会主席，另一位具有团队协调能力的社区成员组织了一系列包含对立双方的论坛。这些会议进行了录音，并通过当地的有线电视频道播出。经过数周的活动，人们意识到，共同利益远大于分歧。在经历了剧烈的动荡之后，人们发现了妥协和修正的方向。该地区经历了剧烈的动荡，就像严重的湍流威胁着飞机而使其完全失控一样。在空中，可能需要非凡的操作才能使飞机从这种动荡中恢复过来，这也适用于改革中的学校。任何现有的组织结构都无法让这个地区重新回到改革的路径上——因此需要新的领导者开发新的应对方式。

格罗斯经最初研究形成的《保持中心：激荡时代的课程领导》
42 （Gross，1998）一书并没有呈现极端湍流的例子。这并不奇怪，因为极端湍流意味着改革计划的彻底破坏，而格罗斯只研究了进行中的改革创新。他对极端湍流存在的猜测为这种可能性敞开了大门，他确信自己终会发现这样的情况，然而令人遗憾的是，教育改革往往达不到他的预期目标（Sarason，1990）。

不久之后，这样的例子就出现了（Gross，2000）。格罗斯第一次访问这所学校时，他发现学校的改革进行得很顺利，课程组织有序，家长大力支持，教师积极参与，课后活动协调得很好，学校与地区负责人的关系也很好。考虑到学校服务的家庭所面临的高度贫困的挑战，他们的成功更加引人注目。然而，仅仅两年后，他的下一次访问就与前次形成了鲜明的对比。在支持该地区的负责人离开之后，该校与学区之间的联系也消失了。最重要的是，学校被迫在规模和年级上加快发展。该校现在的建筑已经能够容纳幼儿园至八年级以及更高的年级，而不止是一所小学的规模了。这种增长迫使学校聘用了许多新教师，而其中一些教师对原来的改革持反对意见。雪上加霜的是，其中一个年级在州考中表现不佳，导致整个学校都被列入改进名单。最后，因为资金周期已经结束，为最初改革提供资金的基金会也在准备撤离。当格罗斯到这所学校的时候，他发现发起改革的天才校长正准备退休。格罗斯不无遗憾地得出结论说，他发现了一个由于极端湍流而导致改革失败的例子。就像飞机上的剧烈颠簸一样，这种情况不仅会吸引人们的注意，还会引发某些危机，即使是极具才能的学校和社区领导人的创造力也不足以战胜它。

加入了极端湍流的案例之后，湍流的比喻似乎已经完整了。每一级别的湍流在寻求创新的学校中都有与之对应的情况。同样重要的是，对前三个级别（轻度、中度、重度）分别都有了应对方式，这对学者和从业者来说具有指导意义。格罗斯提出的四个问题中，有三个开始有了答案。谈到湍流，格罗斯现在可以描述创新学校面临的不同程度的挑战。同样，他也可以界定湍流的相对干扰强度。通过对这四个级别湍流的运用，学校可以以适当的方式思考问题，并寻求对于当前状况的应对方式。虽然这样的比喻有局限（Morgan，1997），但是湍流的比喻很适合格罗斯观察到的三个问题，他也获得了一个可以用于概括和分享的新词语。

二、湍流的积极方面 43

格罗斯在美国教育管理大学委员会会议上，与夏皮罗（Shapiro & Gross，2002）就湍流理论及其与伦理决策之间的关系发表了一篇论文，提出了一个推动他思考的问题。听众中的一位同事质疑湍流是领导者需要抵御的一种负面力量的观点，他问道："史蒂文，湍流难道不是为组织开辟新的可能性的力量吗?"格罗斯立刻被这个问题所包含的两方面的含义所触动。首先，这很有道理。为什么湍流只能是一个问题？与他寻求取代的传统相比，那些最初吸引他研究的创新难道不是湍流吗？事实上，湍流在商业管理文献中被描述为一种积极力量（Gryskiewicz，1999）。其次，他回顾了卢因（Lewin，1947）在行动研究方面的开创性工作，其中涉及组织的解冻、改变和再冻结。这也可以看作一个组织为了达成积极改变而做出的有目的的升级。①

格罗斯几乎马上就意识到，在微观层面，飞行需要湍流，升力在真空中是不可能产生的。飞行的必要条件是空气分子在机翼顶部的运动速度要比机翼底部快（Braybrook，1985），即使是现代飞机也是迎着风起飞和降
落的。这种湍流是飞机起飞和安全着陆所必需的。失去控制，湍流可能导 44
致灾难，但是，经过充分理解和监测之后，人们会发现湍流是空中生命的基本要素。

① 然而，湍流导致的积极变化是相对的。同一组织中的保守主义者可能会将行动研究过程看作对群体正常生活的不受欢迎的干扰。

格罗斯个人经受的创伤使他一直戴着有色眼镜看待湍流，但是经过进一步的思考，他意识到了个人视野的局限性。在这之前，在对于湍流的分类中，他只是将湍流视为改革者必须避免或者应付的问题而已。然而现在他意识到，解决湍流带来的问题固然重要，但解决问题只是湍流的一方面。

格罗斯意识到需要加深对湍流本质的理解，所以他开始考虑湍流的不同表现形式，这将会超越大气运动和飞行的范畴，为现有的隐喻增加新的维度。2002—2003 学年一结束，他就扩大了自己的研究范围，回到佛蒙特州的家中，从事这一领域的研究。起初，他简单地观察近地面的空气运动，即使是微风对植物的影响，他也会花时间观察。尽管格罗斯从这样的观察中学到了很多，比如几乎不能被察觉的微风对周围事物影响不均匀，但他还是对这种观察结果不满意。一天早上，他在绿山国家森林徒步时，听到了小溪的流水声，便停下来欣赏。虽然他已经走过这一小片水域几十次了，但在那天，这片水域却对他产生了一种意想不到的吸引力。他看到一个复杂的水漩涡，先是快速地移动，然后变慢，漩涡带着树枝和树叶随着水流移动。整个夏天，格罗斯花了数周时间观察小溪、河流和瀑布。他把每天看到的一切都记录下来，一直等到很久以后才去分析观察结果。本着扎根理论的精神（Glaser & Strauss，1967），他用前一天的实地观察所获为第二天的工作做铺垫。

三、位置性（positionality）

位置性这一元素的纳入再次发展了湍流理论，它将水体流动的隐喻也囊括在内。格罗斯注意到，一条流动的河流对其中心的树枝和树叶的影响，与其对边缘类似物体的影响是不同的。通过仔细检查之后他发现，水流所产生的不同程度的影响取决于物体相对于河流中心或其河岸的位置。水流中心的叶片移动得很快，而两侧同样大小的叶片移动得相对较慢，它们有可能被带到河岸上，或陷入小旋涡中。

格罗斯很快发现，与水体流动一样，在组织动荡中，事物的位置性非常重要。从长远来看，湍流是均匀的，但在特定情境中，与组织相关的情况似乎特别有意义。回顾自己早期对大气湍流的研究，格罗斯清楚地意识到，当安全指示灯亮起时，自己的担忧很可能远超过飞行员。在学校里，上述严重湍流事件对学区管理者、高中校长、家长和地区商业领袖来说具有完全不同的意义。

在湍流理论中定义位置性

同样大小的物体在同一水流中却产生不同的运动形态，这看上去与社会科学中使用的定位理论（positionality theory）（Alcoff，1991/1992；Hauser，1997；Kezar，2000；Maher & Tetreault，1993，1994）、立场论 45
（standpoint theory）（Collins，1997）非常相似。

有研究展示了这两个观点之间的争论。科林斯（Collins，1997）在论述立场论时指出：

> 首先，立场论的概念指的是历史上共享的群体经验。群体随着时间的推移具有一定程度的持久性，使得群体现实超越了个体经验。例如，非裔美国人作为一个受到污辱的种族群体，早在我出生之前就已存在，在我死后也可能会持续很久。虽然我自身的制度化种族主义经历是独一无二的，但是我每天遇到的机遇和制约，与那些作为一个群体的非裔美国人很类似。（p. 375）

基泽（Kezar，2000）对立场论的效用进行了反驳，他描述了定位理论的效用：

> 定位理论承认人们有多个重叠的身份，因此意义源于身份的各个方面，包括社会阶层、职业地位等。故而，在保留认识论关注的同时，它比立场论更为复杂和动态。定位理论假定权力关系可以改变，社会类别范畴是动态的，受历史和社会变化的影响。（p. 725）

格罗斯在湍流理论中所提出的位置性类型，结合了这些观点的共有因素。当在湍流理论中考虑位置性时，以多维的方式理解组织中个人的情况是很重要的。就教育机构而言，这不仅意味着要对学生亲身经历的湍流感同身受，还意味着要接受不同学生群体之间（例如，按性别、种族、年龄、社会经济地位或在社区的年限划分）有着不同的经历。既要在团体关系中认识个体，又要看到独立个体。这不是一个线性的、容易嵌套的过程。

虽然这一开始听起来令人困惑，但其运行的最终结果是形成一个系统的过程，在这个过程中，那些面临困境的人可以提出一系列问题，从而更全面地理解他人的真实立场和观点，而不是居高临下地指点，或者像阿尔科夫（Alcoff，1991/1992）所描述的那样，“替他人说话”。我们可以用如下问题来阐明湍流中的位置性：

- 组织中存在哪些不同的群体（如低年级学生、高年级学生、教职员工、教师、行政人员、家长）？当前湍流如何影响他们每一个人？
- 组织中存在哪些不同的人口统计特征（如性别、种族、社会阶层、邻里、英语作为第二语言、特殊教育）？每一组群体的观点是什么？
- 我们对个人情况了解多少？这种了解会如何改变人们对湍流的感知？

面对轻度或中度湍流，人们可以通过详细的推测、数据收集和分析来解决问题。重度或极端湍流则不然，这两类湍流对于反应的敏捷度与深思熟虑的程度要求非常高。因此，对于组织位置性的深入且持续的理解是非常必要的。

四、级联（cascading）

对湍流理论的第二个补充来自格罗斯对流动的水体的研究。任何见过小河或小溪的人都熟悉水在一些小石块上翻滚的性质。虽然他早已熟悉这种情况，但直到他花时间把这种现象当作一个隐喻来思考时，他才明白其对研究组织及个体的意义。瀑布倾泻时流速会增加。当水从高处流向低处，湍流水平很容易增加。

级联效应在动荡的组织中也会发生。在本章前面描述的极端湍流的例子中，创新学校因快速扩张而面临的破坏稳定的打击、令人失望的测试结果、管理者支持的撤回、基金会资金的损失及创始校长的离开，这些都不是孤立的。每一个微小的动荡都依次加剧了学校面临的湍流程度，就像一系列下落的水滴增加了水的流速一样。同样的现象也可以从第二次世界大战期间在德累斯顿等城市发生的大规模爆炸所造成的风暴性大火中看到（McKee，1982）。每一次爆炸都加剧了城市的火灾，提高了气温。上升的热气把地表的冷空气吸进火中，从而为火灾助燃，导致火势蔓延，进而扩大了火势。联合而成的力量使地面风的威力加强，人们简直被扔进了人间地狱。另一个例子是1968年法国发生的大规模学生抗议（Kurlansky，2004）。

在化学中，人们发现，把一些非常稳定的元素与其他不活跃的元素放在一起，就能发生爆炸。社会中隐藏着一些不起眼的元素：激进的年轻人与迂腐的老领导，人口过剩的大学，愤怒的工人，突然出现的消费主义（这种消费主义吸引着一些人，也让另一些人感到厌恶），代际的巨大差异，甚至可能只是无聊……。如果把它们放在一起，可能会产生爆炸性的效果。

47

由上述例子可见①，级联的概念就像位置性一样，是湍流理论的一个新补充，帮助格罗斯在更丰富的背景下理解组织内部的动态力量。对于处于湍流中的人，即使是在轻度湍流水平上也需要考虑环境的力量，因为这些力量有可能使湍流上升至更高的水平。组织关注的某个新的、孤立的社会研究课题或许是一种中度湍流。然而，同样的问题在处理不当的劳资纠纷、房产税上涨以及标准化考试不及格的背景下就完全是另一回事了。因此，要理解某一系列湍流的背景及其背后的作用力，就需要理解级联。通过使用湍流理论，仔细测量每个问题所体现的湍流程度，教育领导者可以事先考虑自己应做出何种反应。

五、稳定性（stability）

位置性和级联显然与湍流有关，但格罗斯仍然很困扰，认为两者之间似乎有缺失。其间的第三种力量也可能加剧或削弱湍流水平。格罗斯比较了两所学校，它们面临的挑战大致相同，但经历的湍流级别却不同。是什么造成了这种差异呢？

格罗斯回顾了早前的一项研究（Gross，1998），其中包括威斯康星州维罗纳市的案例，那是位于麦迪逊郊外的一个社区。维罗纳市的学校经历了一场关于学校发展方向的严重意见冲突，这场冲突已经严重到有可能把这个学区翻个底朝天的程度。在早前采访中，一位学区领导说，如果这些学校没有树立起社会声望，事情可能会失控。换句话说，这些学校在湍流
48 中仍有着很高的声望。如果一个学区面临同样的问题，却没有较高的声望，那么同样的湍流可能会给它带来更大的负面影响。由此可见第三种力量明显存在。除了位置性和级联，学校的稳定性也有所不同。

正如格罗斯使用物理现象来研究级联的基本原理一样，这个新的案例

① 湍流中级联的情况与组织理论中强化反馈循环的过程相联系（Senge，1990），某种趋势会强化事物间的影响。在火灾的情况中，它由于上述自身周期而只会更加致命。在之前的一项研究中，格罗斯（Gross，2004）发现，对于创新学校来说，如果希望持续不断地改革，避免强化反馈循环是一项至关重要的调整措施。

也与检查稳定性有关。著名的塔科马海峡大桥案例就说明了这一点。这座悬索桥横跨华盛顿州的皮吉特湾，于 1940 年 7 月通车，仅 4 个月后就因大风倒塌。虽然倒塌的原因很复杂，但一般来说可以认定为桥面刚度不足，从而使整个结构不稳定。幸运的是，重建的大桥没有相同的结构弱点，自 1950 年开通以来经受住了考验。

可见，稳定性是研究对象（例如一个组织、一座桥梁、一个国家或一个人）与其面临的动态力量之间的关系。越稳定的组织越能够承受所面临的动态力量，稳定的声望也使其免受一些剧烈动荡的影响。这就解释了维罗纳学区的情况。作为学习系统而运行的组织在这方面则更进一步，它们能够将湍流经历转化为反映和获得实际收益的机会，从而进一步增强组织的弹性和稳定性。

要注意的是，稳定性和简单的行为重复之间存在明显的不同。湍流理论中的稳定性是一个动态概念。稳定性是通过运动而不是僵化来实现和维持的。僵化的措施可能看起来是坚固且稳定的，其实并非如此。当人们真正感觉到对组织内在价值的信心，这种信心就能以可衡量且灵活的方式，为人们提供做出回应所需的能量。

1933 年 3 月，富兰克林·德拉诺·罗斯福（Franklin Delano Roosevelt）出任美国总统，此时美国正在经历大萧条带来的严重动荡，整个银行体系即将崩溃。罗斯福的名言——“我们唯一不得不恐惧的就是恐惧本身”——体现了他在就职演说中传达的精神：旨在创造一种大众所需要的稳定感。当时民众对此最大的反应是，总统坚持行动并具有应对危机时的灵活性。用他的话说：“祖国要求行动起来，现在就行动起来。”（Grafton，1999）罗斯福的真正秘诀就是依靠强有力的实验来创造必要的改变。他在执政的头 100 天，制定了许多新政计划，这些计划到今天仍然被看作所有新政府上任的标准。

格罗斯（Gross，2001）在一所高中发现，当学校面临着与试图干扰其行动的市和州教育官员的冲突时，强调对话、民主实践和创新的校园文化有助于创造稳定的环境。

但稳定也是有限的。格罗斯想到某天他在佛蒙特散步时看到的一段掉落在地的树枝。很明显，这段树枝是前一天被雷暴雨刮落在地上的。从样子上看，这段树枝原本和树相连的部分有些腐烂了，这或许就是它被刮落的关键所在。可以说，相对于风的力量，树枝是不稳定的，这就意味着，树枝无法在雷暴的袭击下继续生长，而是掉落到地上。

在物理世界中，稳定性是指结构能够承受外界施加的力的程度。该地区在暮春时节常经历伴有大风的雷暴雨，这是一种正常的天气现象，然而那根树枝（或者说树的那一部分）却被刮落了。也就是说，相对于正常力量而言，树枝在本质上是不稳定的。如果是龙卷风来袭，其肆虐下的几乎一切物体的力量都是微弱的，这也就意味着，相对于龙卷风来说，几乎所有物体都是不稳定的，没有什么是绝对稳定的。例如公司破产和社会革命，只要有足够的力量，一切组织都会变得不稳定。

学校稳定性主要体现于①：

- 声望、地位、奖项；
- 学生的学业成就（真实的或被他人感知的）；
- 规模、学生人数、校区数量（更适用于高等教育）；
- 50 排他性、录取选择它性（适用于重点私立学校、有吸引力的公立学校、优秀特许学校和高等教育机构）；
- 教师声誉；
- 高效和透明管理（特别是公立基础教育学校）的声誉。②

综上所述，稳定性包括三个关键因素。第一，相对于作用于物体上的力，物体是稳定的。第二，实现和保持稳定需要灵活性和变化。第三，在某一时刻，稳定总会被作用于其上的足够的力打破。

---

① 人们的感知相对滞后，所以那些曾经被认为不稳定却得到了显著改善的学校，在改变发生一段时间之后，可能仍旧在人们的认识中保持不稳定的状态，但实际上它们变得更好了。反之亦然。

② 在学校中可观察到的每一种稳定都与某种动态的、对抗的力量有关，而实现和维持稳定需要灵活性和积极行动，因为需要按照计划对反作用力做出反应并加以利用。

六、三股力量的结合

位置性、级联和稳定性会以增加或降低湍流水平的方式影响物理世界和人类社会。重要的是我们要把这些力量结合起来看待，而不是孤立地理解它们对湍流水平的影响。在将这些力量视为动荡的强大驱动力的过程中，人们可以提一些简单的问题——比如，不同的人在相同的情况下都有什么经历？组织最近发生了什么事情？总的来说，现在的情况有多稳定？——这或许会大有裨益。当你对当前的伦理困境做出反应时，还可以对改变当前湍流水平的方式展开分析。

七、湍流理论与混沌理论的关系

虽然对湍流理论与相关理论进行详细的对比并非本章的主要任务，但在本章结尾简要地讨论该问题也是有益的。下文阐述了格罗斯对湍流理论与混沌理论（Chaos Theory）两者之间联系和区别的看法，以及对湍流理论作为一种隐喻的优势和局限的思考。 51

格罗斯经常被要求描述湍流理论和混沌理论之间的区别，他的回答通常以分享他观察到的两者的相似性开始。两者都关注那些看似微小的变化所带来的综合影响，这就要求人们关注细节和模式，尤其是在复杂的系统中。两者都让人们思考生命的起落，从表面上的不稳定，到稳定模式的更新和转变。两者都是自然界的元素，在我们的组织生活中有着很强的相似性。

然而，湍流理论和混沌理论之间也存在着重要的区别。湍流理论虽然是受自然现象的启发，但它的目的是帮助人们更好地理解微观和宏观组织中的人们的生活。此外，湍流理论使用了湍流度计，并与多种伦理范式概念相结合，使组织成员在观察、计划和行动时可以使用湍流度计。湍流理论认识到了复杂性，其构建是为了提供有用的工具，帮助人们适应快速变化，从而尽量减少湍流潜在的危害。

除了指出湍流理论和混沌理论之间的异同外，还有必要说明这两个理论是可以结合起来的。通过进一步思考将这些理论结合起来是有益的，对于组织来说，它们都各自有其优势和局限性的隐喻。

八、作为隐喻的湍流理论

摩根（Morgan，1997）以丰富且灵活的方式理解组织生活中对于湍流理论这一隐喻的使用：

> 隐喻通常被认为是一种修饰话语的手段，但其意义远大于
> 52 此。隐喻的使用意味着一种思维方式和观察方式，意味着我们是如何在普遍意义上看待世界的。

任何理论都有其局限性，摩根随之警告说：

> 在把理论当成隐喻的时候，我们应该及时意识到没有哪一种理论会呈现一个完美或全面的观点。熟练使用隐喻的艺术也是一种挑战：找到新的方式来观察、理解和塑造人们期望的组织和管理的情境。（pp. 5–6）

在这种情况下，湍流理论是对组织生活中的偶发力量和持续力量的隐喻。正如摩根所观察到的，每一个成功的比喻，每一个被充分考虑的理论，都阐明了现实生活的某些方面。然而，恰恰相反的是，每个隐喻同时也都掩盖了现实的某些东西。湍流理论阐明了组织的变化水平，并帮助人们对其做出反应，本章描述了一些可以用来深入了解这些作用力的方法。然而，用摩根的话来说，湍流理论并非一个万能的观点。湍流理论的深入应用旨在为人们对组织生活的理解增加一个新的角度，并在本书背景下帮助人们理解伦理困境的影响。

九、湍流理论与教育政策环境的相关性

在 20 世纪 90 年代格罗斯开始学校研究的时候，湍流理论提供了有意义的情境。随着时间的推移，它变得更加复杂。在 2008—2009 年经济大衰退造成的持续萎靡时期，经济下滑除意味着失业率上升、银行倒闭、房屋止赎和个人破产之外，也意味着公共财政支持减少。经济衰退导致了学校沉重的预算压力，也迫使许多地区裁减教师。公立高等教育也没有免于国家削减开支的忧虑。同时，全球经济衰退对欧洲经济的影响更大。在撰写本书时，这种影响可能会威胁到欧盟单一货币本身。

除了经济衰退之外，各级教育领导者在履行州和联邦政策所规定的问责制的要求上，也面临着持续的压力。尽管《不让一个孩子掉队》法案未能获得重新授权，但高风险测试仍在继续。早先的预期是，奥巴马政府出台的法案将取代《不让一个孩子掉队》法案，让联邦政府发挥更灵活的作用，但是，而后实行的“力争上游”计划却对问责制有了更多更具体的要 53
求，人们对此感到失望。希望退出《不让一个孩子掉队》法案的州可以向教育部申请弃权，而退出需要做出许多新的承诺。例如，佛蒙特州决定完全退出，但强调教师绩效工资计划的实施以及要求特许学校数量增加，特别是在城市地区，这并没有降低教育领导者面临的湍流水平。就像经济衰退带来的压力一样，问责制和市场力量的双重压力不仅限于美国，在许多经济发达国家也都一样。

十、湍流理论的应用指南

虽然本书不打算采用公式化的方法来使用湍流理论，但适当的指导还是必要的。正如本章前文所述，使用湍流理论时需要考虑关键环境因素，如位置性、稳定性、事件级联的可能性、某种情况下的湍流程度，以及湍流水平变化可能带来的后果。湍流理论中需要讨论的关键变量顺序，与格罗斯和夏皮罗的研究生在思考湍流水平以及在他们自己的伦理困境中做出

反应时所采用的顺序最为相似。在结束每一个关键变量时，问题解决者之间最好进行简要交流，从而将主要线索联系起来。同样，在讨论了所有关键变量之后，建议相关人员再进行简要交流，以便更好地了解变量之间的相互关系。

环境力量

在早期，对既定情况中的环境变量进行探索是非常重要的。在湍流理论中，与环境有关的问题包括级联、关键个体之间的关系以及组织当前的
54 稳定性或波动性。在研究级联时，收集当前环境下的作用力数据是有益的。例如，如果一所学校在新课程上面临伦理困境，其他（看似无关的）事件可能会导致湍流，比如教师罢工、预算不足、考试成绩不佳，或者三者兼而有之。它们之间有什么关系？在事情发展中，它们是如何出现的？根据组织的经验，级联对湍流产生严重影响的可能性有多大？（在认识到关键个体之间的关系后，人们可能会提出类似的问题）与当前情况有关的个体之间存在着怎样的往事（包括合作和斗争）？

从塔科马海峡大桥的例子出发，本部分将讨论组织内在的稳定性或波动性问题。这就要求从内部和外部的双重角度来考虑近况。看待环境变量的一种方式是提出如下一个问题：当前的湍流只是突发事件，还是意味着将会出现更大程度的破坏？回顾上述学校环境中与稳定性相关的内容，各级教育领导者明智地考察了有关机构的一般声望，真实的和预测的学业成就，学校规模和排他性（特别是在高等教育学校），教师的真实声誉和所感知的声誉，高效而透明的管理声誉（特别是在受资助的公立院校），以及领导交替的频率。关键是要记住，如果影响组织的湍流起势足够强大，那么就不存在使这一组织免于湍流影响的充足的稳定性水平。

位置性

对环境因素进行了详细的探索后，一系列关于位置性的问题将进一步阐明组织内不同个体和团体可能正在经历的湍流。显然，在湍流中，个人在组织中的位置也是关键变量，值得从前文所提问题建议的多个角度来考

察。正如这些问题所暗示的，探索与湍流相关的位置性可以从三个方面展开。首先，定义与问题相关的功能群体。在学校中，功能群体通常包括低年级和高年级的学生、教师、员工、管理人员、家长、董事会成员和更广泛的社区成员。从他们的角度来看，困境是怎样的？在这个过程中应避免 55
对功能群体中的个体过度概括，并假设每位教师对某个特定的湍流都会有类似感受。其次，位置性的下一个视角是人口统计结果。这其中包括明显的类别，如性别、年龄、种族、种族、宗教、性取向、受教育水平和社会经济地位等。同时还包括不常被考虑的方面，比如在既定社区生活的年份。最后，还涉及个体地位，当前湍流对环境中的一个或多个关键角色是否具有特别重要的意义。

识别现有的湍流水平

在考虑环境力量和位置性之后，人们更有可能对湍流的水平做出合理的估计。根据第 1 章描述的湍流度计，通过对环境力量和位置性的考虑，可以考察四个湍流级别（轻度、中度、重度和极端）及其一般定义，并选择最接近的匹配项。人们通常是通过估计湍流高于或低于当前水平的不同 56
情形来完成湍流度计的填写。由于估计湍流水平是复杂概念分析的结果，因此对个体来说，比较他们对湍流水平的认识是非常有用的，这将使不同的观点得以阐述，并使人们对测量的湍流水平更有信心。

改变湍流水平可能产生的结果

环境力量、位置性和湍流水平显然是关键变量，它们的性质和相互作用值得深究。然而，由于湍流理论不是一个静态结构，湍流水平的变化是一个需要注意的额外变量。处理湍流问题的个人或团体应理智地探讨以下问题：如果不关注短期和中期的情况（引发的级联问题），在当前湍流水平下可能会发生什么？更多的湍流是否有利于追求本组织的目标（湍流可能带来的积极结果）？预期的行动如何进行才能降低湍流水平（当湍流水平过高的时候，也是有害的）？这些思考将有助于形成有关湍流的预测。

按照这个顺序仔细检查关键变量（环境力量、位置性、当前湍流水平和湍流水平变化的结果）之后，通常会出现成对和组的关系，从而对特定情况下的湍流水平产生更丰富的理解。以这种方式使用湍流理论满足了格拉泽和斯特劳斯（Glaser & Strauss，1967）对本书第 1 章所述理论的四个相关要求。环境力量和位置性有助于以多维度的方式解释湍流，捕捉学校在动态环境中的多种作用力。确定当前的湍流水平和湍流的变化有助于研究者和教育领导者做出相关预测，从而指导决策。因此，湍流理论已经成为一个有效的工具，应用于当代学校中那些充满变动和挑战性的状况。

57

十一、结论

很久以前的那个晚上，格罗斯在飞行中经历了重度湍流，这促使他以一种全新的视角看待世界。虽然今天几乎所有人都接受我们生活在某种程度的湍流中，但是对于格罗斯所在的时代来说，他可能有点超前。像“9·11”事件这样的危机及其后果很容易被预见，自然危机也是如此，比如卡特里娜飓风和 2004 年 12 月造成 20 多万人死亡的印度洋海啸。之后工业时代信息经济及其以混乱为代表的快速变化似乎也符合这一隐喻。湍流理论的目的不仅是对这些突如其来的、有时令人感到痛苦的变化进行描述，它的目的还在于帮助人们拓宽视野，看到变化的潜在好处，并保持必要的灵活性。湍流理论希望帮助人们适应时代。

第二部分

破解伦理困境

接下来的七章介绍了涵盖一系列挑战的伦理困境，并关注在这个不稳定或者有时又相当稳定的世界中所发生的问题。案例中讨论的困境包括：安全与自由，课程、教学和评估中的权力与调适，问责制与责任制，群体标准与个人权利，平等与公平，个人愿景与权威，教学实习中的相关规则、规章、政策与个人需求和关怀。 59

每一章的伦理困境都是由教育领域的研究生和工作者撰写的。这些困境包括学前教育和高等教育中的问题。伦理困境是真实的，因为大多数案例都是基于实践经验形成的。

这七章中的每一章都包含了对某一特定困境的介绍。以某个困境为主题，适配于特定群体面临的伦理困境。个体面对的困境附在后面。每一个困境或案例的结尾都列出了一些关键的问题，用以挖掘多元伦理范式和湍流理论。本书计划让读者独自研究每个案例，然后通过回答问题，找到解决伦理困境的方法。其主要目的是帮助教育领导者提前为他们将要面对的伦理困境做好准备，使他们能够在教室或者家里这样相对安全的地方处理这些具有挑战性的问题。

第 4 章　安全与自由

（本章案例由苏珊·H. 夏皮罗、凯利·D. 哈博、玛丽·M. 菲古拉、 61
莉萨·马里·沃勒、桑迪·M. 霍梅尔提供。）

在这个充斥着恐怖主义、暴力和自然灾害的激荡世界里，人们有着强烈的安全需求。领导者应该在这样艰难的环境下保护好公民，而保证公民安全的方法之一是寻求控制。普佩尔（Purpel，1989）认为，由于存在于官僚主义和计算机文化之中的控制欲，人们重视工作、生产力、效率和统一性，而非玩乐、灵活性、多样性和自由。为了建立控制——尤其是在动荡时期，他指出，经常需要新的规章制度。

尽管存在内外部风险，但大多数民主国家都以保障自由为荣。在一个自由的社会中，言论自由、陪审团审判、宗教信仰自由以及宪法赋予公民的其他权利被认为是必不可少的。但是自由也可能走向另一个极端。在科罗拉多州的立法机构，一些代表竟要求允许小学生携带隐蔽式武器（Diamond，2012）。因此，个体自由因人而异，自由最终取决于对宪法的解释。

普佩尔（Purpel，1989）讨论了官僚制度是如何与强调自治和调节冲 62
突的民主原则产生尖锐矛盾的（p. 49），并提到杜威将学校概念化为“学生和教师应对民主经验挑战的民主实验室”（p. 49）。

尽管目前的发展趋势是安全和控制，但是，当考虑到学校里的情况时，就产生了一股逆流，例如有越来越多的人要求拥有更多的服务性学习（Keith，1999，2005）。服务性学习要求学生走出学校，帮助社会组织。此外，还有一些学者（Boyd，2000；Gross & Shapiro，2005；Gutmann，1999；Gutmann & Thompson，2004，2012；Shapiro & Purpel，2005）强烈认为学生应该接受良好的公民教育，从而为在民主进程中发挥重要作用做好准备。

与国家一样，学校也面临着保护处于危险中的学生与保护他们个人权利之间的矛盾。一方面，有必要在任何紧急情况下提供安全的环境。在这种情况下，教育领导者往往不得不代替家长角色来发挥作用。此外，他们也被期望扮演保护者的角色——尽管此前他们从来没有在学习和生活中为此做过准备。

另一方面，教育者知道，即使存在危险，也应该让年轻人有机会学习并参与民主，这对于年轻人来说是很重要的。学生需要理解、运用自己的权利，从而使自己成为良好的公民。学校领导者还必须考虑学生家长以及当地社区成员的公民权利。即使是在危机期间，教育领导者也需要将法律考虑在内，并能够在变更或修正政策规定以应付紧急情况的时候，对其行事理由有所解释。

本章论述了教育领导者当前面临的困境。这些案例将学校管理人员和教师领导置于恐怖或暴力且他们不得不采取行动的环境中。突出问题是保护学生，但从法律和权利方面认识自己所做的事情也至关重要。

在第一个伦理困境——“在恐怖时期保护幼儿”（案例研究 4. 1）中，苏珊·H. 夏皮罗对一位幼儿园负责人在 2001 年 9 月 11 日撤离时所面临的问题进行了描述。在撤离中，幼儿园负责人不仅需要照顾和安抚孩子，同时也要考虑教师和家长的权利。这种伦理困境涉及学校领导者似乎永远
63 不需要面对的问题，但现在必须非常认真地对待这些问题。

凯利·D. 哈博的案例——“炸弹威胁：真实还是恶作剧？做出反应还是选择忽视？”（案例研究 4. 2）——聚焦一位新手校长，她必须决定是忽视还是回应炸弹威胁。伦理道德压在她的肩上：一边告诉她无视即可，一边迫使她做出反应。管理者应该让学校免受干扰和恐惧的威胁，由此看来，忽视威胁也是有理由的。但是反过来说，她要确保学校、学生和工作人员的安全，所以做出控制局势的反应也显然是正确的。她的决定究竟是对炸弹威胁做出反应还是忽视呢？

在“规训者还是恫吓者？”（案例研究 4. 3）中，玛丽·M. 菲古拉描

述了一位小型学区的教师领导和一名八年级学生在学校走廊上的对峙。双方的挑衅行为升级为肢体冲突。教育领导者在处理暴力学生问题上的职业伦理及惩戒策略是其所面临的困境。这个案例同时也涉及学生对班主任的反应。学校纪律和校园暴力是公众广泛关注的重大问题，在包括这所学校在内的许多学校，“零容忍”政策已经普及。

在“女士，你不能置身法外”（案例研究4.4）中，莉萨·马里·沃勒描述了以下场景：一名入侵者在闯入一所高中并攻击了一名学生之后逃跑。这名学生动员其他学生一同追赶入侵者。入侵者逃跑后，副校长将被攻击的学生留在房间里。她请求学校资源官（school resource officer，SRO）在她稳定局面时，把那名学生监管在教室里。警官没有回应她的请求，而是放走了那名学生，事情随后就失去了控制。

在“教师权利与学生权利：谁越界了？”（案例研究4.5）中，桑迪·M. 霍梅尔介绍了一个学生扰乱美术课堂、教师拨打911电话报警的事例。该生是一名问题学生，他在拘留所度过了上个学年。而这位老师似乎也不喜欢她的工作，几年前就说过要做其他工作。这起事件不仅涉及学校，还涉及了记者、警察、家长、学校董事会和全国有色人种协进会（National Association for the Advancement of Colored People，NAACP）官员。

案例研究4.1

在恐怖时期保护幼儿 64

2001年9月11日，周二早晨。艾达·罗德里格斯（Aida Rodriguez）是曼哈顿下城区一家私立幼儿园的日托主任。这一天也是一位新教师报到的日子，当时员工们正在为她准备欢迎早餐。他们点了百吉饼和咖啡，并邀请幼儿园孩子的家长到这里来。艾达和工作人员们开玩笑说，阳光太好了，比起来欢迎这位新老师，家长更愿意沐浴在阳光里。教室里只有几位家长在吃早餐。

事情突然就发生了。两位老师哭着跑进房间，说一架飞机撞上了世界贸易中心大楼。起初，艾达认为这只是一次意外事件，她甚至对教师们如此不专业的行为感到恼火。即便这是一场可怕的事故，也不需要做出如此情绪化的行为。艾达打开收音机，播音员说有另一架飞机也撞上了世贸中心大楼。那个时候，每个人都意识到这并非偶然事件。一些家长决定出去看看，但艾达认为他们应该留下继续享用早餐。作为负责人，她知道自己必须留在学校，以维持正常秩序。

随后，一对父母满身灰尘地回来了。一位家长出现在门口，看起来相当震惊。他走进教室，悄悄地把孩子带走了。一位家长建议艾达去看看外面发生了什么。艾达出去后，看见两座大楼着火了，此时她开始意识到发生了袭击。当她看到建筑物熊熊燃烧，一些碎片从大楼顶上掉落，街上的人不断被砸倒时，她意识到这远非正常情形，她必须回学校保护孩子们。

艾达回来的时候，校园里一片混乱。家长们哭着排队打电话，孩子们也歇斯底里。艾达走进婴儿室，看见房间里的人都在听收音机。有报道称，白宫和五角大楼遭遇袭击。她瞬间想到："天呐，我们都要死了。"当即，她做了一个决定：如果她即将死去，她一定要尽其所能让孩子们和工作人员平静下来。她认为有必要让大家相信，一切都会好起来的。

艾达回到工作中。她从每个教室叫来一名代表聚集在她的办公室里，告诉他们，除了婴儿室的那台收音机，其他房里的收音机都关掉。她告诉教师们，她一收到消息就会通知他们。同时，
65 她也让教师告诉孩子们，虽然发生了一些不太好的事情，但这些事都是大人的事，孩子们很安全。她交代教师，如果孩子们提出问题，就尽可能简单、真实地回答他们。同时，艾达告诉教师，如果他们没法忍住哭泣，不要在教室哭，到她办公室或者厨房去哭。随后，教师们带着艾达的指示回到了各自的教室。

一整天，艾达和其他员工都在做决策。他们通过电话联系到几乎所有的家长，让他们知道目前学校和城市都在封锁，应尽快

来接自己的孩子。

歇斯底里的家长们先后赶到。在极度的恐慌中，一些家长要即刻带走孩子。艾达带着家长到办公室，试图在家长带孩子走之前让他们平静下来。她说：“我的祖父母经历了两次世界大战，他们都活了下来，我们也会的。”然而，连她自己都不相信这些话，但她告诉家长们，一定要赶在无法回家之前把孩子带回家。自始至终，她都认为自己是在劝他们回家和孩子们一起死去。每说一次，她就更痛苦一些。“我们该怎么办？”家长们都问。“带他们回家，和你的孩子在一起。”

外面一片恐慌，人们尖叫着跑过学校，哭喊着说：“大楼倒塌了！”艾达和其他员工听到战斗机在空中盘旋的声音，听起来好像有几百架。有趣的是，听着这种声音，人们反而都觉得更安全了。然而，他们不能确定这些人是“好人”还是“坏人”。

桥梁和隧道逐渐停止通行，他们就像被困在孤岛上。艾达开始遣散员工回家，从那些迫切要寻找亲人和那些家离学校最远的员工开始。学校里留下的孩子不多了，因此她只留了几位老师。家长们哭着，一些员工也哭着。

艾达为自己制定了一个原则：如果家长无法冷静下来，她就不会放孩子离开。艾达不希望孩子们在她的保护下出事。她开始制订计划：如果孩子或员工无法回家，学校将保持开放，所有人都可以在学校睡觉。她开始想，如果没有人来接孩子会怎么样？如果他们的父母都死了怎么办？她开始查看孩子们的档案，看是否有家长在世贸中心工作，档案显示有些孩子的家长确实在那里工作。

一方面，艾达感到振作；另一方面，她只想逃离。但是，在内心深处，她知道自己应付得了，可以工作到最后。她知道自己正在做一生中最有意义的工作。如果有必要的话，她会为了让孩子们感到安全和爱而献身，这样孩子们就不会像她一样，心怀恐惧地死去。

那天快结束的时候，艾达把滞留的员工和孩子们集中在一个房间里看《狮子王》——这当然不是什么好办法。艾达想，没有人是真的在看电影。那个时候，不论是大人还是小孩，大家统统都吓坏了。

最后，只剩几个孩子和新老师在一起。艾达想送新老师回家，但她不想离开。最后，艾达坚持让她回家，因为这位新老师住在离学校很远的90号大街。最后两个孩子也被接走了，一个孩子的母亲在血库工作，另一个孩子的母亲是急诊室护士。每个孩子身边至少都还有一位家长在。

问题讨论

1. 法律规定父母必须随时能接近他们的孩子。当艾达要求家长们平静下来才能带走自己的孩子时，她的做法是否正确？

2. 袭击期间，让那些认为应该同自己家人在一起的教师值班，这是否体现出了关怀？学区的需要比教师个人的需求更重要吗？

3. 向孩子们进行解释正确吗？主任说要尽可能简单真实地回答孩子们的问题，她说得对吗？

4. 主任是一份工作，在面对死亡的时候，人们对学校领导者的期望是什么？这个职业的伦理底线是什么？突发情况是否得到了专业的处理？

5. 主任和员工是如何为孩子们控制湍流的？在这种情况下，位置性是其中一个关键因素吗？

6. 主任和员工可以提高孩子及其家庭的湍流水平吗？他们可否进一步降低湍流水平？

7. 鉴于当时的危机气氛，请讨论稳定性及实现稳定的目标在应对严重湍流过程中的作用。

案例研究4.2

炸弹威胁：真实还是恶作剧？做出反应还是选择忽视？

这是2月里一个晴朗、清爽的早晨，贝里尼（Bellini）校长把车停在露珠谷高中（Dew Valley High School）外面。虽然她在这个行政职位上的第一年也经历了一些艰难的挑战，但那些日子很快就过去了。这所高中有900多名学生、70名专业教师和15名后勤人员。位于郊区的社区和学校紧密联系在一起，贝里尼校长得到了学生、家长和员工的支持。她是露珠谷高中建校以来的第三任校长，学校和社区期待一位公正、言行一致的领导。贝里尼校长对自己的新职位充满热情，她认为自己首先是一名学生权益的倡导者。她真诚地关心着所有学生，并运用多种方式尽可能地了解更多的学生。作为一名教学领导，她努力通过改进教学方式来提高学生的学业水平。她认为，在团队成员的共同努力下，一切都是有可能的。总之，她的座右铭是约翰·C. 麦克斯韦尔（John C. Maxwell）的一句名言："你可以爱别人而不领导他们，但你不可能领导别人而不爱他们。"

那天一如往常。上午九点，贝里尼校长第二次经过这栋大楼。那时正是上课的时间，大厅里空无一人。当她转过一个拐角时，注意到地板上有一张纸。她漫不经心地弯下腰去捡那张纸，好把它扔到垃圾桶里。她碰巧低头看了看那张纸，看到上面潦草的字迹。她仔细读了一下："大楼里有一枚炸弹，它一爆炸你们就会死。这是你们的报应。"

贝里尼校长急忙折好那张纸，向办公室走去。一进办公室，她就关上门，又读了一遍纸条，大声说："我现在该怎么办？"她对这种情况完全没有经验。她心乱如麻，深吸了一口气，告诉自己要保持镇定。当她开始思考的时候，肩膀上好像压了两个巨大的重物。右肩的压力使她思考："还有人看到这张纸条吗？如果没有，就是说没人会知道我看到了纸条。所以我不需要采取任何进一步的行动，只要扔掉这张纸条，继续一天的任务就可以了。如果有人报告说看到了那张纸条，我仍然可以说自己从未见过。因为他们不能出示纸条，这种情况可以被视为道听途说或谣言。同样，不需要进一步的行动。这可能只是某个班上的孩子的恶作剧，我可不想在这上面浪费时间。”

左肩的压力同样让她感受到沉重：“即使除了那个写纸条的人外，我是唯一看到它的人，我也不能断定这是一个骗局。如果真的发生了什么事，无论多么微不足道，我都无法向自己或其他人证明，有什么理由可以无视这张纸条。我没有专业依据来判断这张纸条是真的还是只是恶作剧。因此，只有一个正确的决定：我应该去向警察汇报，然后根据我们的危机管理计划，讨论接下来的行动。”

她的右肩再次感到压力，贝里尼开始思考对恶作剧做出反应的后果。她想：“写纸条的人将会掌握控制权。学校的正常工作会被打断。学生和员工可能会感到愤怒或害怕，任何行动计划的结果都可能是灾难性的。媒体肯定会来，歪曲报道事实。家长们也会惊慌失措地冲进学校。所有这些加在一起可能会导致人们对我的批判，我的事业也可能就此终结。”

左边反驳道：“通过清晰、简洁、沉稳的沟通，可以避免混乱、困惑和恐惧。不论和我打交道的人是谁，我都必须保持自信和冷静。学生和员工也会有同样的反应。从现在开始，所有的决定都必须以学校的安全和人们的精神健康为基础。我们可以先稳定住媒体，给他们提供一些无伤大雅的花边新闻，直到我们能控制局势，媒体就可以成为学校的盟友了。家长将会被尽快告知学生是安全的，并且学校以学生利益为重。教师和后勤已经对炸弹威胁实施了可行且全面、现实的计划。会有团队来处理这种情况，我不需要纠结每一件事或独自处理每一件事。学校是一个大家庭，无论这张纸条是真是假，我们都将获胜。”

当右肩的压力开始减轻时，左肩的压力又增加了。然而，她还是忍不住怀疑：到底是该选择忽视还是做出反应呢？

问题讨论：

1. 在上述困境中，贝里尼校长认为正义伦理居于其他三种伦理范式之后。你同意吗？为什么？

2. 正义、批判、关怀和职业这四种范式中，哪一种最适用于当前困境？为什么？

3. 这四种范式中，哪一种可以用来作为对威胁的最佳反应？

4. 贝里尼校长能否通过忽视这种威胁来发挥伦理领导作用呢？

5. 在这种情况下，贝里尼校长怎样才能降低湍流水平呢？或者怎样才能提高它呢？

6. 贝里尼校长如何将自己经历的湍流水平与学生和员工经历的湍流水平联系起来（位置性）？她的态度何以可能改变级联？

案例研究4.3

规训者还是恫吓者？

拉尔夫·利文（Ralph Leaving）是郊区中产阶级聚居地的自由学区（Liberty School District）独立中学（Independence Middle School）的一名副校长。利文先生对八年级的学生利昂·米尔顿（Leon Milton）一直存在着纪律上的烦恼。三年前，利昂作为一名六年级的学生来到了独立中学，此后就一直麻烦不断。他每周都会因为欺凌、打架、偷窃、挑衅，以及最近骚扰一名教师而被送到办公室。他之前曾逃学并被勒令休学。

利文先生觉得利昂需要接受特殊教育服务，然而，利昂的母亲不同意。当利文先生联系利昂家里时，他发现利昂很少或者根本没有受到监督，也没有得到一同生活的母亲的支持。利昂的家在一个低端社区，母亲允许他和年纪比较大的青少年出去玩，也没有宵禁。上次利昂被送到办公室后，指导教师告诉利文先生，利昂“不喜欢被人命令该做什么”。

利昂整个星期都在惹是生非，这占用了利文先生的大量时间，利文先生开始感到恼火。当时利文先生在走廊里走着，注意到一个学生没有通行证就跑下了走廊。那个学生正是利昂。利文先生制止利昂的时候，利昂表现得粗鲁、顽劣且好争辩。利文先生在走廊上和他争论起来，把他逼得走投无路。当利昂试图脱身时，利文先生抓住了他的胳膊。这时，利昂为了反抗，一拳打在了利文先生的肚子上。利文先生也回敬了利昂一拳，把他摔倒在地。三名男教师过来劝架，将两人分开，结束了这场肢体冲突。在被护送到办公室时，利文先生告诉老师们，他是自卫还击的。

自从被聘任为副校长以来，利文先生的工作表现一直令人满意。虽然他不是一个富有同情心的人，但他对学生很公正。校长杜根女士（Mrs. Dugan）本不会雇用利文先生，但如果有人申请，那么她必须在学区内雇用一人。前任校长罗伯特·威尔逊（Robert Wilson）认为，从一大批申请者中招聘管理人员，对学区来说是“正确的事情”。但杜根女士并不这么认为，她提出的考虑其他候选人的建议被置若罔闻。威尔逊校长认为无论成本如何，他都希望从学区内部聘请管理人员。杜根女士是在寻找新管理者期间认识利文先生的，后来才发现他是威尔逊校长的朋友。

在雇用了利文先生之后，董事会又聘请了一位新的督学。学校董事会反对威尔逊校长从内部招聘的建议，从另一个地区聘请了一名合格的督学，他不支持本校的招聘制度，并直言不讳地表示要改变招聘制度，以便为该学区招聘更好的管理者。新来的督学不喜欢利文先生的纪律作风，并把自己的担忧告诉了杜根女士。

当杜根女士把这件事告诉这位督学时，督学要求展开全面调查。杜根女士向民政事务处要求查看利文先生的人事档案，她看到的情况令她大吃一惊。利文先生的档案中有一封惩戒信，是他

70

的前主管根据他任教时的行为给出的。在被聘用前的两年，他曾多次因与工作人员及学生发生肢体冲突而不得不请假。其中有一次，对峙甚至演变为一场官司，最后是在庭外和解的。档案显示，他在参加了愤怒管理课程之后，才回到中学继续任职。

杜根女士坐在那里，盯着档案里的信息，不得不提醒自己，在雇用利文先生时，她没有意识到之前的问题。威尔逊校长为利文先生写过推荐信，他支持雇用利文先生。然而，在过去的三个月里，杜根女士曾多次训斥利文先生，因为他脾气暴躁，最近还对工作人员、家长和学生大发雷霆。杜根女士没有在他的档案中做记录，但她的秘书记录了她和利文先生谈话的日期。

虽然她看过利文先生档案里的信息，但她知道必须根据监控重新审视这一事件。尽管录像带质量很差，但她看得出利文先生本可以避免这种局面。她现在必须认定这次事件到底是互殴还是副校长主张的自卫。对杜根女士来说，最重要的问题似乎是：在当时的情况下，他是一名规训者，还是一名恫吓者？

问题讨论

1. 利昂要为此事负多大的责任？他是否应该被学校开除？作为一个应该接受特殊教育的学生，他拥有怎样的法律权利？是否可以将此事归结于他的不健全？对利昂来说，怎样的教育结果才是公平的？

2. 学校应该对利文先生提出指控吗？对于利文先生来说，怎样的处理结果才是公平的？过去的行为是否应该成为他不被雇用的理由？

3. 对于杜根女士来说，如何才能确保利昂和利文先生的最大利益？总的来说，谁应该对这一事件负责？谁从“零容忍”政策中受益？谁有能力控制和阻止这种情况？

4. 这种两难处境对杜根女士形成了怎样的湍流水平？对于利文先生和利昂呢？如何降低或提高此事件的湍流水平呢？

案例研究4.4

女士，你不能置身法外

梧桐树高中（Buttonwood High School）位于马伦县（Mullen County）的一个城区。该校共有1500多名学生、130名教师、1名校长、3名副校长及2名学校资源官。学区在国家授权名单上。半数以上的学生在梧桐树能力考试（Buttonwood Proficiency Exam，BPE）中取得了基准及以下的成绩。然而，为了避免该校被接管，当地市长已介入，以帮助这个境况不佳的学校。

2002年10月，该校校长霍华德女士（Ms. Howard）离校参观一所合作学校。在她离校期间，由李女士（Ms. Lee）和布朗先生（Mr. Brown）这两位副校长负责学校事务。另一位副校长雅各布先生（Mr. Jacob）当天也不在学校。那天，一名男性闯入梧桐树高中，到体育馆去叫一名学生出来打架。很明显，那名学生在找闯入者的女朋友的麻烦。入侵者袭击了这名学生，扯下他价值300美元的金项链，随后逃跑。

李女士得到消息说大楼里有一个入侵者。她走到一楼，向学校资源官求助。与此同时，这名学生开始追赶入侵者，并动员其他学生一同追赶。被袭击的学生被偷了金项链，脖子还流血不
72 止，他非常难过。李女士打算带他去找护士，但她必须先把学生们从大厅里带走。她设法把这名学生带到一个安全的地方。李女士清楚地记得，她曾要求学校资源官（同时也是一名当地的警察队长）扣留这名学生，直到她“清理”完现场。学校资源官向她保证会扣留该学生。之后，李女士继续疏散大厅的人群，而另一位副校长布朗则在命令封锁大楼。

维持好秩序后，李女士走向学校资源官和学生共处的房间。她震惊地发现那名学生不在房间里了。她打听那名学生的下落，却被告知他已经被放走了。她简直不敢相信发生了这样的事情。

学校资源官表示，他对情况进行了评估，认为自己没有法律权利扣留这名学生。他的工作是“擒拿”入侵者。李女士认为他缺乏判断力和与高中生相处的经验，而此时布朗先生在各处都找不到那名被袭击的学生。

这一消息迅速传遍学校内外。李女士因这起暴力事件接到了警司、市长办公室、警察局局长和校长的电话。然而，她的目标是找到被袭击的学生。布朗先生发现那名被袭击的学生现身在一个集会上。李女士第二次向学校资源官寻求帮助。队长告诉李女士不要管那名学生，他很好，一切都会平息下来的。然而，她的直觉和经验告诉她，学校资源官是错误的。她又请他把那名学生从集会上带走，学校资源官回应：“不行。”

那名学生拒绝和布朗先生一起离开礼堂。现在，很明显有必要从外面叫来警察。集会结束了，梧桐树高中的学生们打了四场架，现场一片混乱。被袭击学生的女朋友找到了入侵者的女朋友。入侵者的女友宣称：“这个学生活该被打！”而其他学生也参与了打架，这是此次事件引发的直接结果。最后，10 多名学生被勒令停学，李女士和布朗先生处境尴尬。

问题讨论

1. 学校资源官是否有责任看管这名学生？这种情况下有何法律可循？

2. 如果有关于这一事件的法律规定，是否应该遵守？这样合适吗？

3. 那么对学生的关怀呢？李女士关注受伤学生的做法正确吗？学校里的其他学生呢？他们应得到怎样的照顾呢？

4. 李女士对校长有什么责任？李女士对社区和学生有什么责任？学生们应该停学吗？

5. 事故发生期间的湍流水平如何？在整个困境中，湍流水平是否有所改变？

6. 本案例中的湍流水平是如何提高的？在这种情况下，某水平的湍流将如何导致更高程度的湍流事件（级联）？湍流水平又是如何降低的？

案例研究4.5

教师权利与学生权利：谁越界了？

玛丽亚·伯顿博士（Dr. Maria Burton）在泰森角高中（Tyson Corner High School）做校长已经三年了。伯顿博士素有“不通情理的纪律严明者”的名声，而且她有能力与学生建立融洽的关系，这是她从邻近学区被招聘过来担任这个职位的主要原因。她还被评为“年度教师”，这是她当之无愧的荣誉。她知道新职位将充满挑战，因为这所高中在学业成绩方面垫底，在该地区被称为一所“失控”的学校。

伯顿博士一到该校，就到警察局、区议会和各住房单位的管理人员处进行了社会访问，并邀请当地记者共进午餐。她很快就知道了该校一千多名学生的名字，并且每天早上都会在学校门口亲切问候他们。伯顿博士在她短暂的任期内带领学校所取得的进步给学校董事会留下了深刻的印象，他们对她的领导能力充满信心，以至于当副校长在8月底辞职而接受其他地方的校长职位时，董事会决定不立即填补这个职位。社区认为这是对她出色工作的褒奖，但伯顿博士每天的工作时间从未少于12小时，她意识到董事会的这个决定并不明智。

学生们很看重伯顿博士的“门户开放”政策（“open-door” policy），他们知道她总能抽出时间和他们在一起，有时是在午餐时间。这些机会对于确立“关爱”的学校文化基调是非常宝贵的。因为没有副校长，所以她有许多额外的事务需要考虑，包括出勤问题、纪律、完成对所有的教师观察、监督四个午餐时段等。她怎么能有时间做所有的事情呢？如果她缺勤了怎么办——谁来“负责”呢？她怎么可能同时负责两份工作呢？她该怎么向督学坦言这是惩罚而非奖励呢？她是应该怀抱最好的希望来“应付情况”，还是应该冒着与督学和学校董事会关系破裂的风险，

把自己的担忧写下来？她决定等上几个星期，亲身体验一下独自管理学校的好处。然而不幸的是，时间并不站在她这一边。 74

一个月后的那个下午，伯顿博士正忙着整理她首次参加的逃学庭审需要的出勤记录。她希望借助充分的准备，给地区法院留下良好的第一印象，并与法官建立积极的工作关系。随后她的工作被一名警察打断，警察告诉她，学校的一名教师拨打911电话报警，说她受到一名学生的威胁。伯顿博士问了老师的名字并向警察解释说，报警的老师对所发生的事件并不知情，而学校所有的工作人员对此都心知肚明，按照学校董事会的规定，只有行政部门可以报警。这名警官提供了巴特尔斯小姐（Miss Bartles）和凯文·史密斯（Kevin Smith）的名字。巴特尔斯小姐是一名很难与学生相处的艺术教师。而凯文是一个经常制造麻烦的男生，该生在上一学年就受过拘留处罚。校长意识到自己25分钟后就要出庭了，而警官则需要完成一份交给上司的报告。凭借她与警察局的良好关系，伯顿博士解释说，她必须马上离开学校去出庭，并承诺明天早上第一件事就是进行全面调查。同时，她会打电话给学生和教师，对他们进行五分钟的询问，并在第二天早上完成报告。

凯文用了不到五分钟的时间来解释。据他描述，他在去吃午饭的路上正好经过美术教室，于是他从窗户向他的朋友挥手，并示意他的朋友到走廊来。在凯文看来，巴特尔斯小姐“当着我的面”时对此什么都没说。凯文承认，此后他们的冲突迅速升级，变得有些出格，但他强调自己没有威胁巴特尔斯小姐。他对被警察叫来这件事感到非常惊讶。

巴特尔斯小姐提供了一个很不一样的版本。她一遍又一遍地说，凯文威胁她，侵犯她的私人空间，阻止她去办公室。同时，出于不安全感，她觉得自己有理由报警。教师和学生被告知第二天早上的第一件事就是进行详细的调查，同时凯文被告知要在家等待，直到接到伯顿博士的电话为止。凯文说家里的电话已经断了，也没有办法联系到他的母亲。而巴特尔斯小姐错误地认为伯顿博士没有立即展开调查而是离开了学校，这是没有认真对待这一事件的表现。

在去参加逃学庭审的路上，伯顿博士用了五分钟时间，回想自己与教师和学生的关系。开学前，凯文和他的妈妈与校长进行
75 了一次卓有成效的会谈，所有人都期待着一个美好的学年。史密斯太太认为凯文在社区中受到了不公平的指控，他被羁押到拘留所是毫无理由的。她还想让伯顿博士知道，自己在全国有色人种协进会中非常活跃，凯文被捕时，她曾向他们寻求帮助。伯顿博士向凯文强调了性格和领导力的重要性，以及他在新学年可以利用的许多机会。凯文决定加入校橄榄球队，他很高兴被队友选为联合队长。

根据在夏季会议上达成的协议，凯文不定时地到校长办公室来，讨论他在转回公立学校过程中遇到的困难。凯文是一个很好的倾听者，如果他觉得自己也在“被倾听”，他就不会那么设防。他意识到解决冲突是一项需要认真学习的技能，承认自己“脾气暴躁”——看来他也知道自己很容易生气，并同意参加冲突解决培训。校长觉得他在努力。在少数族裔学生中，凯文被视为一个在“糟糕的开始”后正努力改变自己生活的人，一个正在树立“英雄地位”的人。

巴特尔斯小姐认识凯文是因为每个学生在九年级的时候都要参加一门通识艺术课程。他们在一起的这段时间里没有发生什么大事件，直到这次走廊上的对峙，他们才开始交谈。巴特尔斯小姐已经教书五年了，她经常说自己并不是真的喜欢教书，也许几年后会换一份工作。在巴特尔斯小姐的课堂上，伯顿博士观察指出，教师与学生之间缺乏融洽的关系，艺术课堂缺乏灵感。然而，巴特尔斯小姐的教学方法是无可指责的，各种艺术项目也是适合该年级的，给她一个不令人满意的评级是难有说服力的。

第二天早上，校长像往常一样在六点半到达她的办公室。她

查看了昨天下午的笔记，准备了一份要访谈的教师和学生名单。时间至关重要，她向凯文保证，最迟会在中午之前做出决定。几位教职员工顺道见了伯顿博士，告诉她每个人都会“关注”结果。更重要的是，当教师被学生威胁时，教师理应得到支持。与此同时，巴特尔斯小姐却在添油加醋。在教学时间开始之前，学生们的情绪就已经在学校里被挑逗起来。

七点二十分，伯顿博士走到学校的前门，她通常在那里和学生们打招呼。令她吃惊的是，大约四十名学生聚集在街道对面，
一辆白色的大货车停在路边的禁停区。凯文母亲正在给学生们分 76
发标语。有人说：“我们要正义！”其他人说：“开除巴特尔斯小姐！”校长立刻报了警，并向街对面走去。她还是像往常那样问候每一名学生，希望获得他们的回应。她告诉学生们，她将会见五名指定的学生代表，其余人要在五分钟内进入教学楼并开始上课。此外，学校的前门会被锁上，那些选择留在外面的人会被记录为旷课一天。

校长从五名学生代表那里得知，凯文认为伯顿博士在她调查此事之前就报警了。他觉得自己被出卖了，因此感到沮丧。他母亲开始亲自着手组织抗议活动。凯文担心他会因为母亲的行为而惹上缓刑的麻烦。他决定待在家里，不参加抗议活动。学校接到了大量的来自记者、家长、学校董事会成员和全国有色人种协进会官员打来的电话。史密斯夫人精心策划了一场媒体活动。

当校长把注意力转向事件调查时，巴特尔斯小姐要求和她谈谈。她递给伯顿博士一个信封，里面装着她的辞职信。伯顿博士惊呆了，说自己还没有完成调查，现在提出辞职是很草率的。巴特尔斯小姐说，她感到了来自几位教师的巨大压力，他们因为她的行为而“指责”了她。伯顿博士向她保证，会对事实进行审查，关于凯文的决定将在中午之前做出。伯顿博士要求巴特尔斯小姐回到自己的班级，并对她的辞职信只字不提。那天下午晚些时候，伯顿博士安排了一场会议。

问题讨论

1. 伯顿博士应该接受巴特尔斯小姐的辞职信吗？巴特尔斯小姐违反了学校董事会的规定，她应受到怎样的惩罚？

2. 凯文被公平对待了吗？需要采取哪些行动才能让他在学校环境中感到被支持？

3. 伯顿博士如何在保护凯文和巴特尔斯小姐应有的隐私的同时，与教师和学生团体进行沟通呢？

4. 学生是决策的中心吗？本案例中学生的诉求是否得到了满足？

5. 这种情况下的湍流水平如何？位置性、稳定性和级联是如何混杂在一起而影响湍流水平的呢？

77 6. 伯顿博士怎样做能提高或降低湍流水平呢？凯文又应如何做呢？在这种情况下，他的所作所为会怎样提高或降低湍流水平？

第 5 章　课程、教学和评估中的权力与调适

（本章案例由斯泰西 · L. 阿罗诺、詹姆斯 · M. 奥康纳、 80
罗伯特 · J. 墨菲、科琳 · A. 考德威尔、马克 · 布拉索夫、
爱德华 · L. 迈尔斯提供。）

可以说，课程、教学和评估是教育事业的核心，因此也是许多争议性问题的中心，例如：谁制定学习日程表？谁来决定新的课程标准中应该包含什么，或者学生应该学习什么？谁的价值观得到了凸显，这又是以何人或何群体利益牺牲为代价的？这些具有挑战性的问题自北美第一批学校成立以来，就一直是教育争论的核心，并一直延续到现在这个时代。这被称为“美国课程论争”（struggle for American curriculum）（Kliebard，1987），反映了动态的张力。美国的经验是开设一门关注所有学生的通识教育课程（liberal studies），但也要开设要求学生接受与其可能的目标和需求相关的教育课程。另一些人坚持认为学校和更广泛的社会民主生活之间有着密切联系（Dewey，1916），却遭到那些倡导严格学习标准、加强分层设计、积极开展测试，并以处罚和奖励为基础的人的反对。与尊重学生个体差异化学习需求的呼吁分庭抗礼的是，人们对于公共课程作为维持国家认同和公平的纽带的呼声。这不是遗留下来作辩论之用的纯理论问题。这些课程转变代表着根深蒂固的价值观，并且因为牵涉重大，它们通常被激烈地表达出来。

更全面地来说，课程不是孤立存在的，所以这就不是一个能被单独予以考虑的问题。在《保持中心：激荡时代的课程领导》一书中，格罗斯（Gross，1998）将课程描述为“学习议程”，将教学描述为“与学生共享议程的方式”，将评估描述为“我们用于确定学生对该议程掌握程度的方 81

法”。格罗斯的研究随之表明，课程（curriculum）、教学（instruction）和评估（assessment）作为一个动态的三角形（CIA）共同发生作用，当一个要素发生变化，比如课程改革，课程产生的变化会对教学和评估产生影响。在当前这个倡导高风险测试的时代，这种变化是在评估中进行的。可以预见，人们需要的是一种与考试相匹配的课程，并且需要只涵盖考试项目的教学。

课程与教学不只是存在动态相关，它们还与权力和调适等问题交织在一起。对于权力和调适也需要在此背景下进行定义。就本部分而言，权力是指与制定学习议程（课程）、共享该议程（教学）和衡量该议程（评估）相关的在进展方面施加价值、内容、过程、奖励和处罚的能力。因此，权力是一种能够体现特定价值观的，协调课程、教学和评估三角形的能力。例如，在《不让一个孩子掉队》法案中，权力指的是一种典型的标准化课程，以统一的方式教授，并以标准化的、商业购买的考试进行衡量。在法律的正式执行层面，与《不让一个孩子掉队》法案有关的处罚是这一运动有力的关键因素。《不让一个孩子掉队》法案是一项与联邦资金相关的国家法律，这一例子说明了在课程、教学和评估中的权力使用情况。

甚至就在国会考虑《不让一个孩子掉队》法案的重新授权时，联邦教育部（Federal Department of Education）已经要求各州提出豁免，允许对问责制标准进行局部调整。虽然有几个州已经通过了豁免程序，但佛蒙特州撤回了它的豁免申请，因为州议会认为联邦政府的要求太过严格。此外，奥巴马政府的“力争上游”计划使情况变得更加复杂。在这场竞赛中，各州通过提出具体的新问责项目，并结合专业评估，可以获得相当多的教育经费。最后，除了少数几个州，几乎所有州都签署了《共同核心州立标准》（Common Core State Standards，CCSS）。该标准一旦实施，将创造出美国有史以来最接近国家课程的东西。但是《不让一个孩子掉队》法案、豁免、共同核心和“力争上游”计划只是课程、教学和评估中权力应用的少数例子。本章的案例说明了权力在制度层面和课堂层面影响决策的其他方式。

矛盾的另一面是调适（accommodation）。如果权力想要在学校、地区、82
州或国家之间建立起课程、教学和评估的三角关系，那么就要适应个人和团体的需要，使他们的愿望能够被纳入其中。就本部分而言，课程、教学和评估背景下的调适是指在课程、教学和评估的三角关系中，去应对和改变给定条件下的各种力量，使其更有反应能力，更能适应学校或学校系统环境中充满活力和多样性的品质和信念。

对许多人来说，调适与特殊教育（special education）法律有关，这些法律要求改变课堂结构（物理上和教学上）和教学方法，使整个班级的学生都能被学习环境所包容，而不是孤立某些学生。特殊教育最明显地改变了教学方式，此外评估方面的变化也很明显，一些特殊学生参加考试的时间有所延长。

诸如多元智力理论（multiple intelligence approaches）之类的教学创新也可以作为课堂调适的例子。加德纳（Gardner，1993）并不认为智力是单一的，相反，他提出了八种智力类型，并与该领域的其他研究者一起，提出了一些教学方法，使具有不同学习能力的学生能够开展学习。

显然，课程安排（学习议程）一直是美国教育经验的一部分（Kliebard，1987；Vallance，1973）。例如，当讨论高中课程是否应该包括性教育时，我们所讨论的是调适问题。我们是否该调适当前课堂主题的结构，纳入一些对青少年学生至关重要的主题，即使这意味着放弃一些其他的内容？近年来，学校领导和政策分析者已经开始思考一些问题，比如如何调适传统英美文学经典，使之能够适应非裔美国人、拉美裔美国人和印第安人。

最后，评估中的调适也与当今的时代息息相关。从 20 世纪 70 年代和 80 年代的基础教育运动开始，地区领导开始考虑比标准化考试更灵活的评估技术。从 20 世纪 80 年代中期到 90 年代中期，使用涂卡铅笔的计算机评分测试经常受到批评，其他的评估方法也变得更加普遍。在佛蒙特等州这十年的评估调适中，学生写作作品集等概念开始变得与标准化考试一样重要。学校的成绩单也变得更加灵活，开始允许教师用描述性语言记录 83
学生的成长。在过去的十年中，学校系统见证了标准化考试的复兴，这些评估方面的变化也受到了批评。那种为适应不同类型的学生，有机会以灵活方式来记录其学习活动而开展的调适，已经萎缩而少见了，政策和实践更强调评估系统的权力。

因此，权力和调适处于动态的矛盾中。如果权力完全压倒了调适，教育系统就会变得僵化，失去适应不断变化的环境的能力。在一个异质、复杂、动态变化和激荡的世界中，这种制度的压迫性质似乎是不公平、不民主且脱离现实的。然而，社会批评家和历史学家（Schlesinger，1991）警告我们，要注意在课程设置上的过分迁就会造成教育的碎片化。他们关注的是，如果没有令人信服的共同学习经验，一个多元化的社会将如何维系？没有这些共同的学习议程，美国（或者以此类推，中国、约旦或者南非）的教育又代表什么呢？是什么把我们所有人作为一个社会整体联系在一起？一方面是权力，另一方面是调适，从这个角度考虑，这两方面使教育者处于伦理困境的核心也就不足为奇了。

在“谁来教那些没人愿意教的课程？”（案例研究 5. 1）中，斯泰西 · L. 阿罗诺在布置教学任务时，向新教师、老教师，尤其是有不同需求的学生提出了调适问题：权力和调适能平衡吗？尖锐分歧爆发后会引发什么？

詹姆斯 · M. 奥康纳的困境——“是真正的教育还是对组织的威胁？”（案例研究 5. 2）带我们进入了一个新教师的世界。丹尼最近才被聘用为教师，他会继续采用以学生为中心的成功的社会研究方法，还是会顺应压力采用官方要求的课程？他将如何在满足学生需求和兴趣与课程的强制力量之间做出选择？

罗伯特 · J. 墨菲在“实现具有文化敏感性的教学方法”（案例研究 5. 3）中，从不同的角度审视了课程与教学中的权力与调适问题。当一个美国研究生项目被输出到东亚时，文化冲突爆发了。是这些学生对美国教
84 师的价值观无动于衷，还是这些教师对不同文化不敏感？美国教师如何调适他们的权力以适应持有不同价值观的学生的需求？

在科琳 · A. 考德威尔提供的困境中，一位新院长卷入课程争议之中。在一所重点大学的乡村分校，根据“精英课程与实用课程”（案例研究

5.4)，课程设置出现了本地学生的需求与严谨的文学课程的竞争。当主校教师团体和领导坚持课程设置时，当地的领导应如何满足分校学生的需求呢?

在“问责制时代的课程分立”（案例研究 5.5）中，马克·布拉索夫分享了一位副校长与意见严重分歧的教职员工打交道的例子。一个小组支持将学校的跨学科重点放在综合项目上，而另一个小组却主张为地区标准化考试做准备是避免学校关停的唯一途径。校长明显的中立立场使情况变得更加复杂。这位副校长该如何决策呢?

爱德华·L. 迈尔斯在他的案例“是自动进步还是对进步主义的关注?”（案例研究 5.6）中，举例说明了当前的经济挑战。虽然花了多年时间，但是当地高中的校长最终还是实现了这样一个目标，即创建一所体现决策民主、社会参与和真正为学生服务的进步课程的学校。但是，当他被叫到督学办公室，被告知需要削减预算、裁减工作人员并更多地依赖计算机教学时，所有这些成果似乎都变得岌岌可危。在这种情况下，占据上风的决策会是什么? 校长如何协调学校和督学之间的矛盾呢?

案例研究 5.1

谁来教那些没人愿意教的课程?

霍普·斯迈思（Hope Smythe）在读珍妮特·希利（Janet Healey）校长发来的最新邮件时，深深地叹了口气，按摩着她那跳动的太阳穴。作为威宁汉高中（Whiningham High School）科学部的主任，霍普刚刚收到一个温馨提示，提醒她要在本周四上交部里明年的教学日程表的初稿。虽然制定教学日程表不是部门领导的正式职责，但他们有责任遵循上级的指示。霍普完全可以理解校长放弃制定教学日程表这一工作。因有去年科学部动荡不安的教训，霍普宁愿给那些不准确的实验报告评分，一直拖下 85
去，也不想重蹈覆辙。

去年，董事会投票决定将高中的上课时间从传统的九课时日程改为四区块日程。希利校长意识到，在这种变动之下，即使是最有经验的教师，每天也要花费大量的精力来准备课程，因为大多数教师都对分组教学模式不熟悉。校长要求各部门领导在制定明年的教学日程表时参照两个标准。第一，应尽一切努力使教师少备课；第二，教师应该上以前教过的课程。校长认为，通过遵守上述原则制定日程表，即使开展四区块教学，也可以降低教师的潜在压力。

于是霍普开始为本部门制定教学计划。在开始草拟日程表之前，她要求部门的每位成员填写一份表格，征求他们对课程的偏好。她决定制定一个能使部门成员都感到满意的日程表。日程表初步定下来后，校长在霍普把它送到办公室之前就批准了。

在看了日程表之后，部门的 15 名成员中有 14 人都表示相当满意。虽然不是每个人都实现了自己的意愿，但是大多数人都得到了一些有益的日程安排，尽管其中有一些还不尽如人意。霍普试着制定了一个时间表，为教师安排少量的需备课课程和他们已经教过的课程，这看上去也取得了成功。有几位教师只被安排了一门需备课课程，大多数教师都不会上超过两门需备课课程。如果有两门以上课程需要重新备课，他们很可能在一个学期就只教这两门课。大家一致认为明年的工作安排不会太糟。

唯一对自己的课程表不满意的是部里的新成员鲍勃·森普尔(Bob Semple)。霍普给鲍勃安排了四门职业水平课程（career-level courses）和两门高级化学课程。在威宁汉高中，职业水平课程是为那些不打算上大学的学生开设的。职业水平课程希望通过探索化学在学生的“现实世界”生活中应用的方式，让学生对化学有一个大致的了解。大多数职业水平学生顶多就是不守规矩。有效的课堂管理是每一个职业水平班级教师相对成功的核心。当然，没有人会欣然接受教授职业水平课程的机会，因为它们是最难上的课程。然而，在威宁汉高中，这是一种迫不得已的安排，有些教师不得不做这些。

鲍勃以前的工作是在一所职业技术学校里教与职业水平相当的学生。这段经历在学校做出雇用他的决策时起了关键作用。霍 86 普的理由是，一个人在教授职业水平的课程时，在备课和评分方面所需的精力相对较少，她还准备让他上一门既充实又能激发学生智力的课程——AP 化学①，里面全是最优秀的高中高年级学生。尽管 AP 化学的评分令人望而生畏，但与职业水平的课程结合起来会让它成为一个更合理的负担。新婚不久的鲍勃即将拥有一个孩子，目前他正在攻读硕士学位。考虑到这一点，霍普认为她给鲍勃在威宁汉高中的第一个全职教学安排很合理。

不幸的是，部里的另一名成员，有着 15 年工作经验的伊万·穆莱特（Ivan Mullet），一个脾气相当坏的家伙，决定反对他所认定的邪恶且不公平做法——让部里的新成员上四门职业水平的课程，这通常被认为是最糟糕的课程。在他个人的要求下，伊万在过去的两年里教授了同样的职业水平课程。他承认，他之所以要求负责这些课程，是因为工作量很小，但第三年他坚决拒绝了。霍普明确表示，伊万将不再教授职业生涯水平课程。在此之后，霍普只给伊万安排了他要求的课程——三门荣誉课程和三门大学预修课程。尽管他对自己的日程安排感到满意，但针对鲍勃的日程安排，出于某种自以为是的愤怒，他开始为改变霍普起草的日程安排而四处奔走。

起初，他指责经验丰富的老师们太自私，自己不教授职业水平的课程，而把课程留给新成员。他严厉斥责了部里的成员，认为他们不想教授这些课程的唯一原因是其自身作为教育工作者的不称职，他们应付不了这样的学生。他表示，部里有把那些无用

① AP，全称“advanced placement”，中文名称为“美国大学预修课程”，适用于全球计划前往美国读本科的高中生。由美国大学理事会（College Board）主持，AP 成绩不但可以抵扣成功申请美国大学的学生入学后相应课程的学分，而且成为美国各大学录取学生的重要依据，因此越来越多的学生参与到 AP 的学习与考试当中。AP 化学作为大部分理工科学生必修的一门课程，是很多学生报考的科目。——译者注

的课程扔给新教师的传统，这可能会让新教师无法适应而离开。伊万甚至制定了一个替代的日程表，这个日程表分散了职业水平课程，几乎每个老师都至少有一门，但是它完全忽略了校长最初设定的两个目标。

伊万的替代日程表很明显地针对了部里的一些老师。当他的口头抗议无人理睬时，他沮丧地写下了现在被称为“宣言”的东西，谴责教育部门表现得很无能，居然让一名教师无所事事。他不仅指名道姓，还暗指其他几个人，攻击他们的诚信。他复印了15份，并给每个成员都发了邮件。

87 这封信引起了部门成员的强烈抗议。几位成员因受到指控而流泪，其他成员则被激怒，大多数人显然觉得受到了侮辱。部门里那些认为伊万的控诉信诽谤了自己的人争辩说，伊万的结论是不公正的。的确，部里大多数人认为，资历较老、经验较丰富的老师已经教授过职业水平的课程，因此不愿意再教。他们觉得自己在高中任教的岁月应该有意义。让新老师上不太受欢迎的课可能不太理想，但这肯定不是因为老教师作为教育工作者的无能。一些成员争辩说，他们所教的特殊选修课以及他们所建议的一些课外活动需要花费大量的时间和精力才能做好。让他们上职业水平课程——一些他们以前没有教过的课程——是不公平的，尤其是当部里的其他人在正式的学校教学日之外没有参加任何与学校相关的活动时，更是如此。

无奈之下，霍普下定决心：伊万表现出了如此不专业的行为，已经越界了。那天下午，霍普手里拿着“宣言”，和希利校长谈了话。希利校长读了信，听取了霍普对情况的评估，决定正式训斥伊万，并在他的档案里放了一封信。校长要求伊万向部门写一封道歉信，并亲自向信中提到的人道歉。伊万表现得非常痛苦，做出了完全没有诚意的道歉，而且几乎一度把道歉信扔给那些希望得到道歉的人。

即使是现在，事情发生了一段时间后，伊万仍然认为他是被冤枉的，因为他的信只应该被警察局看到。他指责霍普行为不当，也就是将文件拿给校长看，并“将部门的丑事公之于众”。因此，当他因为“被告知要这样做”而道歉时，他的表述充满讽刺和虚伪。

尽管伊万表示了反对，但校长原先批准的日程安排并没有改变。该部门过去虽然偶有轻微湍流，但是一直运行平稳，而现在却遇上重度湍流。一些老师——尤其是信中被提到的老师，感到很生气，他们认为自己被出卖、被侮辱、被无情地攻击了。一些老师告诉霍普，他们甚至不愿再看伊万一眼。两个月后，这个学年结束了，但是人们的伤口还没有愈合。

现在，是时候让霍普重新安排日程表了，想到这里，霍普打了个寒战。的确，几个月来，最严重的伤口已经愈合了一些。自
本学年开始，部里的成员能够在午餐时间互相寒暄，并把集体的 88
努力投入其他事务，比如成功地过渡到集体时间表。去年发生的严重湍流已经稳定下来，该部门目前正处于较为平稳的轨道上。

然而，在日程安排成为优先事项的两个月前，伊万要求部里制定一套教师日程的安排理念，以显示成员们希望如何安排未来的课程。因此，在最近的一次部门会议上，霍普要求成员们表示同意或不同意她提出的一些理念。她还要求部门成员在清单上补充其他声明。她认为，如果自己能就一项声明使大家达成共识，这就能成为部门理念的一部分。其中一些声明包括：终身教师已经履行过义务；教学经验至关重要；应制定最有利于学生的时间表；一种备课方案就足够了，并且备课越少越好；第一年上岗的教师应优先安排；安排工作时的优先原则应是轮换职业水平课程；作为专业人士，教师应该在他们的日程安排中拥有发言权。

在回顾调查结果后，她发现，只有当教师在他们的日程表制定中有发言权，以及为了学生的最佳利益而安排工作时，他们才会达成共识。她本可以不费吹灰之力就预料到这个结果的。与此同时，她还有 14 位要求很高的老师要取悦，如果他们对排课结

果不满意，就会去敲她的门。

问题讨论

1. 在这种情况下，湍流的水平如何？请解释。霍普如何管控局势才能降低湍流水平？霍普可能会做出什么决策来提高湍流水平，并导致湍流的级联？

2. 作为领导者的霍普面临的状况有多稳定？当前的困境对霍普的状况又产生了怎样的影响？

3. 考虑到终身教师的资历，对于他们来说，什么样的日程安排是合适的？如何以最公平的方式在整个部门安排课程，并让所有成员都满意？在这一困境中，公平与平等如何发挥各自的作用？

4. 霍普在日程安排方面对新教师应负多大责任？什么样的教师日程表最适合学生的需要？

89 5. 是否应该为未来的教师制定一套理念规定？如果没有人能够就政策应该包含什么达成一致，那么应该如何制定政策呢？当聘用了新教师时，政策应该改变吗？

6. 谁应该负责制定教师日程表？校长把责任推给部门领导，而这不是这个职位的正式职责，这种做法能让人接受吗？

案例研究5.2

是真正的教育还是对组织的威胁？

对丹尼·弗莱格林（Danny Fledgling）来说，这是艰难的一年，而现在他有了这样的思考：在校长发表了令人不安的评论之后，丹尼不确定自己能否在这样的环境中生存下去。他能让自己的教育品牌在一个对新事物不怎么友好的学区发挥作用吗？

丹尼在斯坦图斯谷学区（Status Valley School District）担任社会研究教师的第一年即将结束。他之所以来到这个学区，是因为这是唯一一个提供长期职位的地方。事实上，他是从其他州过来担任这一职务的。如果不是前任教师在开学前两周离开，丹尼确信这个职位会被当地人得到。当他了解教职工情况时，发现超过一半的教职工是从这所高中毕业的。校长和两位助理要么在镇上长大，要么在那里度过了大部分职业生涯。

斯坦图斯谷学区位于该州中部的圣经带（“Bible Belt”）①。尽管它距离较大的都市足够近，也非常吸引外界人士，但它还是设法保持了疏离。从 20 世纪 50 年代的全盛时期后，这个小镇就在走下坡路，但当地人仍然认为自己是宇宙的中心。自早期拓荒时代以来，周围的农田几乎没有发生过变动。奶牛的数量甚至超过了人的数量。

相比之下，丹尼成长自一个强调变化的文化环境。他的父亲从事的职业使其家庭经常搬家。丹尼在这个国家的许多地方生活过，在 18 岁之前去过至少四个国家。丹尼是在城市大学（City University）上的学，这所大学一直延续着 20 世纪 60 年代盛行的自由主义传统。虽然丹尼没有参加过强调辩论和学生参与的社会研究课程，但他参加了类似的其他学生活动。丹尼曾是学生会的学生议员，曾为校报写过文章，并享受这种具有争议的事业带来 90
的兴奋感受。丹尼深受一位教育学教授的影响，这位教授似乎直接继承了约翰·杜威的思想。在丹尼看来，让学生参与实践似乎是教育的神圣所在。如何更好地满足学生的需求，培养出有质疑精神并享受变革的一代人呢？可惜他没有生活在 20 世纪 60 年代。但是，即使他无法生活在那个时代，他还是可以作为一名历史老师，来激励他的学生去质疑现状、寻找替代方案。

在丹尼入职第一年的前期，他意识到并不是所有的同事都喜欢他的教学风格。他经常拿历史问题举例，试图让学生置身于那个时代。他向他们提供了解那个时代所需的事实和感受，然后让他们扮演角色，旨在激发辩论。他总是在每节课结束时问学生两

① 美国中西部正统派教徒多的地带。——译者注

个问题：我们如何将课堂上研究的历史时期的经验教训应用于当今出现的问题？那个时代的哪些思想可以用来改善今天的世界？

但是这种教学方法经常在组织内部造成湍流。在外人看来，学生们激烈的辩论和强硬的观点造成了混乱的局面。丹尼称其为“有组织的混乱”，但这对路过的同事来说，就是一个失控的课堂。一位年长的教职工每次经过丹尼的教室时都会摇头。

有传言说丹尼没有照着课本教学。虽然他的主题遵循课程设计的历史时期，但丹尼所强调的辩论和体验式学习占用了大量的课堂时间，这使他不得不跳过课程的许多部分。由于丹尼使用了许多其他材料，他觉得没有必要使用教科书。当另一位社会研究教师抱怨课本不够时，丹尼说他可以从教室里借到他想借的任何一本。“我不相信教科书，”丹尼说，“他们总是强迫每个学生用同样的思维方式来思考。”

许多学生在上丹尼的课时，对自己在课堂辩论中的立场感到兴奋。他们去上下一节课，然后回家，其间仍不停地阐述这些观点。关于“美国是否应该参加第一次世界大战”的辩论使许多学生公开质疑目前的反恐战争。还有一次，课堂上的女孩们，通过对妇女参政论者的讨论，组织了一场支持堕胎权利的示威活动。这些学生的家长中有许多是当地教会的成员，该教会组织了反对堕胎权利的示威活动。

因为这是丹尼第一年入职，他花了很多时间准备课程材料。因此，他没能与同事建立起联系，也没有注意到更多高级教师对
91 他的抱怨。事实上，他太过于沉浸在学生带给他的兴奋之中，以至于没有意识到这已经给他带来了麻烦。

冲突是在校长观察课堂之后出现的。校长要求丹尼上一节合适的观摩课，于是丹尼邀请校长去观察一次体验性教学练习。与电脑游戏类似，学生们从一堆索引卡中抽取情景。根据场景，他们会做出决定，扮演角色，并与其他学生互动，仿佛自己是历史人物。丹尼称其为“互动学习”。校长看到学生们在教室里吵吵

嚷嚷地走来走去，相互影响，对刺激做出反应，就把这种现象称为“混乱”。在会上，校长意识到他的信念和丹尼的信念之间存在着鸿沟。他最终问了一些最基本的问题：“丹尼，你希望你的学生得到什么结果？”丹尼的回答就好像这是一场大学课堂上的哲学辩论，他说他想让学生们质疑一切。

当丹尼谈到学生提问时，他变得非常兴奋。校长忍不住打断了丹尼的话。他说：“但是当你教他们质疑时，他们可能会质疑为什么必须学习自己正在学习的东西。他们可能会在你的教室里质疑规则。你也许足够聪明来回答这些问题，但他们会开始质疑我为什么在这里，为什么我要为这所学校制定规则。在这一点上，它（你的教学方法）已经走得太远了。所以从现在开始，我不希望你再用这样的教学方式了。我不想辩论。我不希望有人鼓励我提问。我想让课程按照正确和完整的顺序推进。我希望学生能够说出事情发生的时间和具体情况。我想结束这些家长的电话和教职员对你所教内容的抱怨。”

丹尼离开校长办公室时知道，如果他想留在斯坦图斯谷学区，他必须重新审视和修改他的整个教学哲学（philosophy of teaching）。他该怎么办呢？

问题讨论

1. 从丹尼的角度出发，你认为湍流的水平如何？丹尼如何降低湍流的水平？丹尼的什么行为能提高湍流的水平？

2. 从学校的角度出发，你认为湍流的水平如何？怎样才能降低湍流的水平？采取什么行动能提高湍流水平？

3. 从学校组织的角度来看，在这种情况下正义的伦理是什么？从一个学生的角度来看，情况会有所不同吗？

4. 丹尼的课程和教学风格如何体现关怀伦理？校长在命令丹尼改变 92
教学方法时，是否表现出了关怀伦理？

5. 无论丹尼最后决定是继续还是不继续他的教学风格，这一决定显示了他怎样的职业伦理？校长在做决定时是否坚持了职业伦理？丹尼或校长是否把学生的最大利益放在他们思考的中心？

6. 丹尼是唯一一个在这件事上保持沉默的人吗？校长代表了谁的权力？

案例研究5.3

实现具有文化敏感性的教学方法

绍斯菲尔德大学（Southfield University）有一个全国认证的卫生保健管理研究生项目（graduate program in Health Care Administration）。绍斯菲尔德大学位于美国西部，希望寻求进入新加坡、印度尼西亚、中国等东亚国家市场的营销机会。该大学以其在教师招聘和奖学金中促进多样性和学术表达自由的做法为荣。

卫生保健管理研究生项目在网络教学方面具有创新性，于1991年推出了绍斯菲尔德大学的第一个在线学位项目。网络学习对临床医生或行政专员特别有吸引力，因为他们既需要灵活性，又需要学术上的严谨性。

绍斯菲尔德大学项目的一个显著特点是其师资的多样化背景。虽然该项目的重点是为卫生保健机构的高级和中级领导职位培养研究生学位候选人，但在商业决策中，项目对社会正义和伦理意识等哲学议题投注了很强的重视程度。学院拥有一支均衡的专业人员队伍，既有兼职教师，也有全职终身教师。教师中60%是女性，20%是非裔美国人，30%是西班牙裔，5%是中东人，5%是东亚人，40%是欧洲白人。

在过去五年里，医学领域的新兴商业模式之一是全球化医疗服务。在印度，美国医院的专业医师计费和病历摘要编码是一项新兴的业务。目前，一种批量服务模式在印度新德里以外的地方
93 运作。在那里，开胸手术患者从美国和其他西方国家飞行前来，

随后，熟练的外科医生以极低的成本进行复杂的心脏手术。术后，患者很快被送回祖国，在当地接受康复治疗。为了把握这些新兴的、快速发展的机会，亚洲的医学教育工作者和政府对培养行政管理人才越来越感兴趣。

2002年，东亚一所著名大学的商科与绍斯菲尔德大学接洽，拟建立一个分校，提供相当于美国卫生保健管理研究生学位的扩展项目。学习是通过将多种教学模式结合起来的方式进行的，包括本地商学院教师的现场教学、来自美国的客座教授讲座以及由绍斯菲尔德大学卫生行政服务部教授提供的在线课程。首批课程于2003年秋季开课。

该院系有关教师集体教学方法的教学框架，是建立在传统亚里士多德哲学的基础上的，它重视至高无上的个人权利。在美国，这一项目吸引了许多亚洲学生，他们在课堂讨论和线上合作课题中表现得很好。卫生保健管理课程模式在很大程度上借鉴了哈佛大学商学院的方法，在那里，学习是通过学生分析和研讨案例来实现的。绍斯菲尔德大学调整了这一方法，提出了大量有关社会正义和生物伦理困境的案例研究。他们正在培养商业领袖，使其成为变革的推动者，并推动组织架构和政策的变革，使其能够迎接新的竞争挑战。然而，令他们非常失望的是，该院系发现，亚洲学生很少质疑课程材料的适切性或有效性。学生们很快就接受了教师的立场，很少进行调查，也没有对论点的价值提出批评。起初，教师们认为网络环境可能不完全适应学生的文化需求。但在2004年的一次线下暑期课程中，教授卫生保健经济学课程的弗雷德·威尔逊（Fred Wilson）博士毫不隐讳地提到了学生的从众心理。当他在课堂上与学生们对话时，他们总是逐字逐句地接受他的知识，这让他显得有点不专业。他哀叹道："我就是无法与这些学生融洽相处。我们就是没有交流。我迫不及待地想结束讲座，坐出租车回旅馆。"

卫生行政服务部主任珍妮特·爱波斯坦（Janet Epstein）也

越来越担心，他们的创新项目无法达到预期效果。她思考着："是我们忽略了亚洲学生的文化差异，还是他们只是因为被某些教师吓到了而害怕提问题呢？这是一个政治问题吗？"

7月末的一个周五下午，爱波斯坦博士的思绪被打断了，当时她接到了绍斯菲尔德大学校长马克·雷德蒙德（Mark Redmond）的电话。他说："你的人事助理闯祸了！她对全班同学大喊，他们缺乏成为有效管理者的关怀和同情心。然后她告诉学生，如果他们不更多地参与课堂讨论，那就是在浪费她的时间。她长篇大论地讲完后，面带厌恶地走出了教室。这是六周课程的第三周。学生不知道她下节课是否还会来！他们都崩溃了。我们需要控制损失——快！"

雷德蒙德校长指的是院系里最直言快语的女权主义者，人力资源管理讲师菲莉丝·雷甘恩（Phyllis Regane）。具有讽刺意味的是，雷甘恩当时正在亚洲校区教授为期六周的冲突管理暑期课程。雷甘恩是一名律师，在绍斯菲尔德大学做了七年的兼职讲师。她的学生评价分数一直在所有商学院教师中居于前25%。2000年，她获得了著名的林德巴克杰出教学奖（Lindback Award for Outstanding Teaching）。

爱波斯坦博士向雷德蒙德校长解释说："雷甘恩一直在为男女平等而奋斗，不管这个问题可能存在于世界的哪个地区。她的学生来自不同的国家，在与学生们就美国内外的女权主义问题进行激烈辩论时，她立场坚定。"

爱波斯坦继续详细说明，她曾警告雷甘恩注意自己的言辞，因为在集体主义文化中，她的言辞并不会得到充分的认同。爱波斯坦曾对雷甘恩说："我们是无法在一夜之间解决他们的平等问题的。亚洲教员和其他教员一样，他们说得很好听，但是对女性申请者设定了比男性更高的录取标准。我知道，最近东亚妇女在找工作方面取得了更好的进展，特别是在医药领域。但她们的收入仅为男性收入的72%左右，她们在企业和政府领导岗位上也只占

12%左右。她们这还不够好，我认为我们必须让学生有动力去做些什么！”

雷德蒙德校长仔细听取了爱波斯坦的解释，然后警告她说：“我知道雷甘恩是个好老师，但她必须适应那里。我们不能让她罢课，必须得让她回到课堂，并且表现得像什么都没发生过一样。几名学生向分校校长请愿，抱怨雷甘恩的行为给学校带来的耻辱和批评。学生们似乎不知道对他们的期望是什么。她的激进方法可能会挑战和激励美国学生做得更好，但在那里是行不通的。珍妮特，恐怕学生们再也不会相信我们了，其他教师都必须非常小心。我不想打击他们的热情，但我们必须在学术自由和文化敏感性之间找到一个平衡点。教师们要反思自己的教学方法，确保自己知道如果搞砸了会有什么后果。我要向他们的校长转达雷甘恩的歉意，并为我们的项目制定一个纠正计划。如果雷甘恩不能控制自己，我就不能让她继续在绍斯菲尔德大学教书。” 95

现在，爱波斯坦知道她正在处理的事情比一些单纯的文化不敏感问题要严重得多。绍斯菲尔德卫生保健管理研究生项目的优势在于，它以伦理的方式教授商业实践，并鼓励其教职员工勇于创新和直言不讳。他们的目标是培养研究生的批判性思维，这样他们就能成为更有效的领导者。教师对与医疗问题相关的社会正义事业的热情是该项目的一个特点。检查每个教员的教案就等于在做审查。然而，正如雷德蒙德校长所说，进入新的教育市场需要平衡学术自由和学生文化实践之间的关系。如果处理不当，教师与系主任之间多年来建立的信任就可能丧失。在美国文化背景下，全体教职员工对于文化敏感性问题处理得当。但在东亚社会的政治文化背景下，却存在着重大的脱节。教师们需要重新评估自身的教学策略。

当然，还有雷甘恩的问题需要解决。爱波斯坦知道雷甘恩对言论自由和促进社会正义有着坚定的信念。她担心雷甘恩不愿意为了改变教学方法而接受一场互谅互让的讨论。如果雷甘恩不让步，爱泼斯坦可能会被校长逼到一个可怕的境地，不再与她续签兼职合同。其他教员对这一决定的看法将产生严重分歧，并且可能会破坏项目。

爱泼斯坦博士深吸了一口气，伸手去拿教职工的电话簿，准备召开紧急会议。名单上的最后一个人是菲莉丝·雷甘恩。

问题讨论

1. 如果爱泼斯坦博士只是轻微斥责教师并提醒他们对未来的课程要小心，这对该项目目前的湍流水平会有什么影响呢？如果她当场解雇雷甘恩，又会如何影响湍流水平？学生感觉到了什么程度的湍流？雷甘恩可能感受到什么程度的湍流？

2. 在扩展项目开始之前，什么样的教师准备工作可以减弱课堂上的湍流？请在增强稳定性的背景下解释这一点。

3. 控制教学的权力是为了谁的利益？

4. 美国大学的国际课程是否具有道德和职业责任，使之在教学中不隐含西方文化的优越性？什么最符合非西方学生的利益？

5. 雷甘恩可能以何种方式表现出对学生的关心？

6. 能否制定一套行为准则来帮助教师避免此类冲突？这可能吗？这是可取的吗？这场冲突在何种程度上可以代表一种积极的湍流？

案例研究5.4

精英课程与实用课程

盖恩斯博士（Dr. Gaines）刚刚被任命为杰斐逊学院（Jefferson Campus）的院长。杰斐逊学院是一所大型大学的两年制分校。学院坐落在一个人口数为750人的小村子里，与邻近的小镇是隔开的。学院为850名学生提供服务，大部分学生就读于人文科学和一个技术专业，这是该校区1902年建立时的最初设置。该地区的所有社会经济指标在全州排名中垫底，高中毕业生直接接受高等教育的比例尤其低，只有29%。该校有300名住校生，其中约200人住在校外宿舍，其余学生都走读。

盖恩斯博士对工作满怀热情，最近又获得了高等教育博士学位。过去11年，她在两所社区学院度过，一所在农村，一所在市中心。对于一所研究型大学的分校来说，聘任盖恩斯博士是一个不寻常的选择，因为即使在这个偏远的地区，她的社区学院背景往往也不被认同。过去一年，学院一直在努力制订一项战略计划。当盖恩斯博士看到计划对未来的展望时，她的心沉了下去——“我们正在成为本社区的人文社会科学基地，发展重点是转移学生到主校区”。这个计划被称为“山区的哈佛”（Harvard in the Mountains）。

在盖恩斯博士被聘用的时候，主校区的管理者已知会过她，有必要增加招生人数，并建立财务方面稳定的经营预算。她还被要求筹集资金来翻新、改建和扩建这个非常古老的校园。她的办公室位于18世纪中叶建造的一间木屋里。主校区的要求并没有包括任何关于课程的特殊取向——只要她不打破任何以学校为基础的主要课程规则即可。当地社区和存在已久的校友基地提供了唯一的筹款来源。即使是县领导对学院也没有太多的了解和意见——反正他们的孩子不在这个学院上学。到目前为止，筹款最多的年度所筹集到的资金是2.5万美元。

实际上，她在专业准备工作和采访发言中多次提到她对参与式规划制度的承诺。然而，从一开始，她就意识到，草根阶层的参与会产出一个成功潜力非常有限的计划。主校区希望在筹款和招生方面都能迅速取得成果。她的背景和价值观有利于发展以社区为基础的两年制副学位课程。她强烈认为，实现这一目标的唯一途径是——礼貌而坚定地——拒绝目前的校园战略计划，积极开发与当地社区相适应的新课程。然而，她也知道，如果她在任期之初就失去了学院支持，那么她不太可能取得很大的成就。她的工作要想得到令人满意的评价，就必须得到教员们的支持。

在第一年的发展中，图书管理员斯特利女士（Ms. Staley），一个坚定的人文科学支持者，努力阻碍教师们所乐于接受的发展社区课程的机会。在社交方面，盖恩斯博士和斯特利女士成了朋友。然而，即使是这样的友谊也不能使斯特利女士成为她课程战线上的盟友。随着盖恩斯博士达成目标的可能性越来越大，其他领域也出现了紧张气氛。甚至一些相对直率的委员会也开始争论，其中最引人注目的是技术委员会，它有权建议动用为数不多的非固定资产。这种紧张的氛围在这所小小的校园里被放大了。盖恩斯博士越来越清楚地感受到，开展大规模的筹款活动和开发新课程，可能需要采取果断的，基本上是单方面的，而且很可能不受欢迎的行动。

最后，盖恩斯博士推荐了另外两门关于健康的课程，并获得了主校区的初步支持。由于这些课程正处于实施阶段，盖恩斯博士被安排定期接受行政审查，这是一个非常严格的过程，所有学院成员都有机会参加。她做了最坏的打算。这项政策要求教职员工领导评估委员会。学院任命的主席是她在课程上的对手，也是一位很难相处的同事。校园里到处都是流言蜚语，各派系都在排队等候与评估小组的私下会面。盖恩斯博士重新考虑的并不是课程选择，而是直面反对派的决定，回避了一个更具合议性质和参与性更强的决策过程。

差评肯定会导致她被解雇，这样的事情在大学里常常发生。比如有两名同事在收到负面评价一年后突然离职。另外，如果现在让步，学院和社区就会失去生存所必需的经济支柱项目。她确实得到了校园咨询委员会的支持，而且到目前为止，她已经拥有了一个更庞大的社区的支持。幸运的是，在她看来，咨询委员会是行政评价过程中有影响力的参与者。她希望他们的支持会占上风，能够让她继续按照自己的价值观和经验行事，推动她的计划，并在为时已晚之前做出修正。

盖恩斯博士在她简陋的办公室里静静地思考着这件事，这时她的手机响了。电话另一端是大学的教务长斯皮林斯(Spillings)。教务长说："盖恩斯博士，我们从你们学校听到了一些令人不安的消息。尽管你的课程理念在这里得到了一些不成熟的支持，但我们现在确信，许多教师感到被背叛了，他们即将拉帮结派。最重要的是，目前的课程不太可能有利于对你积极的人事评估，其影响实在是太大了。"

用"震惊"这个词来形容盖恩斯博士对这些话的反应实在是太委婉了。她必须做出决定，而且她没有多少时间了。她会追随自己的愿景，不顾教职员工和教务长的反对吗？或者，她会退出竞争，默许一项她认为不明智、不可行的精英课程计划吗？

问题讨论

1. 盖恩斯博士如何才能在降低课程争议的湍流水平的同时，仍然保持她的自尊呢？她有没有办法利用这场危机加剧的湍流来达成自己的理想湍流？在这种情况下，她如何使用级联来帮助自己呢？

2. 如果双方都认为在这种情况下，他们的工作是为了学生的最大利益，如何才能确定谁在真诚地这样做呢？

3. 盖恩斯博士在多大程度上关怀校园里那些与她意见相左的人？后果是什么？

4. 为什么这个农村分校的学生不能接受高质量的课程呢？否认这些课程符合谁的利益？

5. 如果有一个全大学范围的课程政策，这种困境会有怎样的变化呢？

案例研究5.5

问责制时代的课程分立

12 月，一个异常温暖的早晨 7 点，副校长托尼·阿什（Tony Ashe）走进了历史高中（History High，一所以历史和公民为主题的位于一个大规模学区的小型公立高中）的办公室。他拿起最新一期的《城堡笔记》（*Citadel Notebook*）——这是一份关于当地教育活动的月刊。他坐在办公桌前，开始喝每天必备的咖啡，然而再多的咖啡因也无法让他为这则头条新闻做好准备——“面对昂贵的维修费用，学区把目标对准了空置的座位”。他继续读着：“由于州政府资金大幅减少，预算短缺迫在眉睫，学区正采取前所未有的措施，通过关闭或合并学校来节省资金，尤其是那些考试成绩不佳的学校。”

历史高中的成功很大程度上归功于对项目化学习（project-based learning）的重视，这加强了学校对历史和公民主题的参与。许多历史、艺术和计算机教师采用项目化学习作为设计协作学习单元的一种方法，以配合学校培养公民的使命。由于这些努力，许多学生的项目不断在地区和州范围内的比赛中获奖，击败了更传统且成绩更优异的学校。然而，学校的考试成绩却相对停滞不前。更重要的是，预测试的结果表明，学校将再次达不到绩效目标。由于该学区只根据考试成绩来计算学校的平均表现，上级可以很容易地将建筑成本与考试成绩结合起来，作为关停学校的理由。

负责课程和专业发展的管理者阿什必须迅速开展工作。在过去，专业发展的时间被用来建立各种类型的以项目为基础的合作，这些合作已经成功地融入了整个学校的事业，最终目标是一个全面整合的课程（a fully integrated curriculum）。阿什曾在历史高中担任历史教师，由于他对项目化学习模式做出了重要贡献，所以被提升为副校长。他认为若继续朝着完全整合的目标前进，就会在测试科目上取得成功。

尽管取得了成功，但并不是所有的教师都同意这种教学方法。虽然历史、艺术和计算机教师认为阿什的专业发展计划将有利于学校发展，但另一个派别的数学、科学和英语教师希望投入 100
更多的时间来准备考试。值得注意的是，反对派遵守了标准课程，而不是将其课程与较大的项目结合起来，但是他们的考试成绩还是没有得到足够的提高。虽然项目化学习派认为，备考派拒绝整合是导致考试分数不高的一个原因，但备考派认为考试分数低，是因为项目化学习派没有将考试准备和测试技巧结合起来。备考派认为，注重备考的课程将使学生在州考和学术能力评估测试（SAT）等高风险考试中取得更好的成绩，从而提高学校在学区中的地位。

另外，项目化学习派中的许多教师认为，测试缩小了课程范围，无法让学生为校外生活做好准备，也无法担负学校的使命。对于这样一个主题明确的学校来说，课程发展的一个重要方面就是对社区合作伙伴负责。根据课堂经验，他们认为大多数学生喜欢通过项目化学习来调研学校的主题。这些教师希望与另一派别合作，将他们的课程转化为项目化学习。显然，阿什面对的是正努力应对威胁环境、严重割裂了的教师们。

阿什呷了一口已经凉了的咖啡，考虑着教师们对这篇文章的反应，尤其是数学教师托尔曼（P. Tallman）小姐的反应。她是本校新当选的工会代表，是备考派的代表人物。这篇文章正是她需要的，可以用来加强课程分立，并有可能改变今年的专业发展方向。托尔曼小姐花了几年时间试图纠正和（或）激励她的许多学生——考虑到学校的主题，这并不奇怪——他们更喜欢社会研究，而不是数学。阿什对此表示同情。他经常看到学生们在教室里抄数学作业。托尔曼小姐也经常抱怨说，她的学生们总是用这样的话来让她泄气：“我来这所学校学习当律师，为什么要学数学?”阿什一直对此感到困扰，并多次尝试与数学老师沟通，建议他们的学科与社会科学相联系。他和其他对合作感兴趣的人几乎总是遇到阻力：“我们的学科要接受测试，所以我们必须涵盖某些材料。当我们被考试成绩裹挟时，就没有时间去研究历史。”数学教师们觉得自己被困在了州规定和学校规定之间——他们认为阿什不可能理解这个立场。

101 为了帮助这些教师认识到他确实很理解他们的处境，阿什在本年度前几次专业发展会议上，通过创建包容性的课程模式和活动，试图缓和课程分裂，以确保对教师所表达的担忧做出回应。但是备考派的许多教师对此仍然质疑。他们反驳说，以阅读、写作和数学为重点的严格课程将在未来更好地为学生服务，而项目化学习并不能使教师授课涵盖足够多的材料，也不足以使学生准备必要的总结性评价，如州考试和大学入学考试。他们希望专业发展课程能更多地关注所有教师教授学生在标准化考试中取得好成绩的基本技能，使学校的课程更加严格。在最近的专业发展会议上，托尔曼小姐特别指出：“我们的目标应该是让学生在重要的考试中表现得更好，而不是完成那些学区在决定关停我们的学校时不会考虑的大型项目。”这所学校的校长雷米博士（Dr. Raimi）想要营造一个公开讨论的环境，因此他什么也没说。

阿什盯着报刊上的那篇文章，知道它的内容可能会让学校里紧绷的气氛变得更加动荡。但他决定继续推进自己的职业发展计划，他相信最初的计划是通往成功的最佳途径。上学的日子过得很慢，学校里的气氛显然是紧张和沮丧的。他观察到即使是在最有活力的老师的课堂中，学生们也变得越来越焦虑。显然，这篇文章已经传遍了学校的各个角落。

一天结束时，学校召开了工会紧急会议。阿什走过会议室，看到大多数与会者都来自备考派，此时离会议开始还有几分钟。有些地方不对劲，因为托尔曼小姐脸色铁青。那天晚上晚些时候，阿什给全体员工发了一封电子邮件，谈到了下一次专业发展

会议的计划，并指出了特邀演讲嘉宾的重要性。他还抽出时间准 102
备考试，认为这一努力可能有助于弥合两派之间的裂痕。

第二天早上，阿什注意到托尔曼小姐给全体教职员工发了一封电子邮件，主题是“如何拯救学校”，都用大写字母。这是她深夜回复阿什的电子邮件。托尔曼小姐强调了提高考试成绩的重要性：如果想继续保留这所学校，学校的所有努力都应该集中在这个目标上。她没有提到学校的主题，也没有提到他们与社区伙伴的关系。阿什感到很泄气：如果他们总是无视学校的目的，他怎么能说服备考派相信综合课程的重要性呢？他们独特的项目之所以存在，是因为其主题和伙伴关系，而不是因为项目可以提高地区的整体考试成绩。他们学校的人数只是沧海一粟。

阿什不能确定自己的下一步行动。当他在考虑该怎么办时，他注意到校长雷米博士回复了托尔曼小姐的邮件。它包含四个简单的字：“开始辩论。”他静静地坐着，希望校长能有更坚定的立场。在当前高风险测试的环境下，哪一方会胜出？而且，不管是哪一方胜出，这所学校还能生存下去吗？

问题讨论

1. 如果阿什在规划今年的职业发展之前使用了湍流度计，讨论一下他将如何预测反弹并进行调整。雷米博士的领导风格会如何影响阿什所面临局势的稳定性？

2. 你建议阿什在决定他的行动时如何使用稳定性的概念？

3. 副校长是否应该考虑学校里为数不多的教师的需求，在他们本已有限的专业发展时间里更多地投入备考工作？

4. 根据公正、批判、关怀、职业的伦理范式，哪种课程能更好地为学生服务？在运用每一个范式时，先定义“更好的服务”。阿什应该使用哪种伦理范式来说服校长当前的专业发展计划是学校发展的最佳途径？

5. 阿什希望通过课程设计来鼓励更强的伙伴关系参与进来挽救学校，但他也冒着考试成绩停滞不前的风险。持反对意见的教师认为，提高考试成绩将是挽救学校最好的途径，但他们也冒着无法与合作伙伴建立更牢固关系的风险。职业伦理如何在两种策略之间架起桥梁呢？

案例研究5.6

是自动进步还是对进步主义的关注？

弗林先生（Mr. Flynn）已在西南地区高中（Southwest
103 Regional High School）担任校长长达八年。在他的任期内，他成功地实施了各种基于其进步教育理念的学校改革倡议。在弗林被任命到西南地区高中之前，其学校文化是一个支离破碎、互不相干的体系，缺乏方向和凝聚力。当时的学区主管琼斯先生（Mr. Jones）聘请弗林是基于他实施全面教育系统的具有远见卓识的计划——该系统高度重视学生成长和专业人员的发展。在弗林上任的头四年里，他得到了家长、教师、学生和高级行政官员的广泛支持，因为他们都对学校的出勤率、大学升学率、学生课外参与和标准化考试成绩的积极发展印象深刻。教员们都很喜欢弗林，因为他总是言出必行，号召“对话、指导和发展”。鉴于弗林和教师之间的凝聚力和相互尊重，学校里形成了一种支持性、合作性的氛围。

在这段时间内，西南地区高中所在的学区也经历了管理者的变动。弗林任职的第四年，杰克逊（Jackson）接替了即将退休的琼斯先生。杰克逊本人是一位创新者，精通技术，并带头在西南地区高中实施了“一人一台笔记本电脑项目”（one-to-one laptop program）。这一举动创造了一个自动化的教学环境，所有学生都可以在家里和学校使用学校发放的笔记本电脑。这一技术项目帮助弗林和教员们建立了一个高度重视跨学科和项目化学习的环境。

由于他在改善西南地区高中方面所取得的重大成功，以及州政府对学区笔记本电脑计划的赞扬，弗林获得了州政府颁发的“成功的学校领导人——成功的学校改革”荣誉。这个奖是弗林在学校工作五年时获得的。学校的教师对他获得这一荣誉也心服口服。作为奖励，该校获得了3.5万美元的州政府拨款，用于落实进一步的学校改革。除了项目化学习环境，弗林和教师们还成功地建立了跨学科学习共同体、课后辅导项目、21世纪技能模型的教学实践、“能力-性格-联系”辅导项目和“未来领导力”学生组织。

有了州政府拨款的担保，弗林推动、资助并扩大了一个课外俱乐部项目（after-school club program）。十名教师参加了与数学、科学、辩论、历史、艺术、舞蹈、音乐、社区领导、校内体育和计算机科学相关的社团活动。项目每周安排三次一小时的课后活动，让辅导员和学生一起学习。这些教师会象征性地得到一些薪酬，放学后，他们还以小组的形式每月两次与弗林见面，以便于讨论俱乐部进展及其问题。虽然其中一些俱乐部在过去的运作中 104
取得了不同程度的成功，但这种新形成的、高度结构化的模式让这些俱乐部在三年的时间里蓬勃发展。事实上，在弗林进入西南地区高中的第八年，有280名学生加入了俱乐部，占全校学生总数的30%。毫无疑问，这项特别的三年计划对学校共同体产生了积极的影响，并为另一个发展舞台做好了准备，因为有迹象表明，将来会有更多的学生参与进来。此外，弗林还准备宣布一项成人学习倡议（adult learning initiative），将社区成员纳入其中。弗林认为，作为一个专业的学习共同体，学校应提供的服务不仅应包含让社区成员参与到学校中来，还应拓展学校作为一个学习机构的功能。弗林得到了学区主管的支持，并有六名教师参与其中，他们准备在外语、英语学习、创业、家装/贸易和个人财务等领域提供成人课后辅导。

弗林在西南地区高中工作的第九年，一个秋高气爽的日子，他被杰克逊叫到位于中央行政大楼的办公室。杰克逊曾告诉弗林，他们必须会面，以审查“预算问题”。到达后，杰克逊与弗林闲聊，讨论了西南地区高中最近发生的事情。弗林解释了各种教育项目的现状，并提到他准备宣布成人学习倡议。作为回应，杰克逊把话题转到财务问题上，打断了弗林。他解释了州政府削减教育预算以及地方税收问题是如何阻碍学区发展的。他说，这个问题预计在今后几年内恶化。他提到了一个负面消息，说项目将要被削减，该学区开始考虑“削减投入”。杰克逊阐明了中心办公室人员的想法，他们认为某些课程可以以网络形式提供，而且由于学区的技术进步，这种安排在实际情况和经济方面都是合理的。他进一步说，他认为，技术将是未来教育实践的主流，而该地区能够带头朝这个方向发展。他描述了他与州教育部关于笔记本电脑使用和在线学习的讨论，并解释说，该州和西南地区将以试点研究的形式共同合作。这种合作关系将于来年春天在州议会大厦的科技教育论坛上宣布。出于初步规划的目的，
105 杰克逊让弗林思考两个问题：为大幅削减明年的预算，哪些高中项目可以被削减？为推动私人在线教学，可以取消哪五个教学职位？

弗林开车回到西南地区高中，他对最合适的行动方案有很多想法。他花了整整八年的时间来建立他的理想型学校，这个学校是民主和进步的，包括促进学生参与和成就的辅助计划，包括管理者、教师和学生之间的协作实践，并包含了一个功能齐全的学习共同体所有的必要组成部分。弗林知道，学校的成功在很大程度上要归功于一支重视整体教育实践的强大而坚定的教师队伍。他很感激许多年轻教师带头主持课外项目，并愿意做超越合同约定范围的工作。弗林还考虑了学校的技术方案，同时考虑了学校数字化实践的积极影响。弗林考虑了杰克逊在过去四年里给予他的支持。他还感谢杰克逊富有远见的领导能力，以及他推动和建立“一人一台笔记本电脑项目”的举措，这为学校的成功做出了贡献。

然而，随着思考的深入，当他考虑到笔记本电脑项目每年75万美元的支出时，他开始质疑科技在教育领域的重要性。当弗林想到这个项目需要五名技术支持专家才能运行时，他变得更加不安。他知道这五名与学生没有日常接触的员工将被留下，而另五名教师将失去工作。此外，他开始思考，究竟是技术，还是以敬业、高技能的教师为表现形式的人力资本，对该校近期的成功更有帮助。他还意识到，当教师工会开始反对使用私人签约的在线教师时，他将被迫站在错误的一边。

带着这些令人不安的想法，弗林的脑海中开始浮现出一些问题："我该如何告诉这群敬业的教师，他们的课程将被削减？我怎样向杰克逊说明一些资历较浅的教师在接受'超越'的挑战时被解雇了？我们如何才能在不比较和分析计算机教学与面对面的教师–学生接触的内在价值的情况下让教师离开呢？教育的真正目的到底是什么？难道没有计算机生成的教学无法实现的教育目标和结果吗？"

弗林的第一反应是立即打电话给杰克逊，表达他的一些担忧。然后，他想起了为什么杰克逊不得不缩短他们的会面时间。
杰克逊曾表示，是为了赶上飞往加利福尼亚州帕洛阿尔托的航 106
班，他必须与两名学校董事会成员会面。在接下来的四天里，这三名学校官员将与参与学校"一人一台笔记本电脑项目"的科技公司高层会面。

问题讨论

1. 对弗林来说，这种情况的湍流水平如何？职位如何影响关键人物看待问题的方式？请解释。

2. 在目前的情况下，弗林可能做出什么决定或采取什么行动？每一个决定可能的结果是什么？每个结果分别在湍流度计的什么位置？

3. 弗林在个人反思中如何阐释批判伦理？"权力"在这个场景中扮演什么角色？

4. 弗林能做出什么样的最终决定来体现关怀伦理？就弗林在学校的地位而言，这会对他产生怎样的影响？

5. 弗林如何运用职业伦理来帮助他做决定呢？在学区的教育计划中，职业伦理是如何体现的？

6. 在做出任何决定之前，弗林和学区是否必须考虑任何与司法有关的问题？

第 6 章　问责制与责任制

（本章案例由丽塔 · M. 贝克尔、辛西娅 · L. 瑞恩汉、 107
特洛伊 · L. 威斯汀、肯德尔 · L. 格洛纳、詹姆斯 · 康拉德、
卡罗尔 · A. 洛佩斯提供。）

当前，我们处于教育问责时代（Leithwood，2001）。在美国，这个时代已经持续了很长时间，可以追溯到 1978 年，随着第 13 号提案的通过，加利福尼亚州的纳税人不再需要为公共教育付费（Shapiro，1979）。从那时起，原本位于重要清单末端的问责制概念成了国家报告的基石，这些报告包括：《国家处于危险中：教育改革势在必行》（1983 年）、《美国 2000 年：教育战略》（1991 年）、《2000 年目标：美国教育法案》（1993 年）以及《不让一个孩子掉队》法案（2001 年）。例如在《2000 年目标：美国教育法案》中，问责制的中心地位是显而易见的，因为该术语被提及了 23 次——大约每页一次（Sewell，DuCette，& Shapiro，1998，p. 317）。而与以往报告相比，《不让一个孩子掉队》法案要求采取更严格的问责措施。在“力争上游”计划这个充满竞争力的法案倡议中，各州提出了必须满足严格要求的问责程序。即使通过豁免程序的州也必须遵守严格的问责标准。

尽管所有的国家报告都包含了问责制，但重要的是理解这个概念随着时间的推移而变得多么复杂。从预算的压力中转移出来后，它已经“演变”成至少十种不同的形式，包括政治、法律、官僚、专业和市场问责制（Darling-Hammond，& Snyder，1992），还包括家长、学生、财政和个人形式的问责制（Gross，Shaw，& Shapiro，2003）。最近，公共问责制（Gold & Simon，2004）的引入，使问责制形式的总数达到十种。

尽管这一术语本身具有多样性，但是人们关于问责制的总体概念还是
108 提出了许多积极的论点（Scheurich，Skrla，& Johnson，2000；Skrla，Scheurich，& Johnson，2000）。通常，这一术语被认为是学校要着力提高的一个重要因素。例如，它反映了教师质量、学校气氛、毕业率和资源公平的优化。传统问责制因其保持预算透明和可控以及得到大多数纳税人的认可而被提及。此外，问责制也因维护高风险测试，通过提供数据以表明学生及其学校的成功或失败而被提及。

虽然问责制经常与学校改进相联系，但也常常被认为是一种对责任进行归因的概念（Leithwood，2001）。麦克德莫特（McDermott，2007）认为，有时事与愿违，一些州确实希望在教育方面为儿童创造更多的公平，但是把责任归咎于受害者而未践行真正平等的情况时有发生。通过标准化测试的数据，纳税人、立法者和国家相信他们能够明确知道学生的表现如何，人们有时愿意表扬学校，但更常见的情况是指责学校。目前，学校收到的成绩单基于它们在标准化测试中的排名，在报纸上公开的评估集中在一个主要因素——考试成绩。不幸的是，其他关键指标——如贫穷、毒品、环境污染物和犯罪——及其对学习的负面影响，往往被忽略。美国的标准化测试确实已经成为“公共教育领域的硬币”（Haladyna，Nolen，& Haas，1991，p. 2）。直到21世纪初，美国学校对标准化测试的信心才有所增加。最近，关于如何使用学生的考试成绩来评估教师的效能，出现了认真的讨论（Baker et al.，2010）。

问责制带来了许多与测试相关的法规。例如，在学校落实《不让一个孩子掉队》法案和“力争上游”计划需要大量额外的工作和费用。学校需要聘请专家帮助学生在标准化测试中取得好成绩，并且为了处理不断增加的书面或在线工作以达到法案条款和标准的要求，聘请足够的助理工作人员也是必不可少的。

学校问责行动的另一部分是出勤政策（attendance policies）。虽然这些规则通常十分透明，但往往非常严格和复杂，因此需要做更多的工作。特殊教育也与问责制有关，因为人们认为所有儿童都必须达到一定的教育标准。为了满足特殊教育学生额外的需求，人们期望特殊教育学生能获得额

外的身心援助，以达到必要的学习目标。公众还认为所有的教育领导者和教师都知道如何与具有不同需求的学生打交道。 109

相对于用于在学校中达到学术标准的传统术语“问责制”而言，另一个术语“责任制”（Gross & Shapiro，2002）在教育方面却使用不足。虽然与问责制相似，但责任制将学生成功或失败的责任归于整个社会，而不仅仅是学校，从而被认为更具包容性。社会包括纳税人、立法者、家长、教师、行政人员以及学生本身。这个术语是伦理层面的，它与追责或预算无关。相反，它希望每个人都能参与并关心下一代的教育。

本章中，丽塔·M. 贝克尔提供的案例是“修辞与现实：学校问责制与《不让一个孩子掉队》法案”（案例研究 6.1），涉及目前公立学校每年对三至八年级学生进行测试的要求。案例特别关注媒体和政府官员，他们一直是家长获得学校考试成绩信息的主要来源。这个案例涉及媒体根据标准化测试成绩的结果发布地方排名所产生的后果。在这个例子中，高效的行政人员和教师受到了关于其教育实践的质疑。由于对学校问责制的关注范围超出州的界限，这个困境也涉及国家层面的问题。

在“问责制时代的胜任与不称职”（案例研究 6.2）中，辛西娅·L. 瑞恩汉描述了一位准备参加学区人事会议的学校校长，他提议增加一名专业的工作人员，并将一名后勤员工的工作合同由 10 个月延长到 12 个月。校长认为，他根据《不让一个孩子掉队》法案的要求提出了一个站得住脚的论点，并对自己的提议充满信心。但在会议上，人力资源总监提出了一个意想不到的建议，并且得到了督学的支持。校长史密斯博士（Dr. Smith）对发生的事情深感不安，因为他知道学校将受到这个决定的负面影响。回到学校，史密斯博士必须确定如何应对这个意外的决定，以某种方式管理他所需的人力资源，以满足强制性立法的问责制要求。

“平衡责任：监督学校的出勤情况和（或）成为儿童的代言人”（案例研究 6.3）由特洛伊·L. 威斯汀撰写，涉及一位指导顾问试图在法律对学生出勤率的要求与学生的健康、安全和福祉之间取得平衡。特别是，关于教育工作者是参与到学生的全部生活中去，还是在学生出了校门或一天的校园生活结束后就不再承担维持出勤率的责任，在这个困境中存在冲
110 突。在这个案例中，关于出勤的强制性报告要求确实有助于分辨哪些信息和情况必须被报告，但它们不一定涉及那些常常成为教育工作者日常工作的人文关怀和培养关怀。

肯德尔·L. 格洛纳所提供的“留下还是离开？领导层更替及其对学校的影响”（案例研究 6. 4）是关于在仅任一年校长职务后，做出职业生涯横向调动的行为。特别是这位校长对目前所在学校的特殊教育学生，以及支持她继续进修和准备让她担任更高的学区领导职务的现任学区，都有强烈的责任感。新职位将带来许多好处，这会影响她的家庭生活和事业发展。她为应该如何协调职业与个人生活而感到困扰。

“双重困境：高风险测试中的问责制与责任制”（案例研究 6. 5）由詹姆斯·康拉德提供，在这个困境中，当一所学校的校长得知两位教师一直在帮助参加高风险的伊利诺伊州标准成就测试的英语非母语者时，他发现自己所认为成功的特许学校可能并不像他想象的那样成功。这两位教师都用英文在英语非母语者面前朗读文章和问题，而这是被禁止的。更糟糕的是，由于学校在标准化测试中的成功，特许学校董事会已决定通过改建学区中另外两所“失败”学校来扩大规模。校长知道他必须做一些事情，向特许学校董事会通报有关标准化测试的违规行为，但他不想损害学校的声誉，所以他正在思考负责任地解决这个问题的方法。

最后，“免疫接种：学区问责与家长责任”（案例研究 6. 6）由卡罗尔·A. 洛佩斯提供，这个案例关注的是公立学区对学生的新免疫要求。这一伦理困境使地区履行法律责任与家长履行这一要求的责任对立起来。法律规定的处罚是禁止学生上学。校长和学校的护士必须以这样一种方式来处理这一新要求，即极少数的学生被禁止接受公立教育。

案例研究6.1

修辞与现实：学校问责制与《不让一个孩子掉队》法案

学年伊始，汤普森学区（Thompson School District）基础教育主任考特尼·施瓦茨（Courtney Schwartz）和欢乐谷小学（Happy
Valley Elementary School）校长胡安·奥尔蒂斯（Juan Ortiz）曾 111
经预料，大量学生在三年级后从城市学校转学到欢乐谷小学，可能会改变学校整体的评估结果。过去，该学区的小学每年的表现都远高于州平均水平。实际上，该学区的五所小学常常位列全县学校的前六名。由于取得了这些成就，该地区已经将大部分资源分配给了早期干预的辅导（remediation），这意味着二年级以后不会再有辅导老师。

鉴于辅导服务不再继续提供给普通人群，为了替二年级后将到达这里的新学生做好准备，施瓦茨博士和奥尔蒂斯先生以及该地区的其他行政人员，为他们的教师集中举行了在差异化教学和灵活分组策略方面的员工发展培训。他们和小学教师都对这群学生几个月内在课程上取得的进步感到满意。

尽管取得了很多成绩，但汤普森学区五所小学中有一所的表现略逊于往年。欢乐谷小学从县里的第四名落后到第八名（在三十六所学校中），这不足为奇。施瓦茨博士和奥尔蒂斯先生怀疑分数的下降与学生转校有关。他们分析了所有表现处于基本水平和基本水平之下的学生，确定其中75%的学生是在二年级后转学至此的。尽管排名比前几年有所下降，但施瓦茨博士和奥尔蒂斯
先生对欢乐谷小学的成绩仍然处在全县20%左右感到高兴。他们 112
对自己为满足转校生需求而做好教师准备的远见而感到满意，并且计划在接下来的一年申请聘用辅导老师来辅导中年级学生。

施瓦茨博士和奥尔蒂斯先生知道他们要做些工作来照料这些转校生，但是他们对于学校排名下降在公众中引发的后果没有丝

毫的预料。当地一家报纸刊登了一篇文章，暗指校长和教师当年没有按照课程标准和州标准进行教学。文章一刊登在报纸上，欢乐谷小学的一些家长就立刻提交请愿书，提议学校董事会要求校长和教师为“不教”他们的孩子负责。作为回应，学校董事会要求施瓦茨博士和奥尔蒂斯先生查明学校排名下降的原因，并提交一份报告，报告要包含将学校表现恢复到更能被接受的水平的计划。

学区领导和校长正受到伦理困境的挑战。他们都担心，为了避免被认定为不称职而根据单一的标准化测试分数排名来为自己辩护将成为一种惯例。他们也对这样一个事实感到愤慨——过去作为强有力的教学领导，他们备受重视和赞扬，现在却被质疑是否有足够的资格担任现职。他们对行政管理者和媒体引发的不公平感到愤怒，这些人本质上为家长和学校董事会成员创造了一种解释评估分数和推卸责任的主要方式。他们还担心百分位排名给受众一种错误的精确感，这种排名使得读者将数据作为严谨、客观的事实。最重要的是，他们担心在问责制中对集中计算的统计数据的依赖将凌驾于学校独立行政判断之上。

他们意识到，需要做的不仅是简单地向学校董事会提交一个关于学校排名下降实际原因的书面解释。他们认为真正的职业关切不是暂时的，相反，是永久性的，并远远超出本地范围。他们也知道，自己必须制定正确的行动方针，为此坚持不懈，因为只要规则仍然是通过标准化测试评估问责制，他们的经验就无疑会呈现给邻近学区的同事。

问题讨论

1. 你认为汤普森学区的湍流水平如何？对整个县来说，湍流水平如何呢？当地行政人员和家长之间的湍流水平可能存在什么差异（位置性）？你认为，当地报社是否故意提高湍流水平以增加销量？

2. 施瓦茨博士和奥尔蒂斯先生可以采取什么行动在短期和长期内降

低本地和县两个层面的湍流水平？

3. 基于统计学的政策如何塑造实践？基于统计学数据的立法如何塑造未来的公共政策辩论？

4. 你认为规则的制定是为了谁的利益最大化？你认为规则会使它所面向的目标群体受益吗？如何和为什么？

5. 你认为施瓦茨博士和奥尔蒂斯先生关心汤普森学区的学生吗？当两人被指责没有关注学生的需求时，你认为他们是什么感受？如何让转校生获得帮助？

6. 你认为公立学校有责任确保所有学生取得学业上的成功吗？让公 113
立学校负起责任的最佳方式是什么？

7. 鉴于前文所描述的情况，如果在这个时候关于学校的一个小道消息（负面）被曝光（级联），那么湍流水平将发生什么变化呢？

案例研究6.2

问责制时代的胜任与不称职

史密斯博士（Dr. Smith）难以置信地站在那里，僵住了，伸出的手紧紧地握住了门把手。学校现在对他来说似乎是陌生的，不再是他的领地了。他的脑海中重现了过去几个小时发生的事情：一场可怕的人事会议。拉斐特学区（Lafayette School District）的人事会议历来令人不安，每一所学校都与其他学校展开激烈的竞争，试图争取足够的人员以满足《不让一个孩子掉队》法案的持续要求。在去年的人事会议上，史密斯博士还获得了另一个职位，即二级阅读专家（second reading specialist）。与去年第三季度的学生数据相比，今年第三季度的学区评估得分显著提高。史密斯博士相信这样的分数会显著提高学校在州级层面的评估水平。他计划效仿聘请阅读专家的成功模式，聘请一位数学专家进行数学教学。除此以外，他计划中唯一的要求是将学校文员升格为秘书，合同从10个月延长到12个月，这样可以更好地完成现行法律和其他行政部门要求的相关文书工作。当史密斯博士回想起夏天发生的情景，不禁打了个寒战。

在那个时期协助他的是马丁女士（Mrs. Martin），她在上一届行政任期内担任过学校负责人的秘书。由于马丁女士无法适应从打字机到计算机办公的转变，她的岗位变成了教师助理，并被重新分配到了史密斯博士的学校里。马丁女士签订了 12 个月的合同，整个夏天都在协助史密斯博士。她尽了最大的努力，但对目前全部由计算机操作的办公程序和流程并不熟悉。在马丁女士到来的 8 月份，她在工作中出现了大量的错误，需要学校文员花几周的时间才能解决，史密斯博士决定再也不能这样下去了！根据《不让一个孩子掉队》法案对大量的文书工作的要求，他准备了关于秘书需求的强有力的争论理由。对于这两个人事建议，史密斯博士感到非常自信。

在人事会议上，史密斯博士耐心地等待着，听取了其他校长
114 的无休止的要求。最后，他提出的聘请数学专家的请求很容易就被采纳了，并被列入供教育委员会审查的清单。史密斯博士受到了鼓舞，继而提议将学校文员职位改为秘书职位。但接下来的事情完全出乎他的预料。

人力资源主任威尔逊女士（Mrs. Wilson）立即回应了史密斯博士。她向史密斯博士询问目前的情况，提醒他夏天已经有一个人被派去协助他了。她表示，如果他想要一名 12 个月合同的学校文员，他将不得不重新委派马丁女士，并收回现有的合同。威尔逊女士接着说，通过两名兼职办公室助理轮值——共享一个职位——史密斯博士可以把马丁女士有效地安置在办公室里。史密斯博士可以改变一个助理的工作时间，把她的工作时间从早上改为下午，并把另一名助理安排到别的学校，同时安排马丁女士在忙碌的早上在办公室里工作。威尔逊女士表示，当马丁女士不能胜任办公室工作时，她就会有挫败感，就会主动向史密斯博士提供所有必要的文件以辞职，并将 12 个月的合同转移给学校办公

文员。毕竟，威尔逊女士总结道，早该如此了。威尔逊女士得意扬扬地往后一靠，脸上绽开了灿烂的笑容。

史密斯博士大吃一惊。督学同意威尔逊女士的计划，并要求史密斯博士立即做出调整。他表示将不会再讨论这个话题。史密斯博士沉默地坐在那里，会议接着进行。

史密斯博士回到自己的学校，他在门口停下来试图想明白如何将这个消息告诉办公室的工作人员。他知道办公室目前像一台性能良好的机器一样运转。未经培训的马丁女士在学年中期的加入可能会严重干扰学生的教育计划，使习惯于需求立即得到满足的家长感到不安，并使受益于办公室顺利运作的教师们感到沮丧。然后，他考虑到《不让一个孩子掉队》法案要求的需要耗费无数小时的文书工作做得很失败，以及他需要进行审查以记录马丁女士的不足之处。

史密斯博士还在沉思，被门口的动静吓了一跳，这使他回到了现实。门外忙乱的马丁女士正准备去吃午餐。看到史密斯博士，她呜咽道："史密斯博士，我的女婿刚刚失去了工作，我的女儿和她的孩子打算回来和我一起住。我很担心，我可能需要请几天假。我知道你能理解我的。"她走的时候，把手帕紧紧地捂在她的脸上。

问题讨论

1. 在此案例中，史密斯博士、威尔逊女士和马丁女士的湍流水平如何？请提供证据来支持你的回答。 115

2. 在此案例中，史密斯博士怎样做会造成更大的湍流？增加湍流水平会以何种方式改变困境的结果？这对学区的稳定会有什么影响吗？结果会产生级联效应吗？

3. 是否可以采用一种创造性的解决方案来降低湍流水平？在这种情况下，降低湍流水平有何帮助？

4. 史密斯博士应该使用什么样的伦理范式化解目前的困境？为什么这种范式会在他的决策过程中提供最大程度的帮助？在此案例中，是否有多种范式可以帮助他做出有效的决定？如果有，是哪些范式呢？如果没有，又是为什么？

5. 威尔逊女士和督学可能采用哪种伦理范式？你有什么证据支持这一说法？

6. 批判伦理能否帮助史密斯博士化解他的困境？这个范式将如何为他的决定提供支持？

7. 职业伦理如何适用于此困境中？这种伦理如何在决策过程中为史密斯博士提供帮助？威尔逊女士和督学是否体现了职业伦理？马丁女士和学校文员呢？他们在哪些方面体现了或者没有体现这种伦理？

案例研究6.3

平衡责任：监督学校的出勤情况和（或）成为儿童的代言人

奥哈拉女士（Mrs. O'Hara）是斯隆小学（Sloan Elementary School）的一名指导顾问，她刚刚合上自己每天早上都要填写的“感兴趣/需要签名的项目”文件夹，这时，学校秘书凌女士（Mrs. Ling）突然走了进来，说道：“猜猜今天谁又缺勤了？”奥哈拉女士的猜测很笃定。果然，莉迪亚（Lydia）和杰克（Jake）这对在本学年初转到斯隆小学就读的兄妹再次缺勤了。奥哈拉女士要求凌女士提供这两个孩子最近的出勤记录，并指示她按惯例打电话到孩子家中询问缺勤情况。两名学生都有大量缺勤记录，学校目前正在按照学校董事会的考勤政策要求处理这件事情。考勤政策很复杂：它要求学校与家长沟通，告知他们关于强制出勤的学区政策和州要求，还包括缺勤五次后学校发出的迟到信以及要求两名学生进行体检的信件，以表明学校对此问题的重视。

116

凌女士挂了电话后，面容沮丧地来到了奥哈拉女士的办公室门前。凌女士报告说，她已经和孩子们的妈妈巴斯太太

(Mrs. Bass)通过话了，巴斯太太说缺勤的原因是他们睡过头，并且家里的车坏了。另外，由于汽车故障，巴斯太太的另一个女儿贝基（Becky）下午也不去上学了。贝基是一名新来的幼儿园学生。

和她的哥哥姐姐一样，贝基在这个学年里也经常缺勤。由于州级没有强制参与幼儿园项目，因此学校实施了多样化的出勤管理规程。然而，尽管缺乏明确的指导条例，但贝基缺勤的次数多到令她有被从幼儿园名册上除名的风险。

受到刚刚所听到的信息的困扰，奥哈拉女士不知所措地坐着，思考接下来需要采取什么措施。自从本学年之初这个家庭的孩子搬到该县，担忧就一直在增加。奥哈拉女士照例翻阅所有新接收学生的信息，当她翻阅到莉迪亚、杰克和贝基的表格时，发现表格信息不完整，并且其中一些信息读来令人担忧。看起来父母的姓氏相同，然而每个孩子都有不同的姓氏，这个家庭的父母中只有一方跟孩子是亲生的关系。

出于这种担忧，奥哈拉女士在凌女士的协助下，对孩子们转学的学业成绩进行了广泛的调查，以确保他们得到适当的安置，并核实其所有年份的学业安排，就读的学校和年级安置都被考虑在内。她们收到的几份文件说明，这个家庭和孩子们仍然处于之前所居住县的儿童和青少年服务机构的监督之下。她们也被告知，莉迪亚和杰克最近才由于法院判决而返回这个家庭。

奥哈拉女士没有收到正式的、可以验证学生安置准确性的法庭判决书。因此，她联系了孩子们的父母、孩子们以前的学校，
以及儿童和青少年服务机构以获得相关文件。她下定决心核实他 117
们是否合法地居住在指定的家庭中。事实上，校长和她已经决定，在正式文件到来之前，不会为他们办理入学。最后，学校收到了必要的信息，孩子们都入学了。

虽然经过正式的批准，但是随着这一年的进展，一些关于家庭和孩子的担忧开始浮出水面。学校里有几位成年人提到过与他

们的家庭环境、穿着、营养、学习成绩和行为以及出勤率有关的问题。

奥哈拉女士需要做一个决定。今天的缺勤将会成为莉迪亚和杰克的第四次违规缺勤。巴斯先生和巴斯太太在收到第一封通知信时，已经被告知了孩子们的三次违规缺勤。这封信还告诉他们，下一次违规缺勤就可能会收到法院传票。学区的出勤政策规定，应将完整的传票提交给助理督学，然后送交地方法官办公室处理。过去处理缺勤情况的经历也使奥哈拉女士有了一些自由裁量权，她可以决定是否只在第四次违规缺勤的情况下处理传票。当然，她一直在考虑像这样的决定是否会对孩子的生活产生影响。她知道，不遵守出勤政策并不是由孩子们的行为直接导致的结果。

奥哈拉女士面临着是否建议校长处理传票的困境。她知道这一行动将要求这个家庭和学区官员与地方法官一起出席听证会。奥哈拉女士还必须决定是否与负责这个家庭的儿童和青少年服务机构的社工联系，并把莉迪亚和杰克的所有出勤记录的复印件，包括传票通知转发给他们。如果她和他们联系，她知道自己应该说明这些情况——虽然杰克定期上学，但他也经常告诉学校的护工自己没有吃早餐。在采取行动并向校长提出强有力的行动建议之前，奥哈拉女士怀疑自己是否对这个情况反应过度了。也许事情并不像她想的那么糟糕。她越是思考这种情况，就越强烈地感到这对父母必须对他们的孩子负责。

好像事情还不够复杂似的，奥哈拉女士的思绪被学校秘书打断了，秘书说贝基的亲生父亲舒伊先生（Mr. Shuey）打来电话，要求和女儿的幼儿园老师通话。在把舒伊先生的电话接通给老师之前，凌女士认为，奥哈拉女士可能有兴趣和他谈谈，事实上，她是对的。奥哈拉女士接了电话，告诉舒伊先生，贝基的母亲曾打来电话，说贝基当天下午不会来学校，并询问舒伊先生是否知道这件事情。随着谈话的继续，舒伊先生开始谈论他和妻子对贝基的亲生母亲及其他孩子一直在经历的其他问题的担忧。除了对贝基缺勤的不满之外，舒伊先生还说杰克一直告诉他自己没有早餐吃。舒伊先生还表示，巴斯太太经常向他要钱，并告诉他，她和孩子们没有饭吃。

奥哈拉女士鼓励舒伊先生联系县里的儿童和青少年服务机构，告知他们自己的担忧。但是舒伊先生解释说他不愿意这样做，因为他知道，如果巴斯太太知道他举报了他们的话，可能会危及他对贝基的探视。奥哈拉女士被这个男人表现出的对其他孩子——甚至他自己的孩子——缺乏关心和担忧而感到震惊，他选择维护自己的探视权，而不顾孩子们的营养需求。奥哈拉女士挂断电话，把脸埋在手中，试图冷静下来，以便做出要给校长什么建议的理性决定。

问题讨论

1. 在此案例中，湍流水平如何？奥哈拉女士怎样做会提高湍流水平？她和校长应该做些什么来降低湍流水平？如果没能降低，湍流可能会产生怎样的级联？在这个困境中，不同的人是如何经历湍流的（位置性）？

2. 哪些法律适用于这种困境？谁有义务遵守这些法律？法律代表谁的最大利益？

3. 在这种困境中，关怀伦理有什么影响？奥哈拉女士的关怀伦理是否模糊了她的责任感？是关怀伦理促使她做最终决定吗？她会因为失望和沮丧而失去在这种情况下所需的同情心吗？

4. 对适用于这种困境的法律展开批判。关于先前负责这个家庭的儿童和青少年服务机构工作者，你能提出哪些批判性的问题？你认为舒伊先生对他女儿的适当行为应该是什么？

5. 奥哈拉女士应该怎样履行自己的职业责任？

案例研究6.4

119

留下还是离开？领导层更替及其对学校的影响

艾米·科兹洛夫斯基（Amy Kozlowski）接任了贝尔维尤小学（Belleview Elementary School）校长的职位。她接替的是一位已经负责了14年且已到退休年龄的教育领导者。她听说在过去的几年中，这位领导者花费了大量的精力来监管一个学生需要情感支持的班级，挫败感使他结束了自己的校长生涯，去寻求其他发展机会。

员工们对迎接一位与前任大不相同的新校长感到担忧。一名男性结束了他的行政管理生涯，而一名年轻女性由此开始了她的行政生涯，这创造了一种有趣的组织动态。有些人渴望改变，有些人则对“新人”将对久已习惯了的程序带来的影响抱有抵触。

令人意外的是，过渡相对平稳。学校开展了会议和讨论活动，来评估办学思想和学习如何相互促进。家长、教职员工和学生似乎都愿意接纳科兹洛夫斯基女士成为新校长。

她喜欢她的新职位和新学校。然而，这个职位有一个缺点，上班（最少）需要45分钟，而且下班后要花45分钟到数个小时才能回到家，这取决于交通状况。放学后，在完成晚上的任务之前，是不能回家的。这意味着她要在早上6点离开家，每周有一天或者几天至少到晚上9点才能回到家。由于她没有家庭需要顾虑，再加上她想要努力去树立自己的领导地位，于是她选择了忽略令人烦扰的车程。

随着第一个学期的进行，现在有两个班级的学生需要情感支持，而非去年的一个班级，事情变得越来越有挑战性。特殊教育部门为两个班级配备了不满足资质要求的教员。一位教师是“客座教师”，刚刚获得合格证书；另一位教师刚从大学毕业，没有在公立学校教学或与这些孩子相处的经验。许多学生被诊断患有双向情感障碍、对立违抗障碍、情绪障碍和创伤后应激障碍等疾病。所有参与情感支持项目的学生在他们年轻的生命中至少经历过一次住院接受心理健康康复治疗。与情绪不稳定的学生一起学习，让每个人都付出了很多，包括普通教育教师、专家、学校指导顾问以及校长。虽然校长始终专注于解决问题，但她也感觉到了自己的双手经常被无法调整的规章和预算问题所束缚。事实 120
上，出乎她自己的意料，她开始将前任校长的消极情绪与当前的情况联系起来。

幸运的是，科兹洛夫斯基女士在她以前的学校遇到过类似问题的学生。她接受过训练，掌握了缓和紧张情境的技巧，也知道如何安全地约束孩子，防止他们在失控时伤害自己或他人。她陷入过很多次困境，能够使自己保持冷静并获得帮助。一名工作人员评价她说："对于帮助需要情感支持的学生，你真的做得非常好。谢谢你让这里发生了这么大的改变。"另一个人说："你真的很照顾我们。"

一方面，校长知道她正在使学校做出积极的改变，她与学生、教职员工、家长和其他学区的教职员工之间积极的反应和互动证明了这一点。另一方面，不断增加的处理学生事件的强度，满足职工和其他400名学生的需求，漫长的车程，两个小时的研究生课程，以及她参与的助理督学的实习，这些都给她造成了沉重的负担。她开始想，自己正在失去工作和个人生活之间的平衡，而这正是她过去努力维持的。

当她深入探讨关于需要情感支持的学生的问题时，她发现在中央一级的特殊教育部门和学校的教育领导之间，存在着一场持续不断的斗争。涉及这些学生的事件每天都在增加，很明显，有几个孩子的心理健康需要强化治疗、药物治疗和干预，而这远远超出了公立学校所能提供的。学校的工作人员并不具备处理少数学生的猛烈、紧急、突发且不可预知的行为的能力，但特殊教育部门坚持认为校长和教职员工有责任确保所有人的安全，并提供优质教育。

科兹洛夫斯基女士当前面临着一种哲学意义上的两难：她怎么能继续为少数人的利益而损害更多人的利益？这怎么可能公平呢？教职员工开始怀疑她是否也担心这些学生会对学校的氛围造成威胁。但教职员工不明白，从她的角度出发，她无法越过特殊教育部门强制的规章和准则而对儿童项目进行重大调整。

很多时候，科兹洛夫斯基女士都认为，在这些学生被认定为适合安置在普通学校之前，如果把更多的责任放在学生家长身上，使其获得外界的帮助，那么保护那些接受个性化教育计划（Individualized Education Plan，IEP）的特殊学生的法律解释就能得到更好的应用。然而，如果学生被认定为不能进入普通学校，
121 那么特殊教育部门将不得不为学生找到另一种安置办法。金钱是底线。把孩子留在普通学校的费用远远低于寻找另外的安置场所，尽管后者往往是更合适的安置途径。特殊教育部门在改变特殊学生安置办法之前，努力将学生的停课天数控制在法律规定的最大限度（15 天）之内，以此降低这些孩子的行为可能带来的严重后果。科兹洛夫斯基女士越来越厌倦于把注意力放在预算以及做人们认为“正确”的事情上。在她看来，这似乎与她觉得非常“错误”的事情是一致的。

科兹洛夫斯基女士在出任新职位的三个月后订婚了。虽然这并不完全出乎意料，但是她并没有预料到她个人生活中的新变化，会对她今后的所有决定产生直接影响。她的第一个想法是申请一个离家更近的校长职位。想申请这样一个职位特别困难，因为她目前工作的学区正在支付她的研究生学费，助理督学正派她在中央办公室一级从事一些具有挑战性的工作。她还在学校里做了一些改变，并将规划扩展到第二年，为教职员工、学生和家长创造一个美好愿景。她怎么能考虑离开她刚刚起步的职位呢？她的决定会对其他人产生什么影响？

她开始权衡利弊。一方面，现在的工作地点离家很远，而新

的工作地点离家只要10分钟路程。但现在的学校有400名学生，而新学校有600名学生，还没有副校长。新的职位在一个享有杰出声誉的学区，而她现在工作的学区正面临挫折，因为预算限制而对学校年级进行重大调整，虽然在哲学意义上她并不赞同这一做法。新职位没有面对需要情感支持的学生的挑战，尽管她深深地感到这是一种责任，而且能够使她充分运用与有特殊需要的青少年一起工作的技能。最后，与她目前的12个月合约相比，新职位是10个月合约。10个月意味着更多的灵活性和在家休息的时间。她痛苦地意识到，作为一名教育工作者，她的职责是帮助所有的学生，理解他们的特殊需要，并照顾他们。然而，她也不得不考虑情感能量的消耗和家庭生活。这样的权衡是否充分？

考虑了所有的因素后，她决定申请新职位，因为这是值得尝试的，毕竟申请并不意味着她会得到这份工作。她接受了面试和复试，两周后，她得到了这个职位。一个问题出现在科兹洛夫斯基女士的脑海里，问题的答案会影响很多人："我应该留下还是离开？" 122

问题讨论

1. 贝尔维尤小学目前的湍流水平如何？在这个困境中，不同的人面临的湍流水平分别是什么？校长采取什么行动将导致湍流水平的上升或下降？

2. 特殊教育相关法律是否考虑到特殊儿童对普通教育学生的影响？个性化教育计划学生和非个性化教育计划学生的停课规定是否应该有所不同？为什么？

3. 为个别学生的利益做出决定，最终导致其他学生和教职员工受到影响，这是否合乎伦理？当为个别学生提供的教育阻碍了其他学生的进步时，该如何划定这条界线呢？

4. 当出现心理健康问题时，公立学校如何界定其为精神不稳定的学生提供教育的责任，以及为接受学校系统之外的治疗的学生提供教育的责任？说明你的理由。

5. 如果校长决定离开该校去其他小学，请说明谁会从这个决定中受益。请讨论涉及的有关各方。如果校长决定留在贝尔维尤小学，谁可能从这个决定中受益？根据前文所提供的信息，哪一个决定会使最多的人受益？

6. 如果一个学区支付了职工的研究生课程费用，却没有从职工的专业成长中获益，那么职工离开这个学区是不道德的吗？

7. 学校组织领导层的更替是否不同于其他领域的领导层更替？为什么？可从学区的角度运用关怀伦理分析，以及从校长的角度运用关怀伦理分析。

案例研究6.5

123

双重困境：高风险测试中的问责制与责任制

宏伟特许高中（Magnificent Charter High School）位于伊利诺伊州芝加哥市。这所“成功”学校已经建立了四年，主要服务于芝加哥弱势地区的学生。学校由二十名教师组成，其中有四位教师即将退休，十位教师任教至少三年，六位教师即将进入第二年的教学工作。有300多名学生在这所高中上学，这所学校由于为学生提供毕业后上大学的机会而在市里享有盛誉。这所学校在过去两年里都达到了“年度适当进步”的要求。由于学校表现良好，学校董事会在与芝加哥学区讨论了挽救“失败”学校的计划后，决定将另外两所学校合并进来。

最近，芝加哥市的少数族裔学生涌入了这所学校，这影响了宏伟特许学校的学生结构。仅去年一年，学校的西班牙裔和亚裔学生人数就有显著增加。西班牙裔学生人数增加了36%，亚裔学生人数增加了一倍，从总学生人数的13%增加到26%。

安东尼·托马斯（Anthony Thomas）是该学校的校长，他已在该校工作两年了。托马斯先生是一个勤奋的人，他秉持共享式领导理念，并且在激励教师和实施惠及所有学生的教育实践方面有着良好的工作业绩。托马斯先生深受董事会成员的喜爱。他甚至和学校的首席执行官罗伯逊先生（Robertson）及学校的首席财务官格拉夫顿女士（Grafton）一起打过垒球。在最近一次董事会会议上，成员们决定等今年的州级标准化测试，即伊利诺伊州标准成就测试的结果出来后，为托马斯先生颁发奖金。如果学校再次实现“年度适当进步”的要求，他将因为学校做出贡献而获得12000美元的奖金。

托马斯先生预期本学年的英语非母语者会大幅增加，因此他聘请了两名讲越南语和两名讲西班牙语的新老师来替代去年退休的四位老师。托马斯先生了解学校动态的变化，他想要负责提供有助于包括英语非母语者在内的所有学生在学校取得成功的课程与服务。

这一学年进行得非常顺利，托马斯先生很高兴看到所有的学生都在取得学业进步。学校文化氛围很好。学生们似乎很喜欢这些老师，包括四名新老师。英语非母语者也在学习中取得了稳定 124
的进步。托马斯为自己工作上的努力感到自豪，因为他找到了能根据学校动态与学生建立良好关系的老师，显然这对所有学生来说都有积极影响。

当学生们寒假结束返校的时候，托马斯先生努力促使学生们在伊利诺伊州标准成就测试上取得好成绩。2月初，每节课都模拟伊利诺伊州标准成就测试的考试题，特别是阅读方面。托马斯先生希望连续三年达到“年度适当进步”的要求，他知道如果学校做得好，他会获得一笔可观的奖金！

4月中旬，伊利诺伊州标准成就测试即将举行。学校举行了动员大会，鼓励学生们尽力而为。学校甚至发给每名学生一个带有校徽的水瓶，以免学生们在测试期间不停地跑到饮水机旁。在考试周，学生们纪律严明，注意力集中。托马斯先生认为学生们今年会达到“年度适当进步”要求，对此他深信不疑。考试周结束，学校恢复了正常课程。一切都很顺利，直到5月初米格尔（Miguel）来到托马斯先生的办公室。米格尔是学校里非常受欢迎的学生，同时也是十二年级的学生主席。由于他出色的学习成绩、课外活动表现和足球能力，米格尔已被西北大学录取。当米格尔讨论未来的计划时，他对托马斯先生提到，他真的从罗德里格斯女士（Ms. Rodriguez）身上学到了很多，尤其是去年她在伊利诺伊州标准成就测试上帮助了他。托马斯先生对这话感到不安，他问道："你说的去年在伊利诺伊州标准成就测试上'帮助你'是什么意思？"米格尔接着告诉托马斯先生，今年是罗德里格斯女士教书的第二年，她在伊利诺伊州标准成就测试考试期间用英文给他朗读过阅读部分，这就是他去年考得这么好的原因。米格尔还提到了他的好朋友安娜（Anna），安娜现在是十一年级，最近参加了伊利诺伊州标准成就测试，她说罗德里格斯女士通过阅读故事和问题的方式帮助自己通过了阅读部分。托马斯先生震惊了，他简直不敢相信自己听到的话。

托马斯先生知道，伊利诺伊州标准成就测试只采用英文，并且伊利诺伊州教育部门禁止朗读阅读测试。他明白，在伊利诺伊州标准成就测试的成绩上做手脚可能会减少政府对学校的资助。

校长需要做一些调查，他与罗德里格斯女士进行了核实。罗德里格斯女士声称去年一位资深教师弗劳尔斯女士（Mrs. Flowers）说给学生用英语朗读阅读部分是可以的。这就是为什么她今年又做了同样的事情。托马斯先生现在震惊地发现，过去至少有两位老师给学生用英语朗读过阅读资料，而且今年的
125 考试结果可能会受到影响，因为这些老师没有遵守该州关于考试的规定。罗德里格斯女士说："不然我怎么能让学生参加这个考试呢？让他们参加一个他们不懂的考试是不公平的。"托马斯先生认同她的观点，但他知道，给独立阅读英文有障碍的学生用英文朗读考试材料是不被允许的。

那天晚些时候，托马斯先生出席了学校董事会会议。格拉夫

顿女士宣布，一名董事会成员的慷慨捐赠已经为另外两所学校的扩建打下基础。罗伯逊先生宣布，特许学校获得了芝加哥学区的批准，现在将从一所学校扩建到三所学校。庆祝开始了，整个房间都充满了欢呼声。格拉夫顿女士转向了托马斯先生，她注意到他脸上有一丝紧张的神情。格拉夫顿女士问托马斯先生："你怎么看上去闷闷不乐呢？振作起来，最好的时代即将到来。"这句话是托马斯先生开车回家时唯一能想起的。

在车上，托马斯先生思考着他现在所面临问题的可能解决方案。如果他告知董事会，学校在伊利诺伊州标准成就测试中存在违规行为，尤其是如果去年考试成绩不实的消息传开的话，他可能会被追究责任并丢掉工作。如果他不告诉董事会，学生们可能会谈论他们接受过的帮助，这些谈论最终会流传到学校董事会和教育部。他现在意识到，去年他的学校没有以公平的方式达到"年度适当进步"的要求。他还意识到自己学校的老师违背了规则，为英语非母语者提供了便利。他很困惑，需要时间坐在沙发上好好想想。

到家后，他的妻子亲吻了他，说："亲爱的，我有个好消息。"好消息似乎是他现在需要听到的。他的妻子高兴地喊道："我怀了双胞胎！谢天谢地，你马上就能得到那笔巨额奖金了，……我们正好需要它！"

问题讨论

1. 托马斯先生应该让学校董事会知道伊利诺伊州标准成就测试对学校的评价不准确吗？他应该怎么做？他的坦诚相告会如何影响学校的湍流水平？又会如何影响托马斯先生和董事会成员的湍流水平呢？这个学校的稳定性如何？在这种困境下，不同角色的稳定性如何？这会对湍流水平产生什么影响？

2. 你认为托马斯先生在董事会会议上不提及他所面临的困境是一个明智的决定吗？为什么？在这种情况下，托马斯先生怎样做会提高湍流水平？怎样做会降低湍流水平呢？

3. 应该对罗德里格斯女士和弗劳尔斯女士采取何种措施？从关怀伦理出发，托马斯应该如何开展谈话？从职业伦理出发呢？

4. 托马斯先生与校董事会的关系会如何发展？他会失去工作吗？学校应该向教育部门报告这些信息吗？为什么？从职业伦理与正义伦理两个方面进行比较分析。

5. 教育部门有过错吗？错在哪儿？它如何才能更好地负起责任？每个人都应该有例外吗？每个人都应该对同样的标准负责吗？为什么？

案例研究 6.6

免疫接种：学区问责与家长责任

和谐小学（Harmony Elementary School）校长康奈利博士（Dr. Connelly）焦急地看着日历。距离 5 月 1 日不远了。到那一天，该地区约有 12000 名学生会因未接受国家要求的免疫接种（immunization）而被拒绝在学校大门之外。在他学校的 300 名学生中，可能会有多达 30 名学生被禁止入学。他们在遵照法律规定接种疫苗之前，将无法返回学校。

这项排除法案对所有年龄段的孩子都有明确规定。如果没有接受必要的免疫接种，即使是幼儿园孩子的家长，也不能让孩子入学。每一位家长都在不断更新对疫苗的新要求。该州通过向学区提供信息和时间表以及向父母寄信的方式，向家长告知规定的时间。由于最近要求接种一种新的水痘疫苗，造成了今年的混乱。在本学年开始时，没有接种这一疫苗的所有儿童，将以八个月有效期的临时身份进入学校。因此，他们有八个月的时间去预约和接种疫苗。5 月 1 日是临时身份的截止日期。

康奈利博士所在学校的护士王女士（Mrs. Wong）与学区学生服务主任斯塔利先生（Mr. Stahley）每月会参加一次学区会议。今年 3 月，王女士与康奈利博士沟通了今年的免疫接种情况。她

解释说，该地区的每一位缺乏一种或多种免疫接种（包括新的水
痘疫苗）的儿童的家长，在夏季和1月份都收到了一封信。她还
表示，后续信件将于3月和4月的第一个星期发给名单上的学
生。由于她每周努力通过电话与孩子们的家长保持沟通，免疫接 127
种问题只影响了和谐小学的30名儿童。然而，在4月份的护士
会议上，打电话给家庭的做法被认为是不公平的，因为两所高中
各有超过200名孩子需要联系。因此，如果要给每个家庭打电
话，学区内的各所学校可能要提供的通信数量不一致。康奈利博
士觉得这是一个错误的看法，并告诉护士无论如何要打电话到学
生家里。他说：“我们对这所学校学生的家庭负有责任。”

4月份的每个星期，护士都向斯塔利先生汇报学校的最新情况。相应地，斯塔利先生把这种困境传达给政府。4月，美国疾病预防控制中心为应对州立学区的挑战，推出了为期两天的免费诊所服务。在最初的三周内，该区共发送了两封群发的电子邮件或电话留言，并寄出两封纸质信件。因此，当王女士在4月的最后一周带着11个孩子未接种的最新报告来找康奈利博士时，康奈利博士很高兴这个数字正在减少，但他也想知道还能做些什么。他认为，作为校长需要更加负责任，但他不想超越界限，做其他19位校长没有做的事情。他可能会因此被视为不服从！

最后，5月1日即将到来。不仅是对康奈利博士所在的学校，甚至对州里所有的公立学校来说，这都是一个重要的日子。康奈利博士不知道明天报纸标题和当地新闻报道会说什么。他反思自己的行为，觉得尽了全力。他认为他遵守了规定，同时也关注了孩子们。但是，这就足够了吗？虽然他的学校未进行免疫接种的儿童数从30人减少到11人，但他怎么能告诉这些孩子他们不能上公立学校呢？没有接种疫苗并不是孩子们的过错。在他看来，这是他们父母的责任。

问题讨论

1. 你认为康奈利博士和王女士的湍流水平是什么？湍流对他们二人来说有什么不同吗？请讨论他们在此困境中所处的位置性。

2. 决定该学区5月1日的湍流水平的因素是什么？斯塔利先生在4月30日还能做什么去降低第二天可能出现的湍湍水平？州政府还能做什么去降低5月1日的湍流水平？在此案例中，你认为级联有哪些可能？

3. 法律是限制还是保护个人权利？制定法律是在维护谁的利益呢？

128 4. 当康奈利博士决定不遵循该学区关于不给家长打电话的决策时，他遵循了什么伦理？为什么护士打电话给小学生的父母而不打给高中生的父母这一行为会被视为不公平呢？讨论一下。

5. 作为一名专业的教育工作者，你认为康奈利博士是否恰当处理了当前的情况？他和王女士在决策过程中将谁置于中心地位？

第 7 章　群体标准与个人权利

（本章案例由梅利萨·斯特巴、克里斯托弗·J. 莱克、 129
肖恩·利特尔、埃伦·亨德森·布朗、
塔米卡·C. 哈维、卡伦·R. 内尔提供。）

在一个民主国家，或许没有什么比群体和个人之间的关系更动态紧张的了。从定义上来说，社会是一个复杂的群体，但是没有个人权利就没有民主的可能性。个人权利的边界在哪里？在哪些情况下群体会从温馨的港湾变成令人窒息的监狱？阿尔贝·加缪（Camus，1957）告诉我们，一个人的权利止于另一个人的干预。换句话说，我们没有绝对的权利去按照自己的意愿行事，因为我们并非生活在真空环境中。

为了应对群体标准与个人权利之间的紧张关系，研究者一直在寻求平衡。平衡状态可以让群体标准和个人权利相互补充，使相对自由的社会切实存在。群体和个人权利的人道主义概念具有广泛的来源，例如南非大主教德斯蒙德·图图（Desmond Tutu）这样的世界级领导人，在《上帝有一个梦想》（*God Has a Dream*）（Tutu，2004）一书中，这样解释乌班图（Ubuntu）式群体的概念：“最终，我们的目的是社会和群体的和谐与福 130
祉。乌班图并不是认为‘我思故我在’，而是认为‘我之所以成为人，是因为我属于、我参与、我分享’。”（p. 27）在教育史上可以找到对群体和个人和谐的同样追求。

在 20 世纪初，艾拉·弗拉格·杨（Ella Flagg Young）是第一位成为美国主要学校系统督学（superintendent of a major American school system）的女性，她通过创建教师委员会（teacher councils），负责对她所领导的芝加哥学校系统的重要问题进行调查，从而平衡了群体和个人权利相互冲突的需求。她把这个过程传授给了约翰·杜威，由此使个体教师有能力对学校产生影响的例子在20世纪的前25年在美国广泛传播。

约翰·杜威和伊夫林·杜威（John Dewey & Evelyn Dewey，1962）描述了美国各地学校采取进步的教育行动的范例。他们在《明日之学校》（*Schools of Tomorrow*）一书中，提供了一些具体的例子，介绍学生如何在学校通过实践学习，成长为社区生活的一员。在芝加哥，小学生通过搭建邻里花园学习植物学，这个例子中的个人学习与社区福祉密不可分。约翰·杜威和伊夫林·杜威认为：

> 这项工作被赋予了公民色彩，也就是说，花园对孩子和邻里的价值被证明：对于孩子们来说，花园是一种赚钱的工具，或者可以通过供应蔬菜的方式帮助其家庭；对于社区来说，花园可以用来展示清洁和美化的社区。（p. 70）

群体建设也是近来学术研究的主题。弗曼（Furman，2003b）发展了群体伦理（ethic of community），把群体本身的概念发展为“作为群体形成的过程”。她写道：

> 简而言之，群体伦理意味着管理者、教师、学校职员、学生、家长和其他群体成员致力于群体的进程；换句话说，他们认为在追求学校道德教育目标和应对学校日常生活和工作中的持续性挑战的同时，他们在道德上有责任参与群体进程。（p. 4）

在美国，学校本身就发挥着从广泛多样的全国人口中凝聚共同体的作用。威廉·雷加（William Wraga，2006）通过引用劳伦斯·克雷明（Lawrence Cremin）的言论来阐述这一点：

> 131 只有在让所有经济阶层、宗教信仰和政治派别的孩子都能自由平等相处的学校里，这些领导者才能看见那些威胁到新共和国

所必需的社会凝聚力的分裂的改善。(p. 428)

这样，美国学校就成为一种群体创造工具，因为当时还没有比这更全面的产生社会影响力的工具。通过构建群体，这个理想愿景中的学校从原本混乱、充满争议的个人和群体对立的空间中找到了共同点。

不幸的是，德斯蒙德·图图所描述的，以及像弗曼这样的进步人士和研究者所证明的群体标准与个人权利之间的和谐平衡并不总是占主导地位。例如，在"布朗诉教育委员会案"（*Brown v. Board of Education*，1954）判决之前，美国许多地方的群体标准削弱了非裔美国学生与白人学生上同样学校的权利。如今，美国学校恢复种族隔离说明了同样潜在的甚至是更加棘手的问题。

教学的组织形式以及学校对学生的态度也是有争议的。例如，弗莱雷（Freire，1970）批评了教育灌输体制（banking system of education），其中学习者被视为信息的被动接收者。金斯伯格等（Ginsberg et al.，2004）通过向教师提出批判性问题来探索这一问题：

> 你可能会遗漏什么样的材料（来源）？你提出了什么样的问题，这些问题中有哪些观点或视角体现了特权？哪些学生在回答？哪些没有？(p. 64)

赫伯特·科尔（Herbert Kohl）的《我不会向你学习！》（*I Won't Learn from You*！）（Kohl，1991），则通过说明学生的同意在学习中的作用来阐释硬币的另一面。简而言之，科尔坚持认为，学生个体不仅有权不学习（学校里一条明确的群体标准），而且如果学习过程真的发生的话，他们必须积极同意参与其中。

技术也加剧了关于个人权利和群体利益的边界的争论。2012 年，美国最高法院审理的“美国诉琼斯案”（*US v. Jones*）① 认为，在没有搜查令的情况下，将全球卫星定位系统设备装到嫌疑人的汽车上，是对美国宪法第四修正案规定的被告权利造成侵犯的一种搜查方式。然而，随着越来越多的网络摄像头被用于城市街道监控，以及机场安全程序包含对全身的 X 射线检查，技术将不那么容易被控制。学校使用类似的技术也是难免的。

最近的趋势显示，经济水平富裕阶层与社会其他阶层之间贫富差距的
132 扩大，意味着另一种可能的困境。如果公立学校的建立至少有一部分原因是出于给公民建立一个共同平台，那么当越来越多的人因为负担得起更高学费而选择从公立学校退学时会发生什么呢？这并不是质疑私立学校长久以来的作用，而是提出一个基于家庭财富的日益加剧的种族隔离问题。同样，特许学校对某些人来说是个人选择，但对另一些人说，这一举措通过隔离和划分学生威胁着群体的凝聚力。

显然，学校里个人权利与群体标准之间是一个对学生、教师和管理者而言充满着协商、判断和困境的空间。本章利用他们的困境来强调个人权利与群体标准之间紧张关系的微妙之处。

梅利萨·斯特巴提供的困境是“乔（Joe）的问题：难以捉摸的人还是恐怖分子？”（案例研究 7.1）。乔是一个常常制造麻烦但是很聪明的学生，他对电脑编程很感兴趣，并加入了课外技术俱乐部。与此同时，乔错过了常规课程，并被迫退出俱乐部以进行常规学习。沮丧的乔创建了一个网页，其中包含威胁教师的插图，导致其被学校停课三天。事情持续发酵，导致家长们要求学校开除乔。乔表达自己意愿的权利在哪里终止？群体免受感知的或真实的威胁的权利又从哪里开始？

克里斯托弗·J. 莱克提供了困境“筛选还是转变：审查学生报纸或改变纪律执行的道德困境”（案例研究 7.2），探讨了学校主办的刊物中学生言论自由可能受到的限制。当学生试图在校报上刊登一篇批评青年男女学生不平等纪律要求的文章时，校长介入了此事。校长认为这样的文章会

① 在 2012 年的“美国诉琼斯案”中，法官们认为，在未得到授权的情况下，对一辆汽车植入全球卫星定位系统设备进行为期 28 天的追踪，就能够刻画出该车主的生活全景，这违反了公众对隐私保护的预期。——译者注

扰乱学校的正常学习，于是根据判例法，他有权在任何人阅读之前撤稿。然而，这仅仅考虑了法律问题，是否有其他问题，如学校的公平也需要考 133 虑？是这个故事本身还是这个故事所激发的潜在问题，更可能颠覆这所学校的学习质量？

肖恩·利特尔提供的案例“被打断的聚会”（案例研究7.3）阐明了学校边界问题对教师的影响。某个星期五的晚上，格林先生（Mr. Green）与同事在当地一家酒吧小聚，他似乎特别烦恼。虽然他是一位有天赋的年轻教师，但他的校长对他的评价并不令人满意。几杯酒下肚之后，有几位中学生及其家长向他打招呼，发生了什么呢？家长们非常震惊地看到一位教师明显醉酒，他们要求解雇格林先生。校长准备与格林先生及其他同事见面时，面临着两难的境地。教师是否有私人空间？教师私人行为的可接受度由什么决定？在哪些方面学校有权要求教师严格遵守行为规范？什么时候学校又管得过宽了？

埃伦·亨德森·布朗提供的困境——“校际体育竞技中的教练：获胜的压力与个人和职业道德规范”（案例研究7.4）聚焦于大学体育的高强度压力。大学篮球主教练凯文·吉文斯（Kevin Givens）深受管理部门的喜爱，但为了保住自己的职位，他需要在本赛季中取胜。在本赛季的最后一场比赛中，凯文与裁判发生争执，被逐出比赛。面对学生、媒体和校友啦啦队的愤怒，大学校长要做什么？凯文仅仅是代表团队因过激的个人行为有过错，还是因为发脾气而违反了明确的群体标准？

由塔米卡·C. 哈维提供的困境“学生权利与教师安全”（案例研究7.5），则探讨了有特殊需要学生的权利。当一个有特殊照顾需要的年龄较大的学生攻击了为教授学生生活技能而设置的公寓看护人时，代课教师应该做什么？如果监督老师更关心的是日常工作安排，而不是向上级地方主管部门报告这一事件，情况会更加复杂。显然，特殊需要学生拥有权利，群体也是如此。但是，这些权利的起点和终点在哪里，这对代课教师的行为有什么影响？

由卡伦·R. 内尔提供的困境——“求助于狗：学生权利与学校安全”（案例研究7.6），讨论了对学生的汽车进行例行毒品检查时所发生的惊人转折。在学校停车场，一位副校长与警察一起在一名学生的车上找到了毒品和吸毒工具。在这个案件中，被告是一个贫困且有着糟糕过往的年轻人。而此时另一个家境富裕的学生，也因警犬碰巧经过时的狂吠所引发的搜查而面临指控，接下来会发生什么呢？当此类指控致使两名学生无法参加即将到来的高中毕业典礼时，事情变得更具挑战性。

案例研究7.1

乔的问题：难以捉摸的人还是恐怖分子？

乔·希恩（Joe Schien）是西部高中（West High School）最臭名昭著的捣蛋鬼。他有一个文件夹，里面装满了“处分通知书”，记录着他那卑劣的，有时候是充满敌意的行为。具体来说，乔以脾气暴躁、喜欢与学生打架、不断恐吓教职工著称。正如他的文件夹所显示的那样，乔直呼老师们的名字，口头威胁麦吉尼
134 斯（McGuinness）副校长，并且在大厅里骂骂咧咧。许多学生躲着他，视他为恶霸，某些教师担心他反复无常、难以捉摸。然而毫无疑问，乔很聪明。他对计算机特别感兴趣，并花了相当多的时间参加课外技术俱乐部。他具有出色的编程技能，熟练掌握互联网知识。不幸的是，正是这些技能让乔陷入困境。

和乔的许多老师一样，安布罗斯女士（Ms. Ambrose）认为乔很有潜力。作为他的几何老师，她设定了高标准：从不接收迟交的作业，要求完整的推导过程和整洁的作业成果。她鞭策他，即使他顶嘴，表达他的愤怒。但在学期结束时，乔的行为开始变本加厉，引起了安布罗斯女士极大的担忧。乔连续缺席了五个课时，因此一次课堂考试和几项作业都不及格。他面临着课程不及格的风险。安布罗斯女士当面告诉他，如果他不能完整地补齐作业，他就会不及格。而且，由于成绩不合格，他将被迫退出技术俱乐部。乔显然不高兴，从安布罗斯女士的教室里摔门而出。他的愤怒并没有立即消失。相反，他利用自己的挫败感在家里花时

间创建了一个网页，批评了学区要求学生保持及格的成绩才能参加课外活动的政策。他抨击西弗（Seaver）校长实施了不公正的惩罚，抱怨他的偏袒。他创建了一个他认为“不公平、不公正、愚蠢至极”的师生“黑名单”。然而，最具威胁性的是他对安布罗斯女士的威胁，他要求她辞职。然后，他呼吁学生团结起来，必要时采取“子弹”行动。事实上，他甚至下载了安布罗斯女士的照片，并在她的额头上放置了一个靶子符号。

乔向他最亲密的朋友安德鲁（Andrew）分享了自己的网站。安德鲁觉得很幽默，第二天他在技术课上向几个同学提供了网址。最终，学生们被调查，技术老师菲内利女士（Ms. Finelli）瞥见了乔的作品。鉴于暴力的视觉表现形式以及对安布罗斯女士的公然威胁，菲内利女士立即联系了西弗校长。西弗校长立即采取了单方面行动。他将乔停课了，尽管乔是在家里利用课余时间创建的这个网页，据乔称，这只是“开玩笑”而已。由于乔被停课三天，他的几门课程都面临学业不及格的危险。此外，他被要求在重返学校之前“删除网页”，并被禁止进入技术俱乐部。

尽管西弗校长采取了行动，但西部高中的工作人员和社区依然不安。鉴于乔的声誉，安布罗斯女士对乔回到学校感到恐惧，她请求改变他的课程安排。其他教职人员也对与乔一起工作学习 135
表示担心。最后，担心孩子安全的家长们开始要求西弗采取更有效的安全措施。有几位家长甚至联系当地的社区领导和政府官员，要求对乔实施严厉的纪律处分，并采取有效的安全防范措施，确保西部高中学生的身心健康。

问题讨论

1. 西弗校长在这个案例中对乔立即采取了惩罚行动。如果乔坚称网页“只是个玩笑”呢？乔应该有权利在停课之前为自己辩护吗？还可以采取其他措施吗——比如咨询师参与进来，帮助乔学会有效地处理沮丧和愤怒情绪？

2. 当安布罗斯女士被迫应对乔的愤怒时，她在个人伦理和职业伦理规范之间可能会出现什么冲突呢？同样，当西弗校长处理这种情况时，他会遇到什么冲突呢？

3. 在这个困境中，谁的声音被压制了？为什么？

4. 为什么乔在学校因为校外活动而受到惩罚？乔的言论是否类似于“政治言论”？乔的言论应该受保护吗？乔在这种情况下有什么权利？

5. 这个案例涉及了什么水平的湍流？假设乔联系律师，可能的结果是什么？他有什么法律补救措施？相反地，假设有几位家长因认为西部高中学习环境不安全而联系媒体，西弗校长该如何处理这种情况，从而尽量降低湍流水平？比较乔、安布罗斯女士和西弗校长感受到的湍流水平。

6. 考虑稳定性的问题以及学校的管理者如何将湍流的稳定性应用于乔身上，以及乔的行为可能代表了什么？

案例研究7.2

筛选还是转变：审查学生报纸或改变纪律执行的道德困境

“噢，怎么会是这个标题！《在萨顿高中（Sutton High）遭受选举权折磨》，这是不能发表的。”高中校长朱瑞先生（Mr. Jure）
136 在合上最新一期的学生报纸时这样想着。在头条新闻中，一名高年级学生报道说，学校里的女生们正在集体反抗管理者的不公平待遇。在准确的统计数据和坦诚的个人访谈的支撑下，文章概述了女孩们如何因为破坏性行为得到记过和停学的处罚，而男孩们做出相同的行为只受到警告。在历史课上学习了苏珊·B. 安东尼（Susan B. Anthony）① 的事迹之后，这些女孩计划——正如文章预先警告的那样——在学校即将举办的一次学校董事会会议期间，戴上袖章游行以伸张正义。

---

① 苏珊·布朗奈尔·安东尼（Susan Brownell Anthony，1820—1906 年），美国民权运动与女权运动的著名领袖，她在 19 世纪美国废奴运动与妇女选举权运动中扮演了关键角色。——译者注

朱瑞先生立即打电话给前不久向他提供印版让他批准的新闻教师克利尔维尤女士（Ms. Clearview）：“我们有一个问题，乔伊斯（Joyce）。我们不能印制这一期校报。我希望你在筹备期内删除这篇文章，带上伊莎·斯迈思（Iysha Smyth）到我这儿来一下。”

当天下午，克利尔维尤女士和文章作者伊莎到校长办公室报到了。她们可以预想为什么自己被传唤去见朱瑞先生。克利尔维尤女士已经预料到，头条新闻将会令当权者不安。伊莎已经准备好为这篇文章的付印据理力争了，但她担心如果自己在这个问题上过于据理力争，毕业就会受到威胁。她们一起坐在校长办公桌对面的橡木皮椅上等待着。

朱瑞先生走进办公室，关上身后的门。接下来是发生的对话。

朱瑞先生：“我很高兴你们都在这里。我们需要谈谈最新一期《学生聚焦》（*Students' Spotlight*）的头条新闻。我们不能刊发这篇文章。这将会引起抗议，导致萨顿高中的学习环境被破坏。”

克利尔维尤女士：“朱瑞先生，我们理解您的观点。这篇文章可能会引起争议。这个话题不是您想向社会呈现的有关学校的正面观点，但是我们觉得我们有很好的理由来刊发这篇文章。”

伊莎：“尊敬的朱瑞先生，我们研究了这篇文章，数据显示女孩们是对的。我们比这所学校的男孩更常受到训斥。我们特意没有在文章中提到任何学生的姓名，所以不用为诽谤嫌疑承担后果，报道准确真实。”

克利尔维尤女士：“恕我直言，朱瑞先生，我必须同意伊莎的观点。这是新闻业的一个很好的例子。如果不是在学校里，这样的报道将成为头条新闻并被大量的媒体报道。事实得到了很好的调查，采访也有详细的记录。”

朱瑞先生：“是的，我想知道你们是如何收集调查资料的。你们是如何获得学生的纪律记录的？”

伊莎：“我们采访了很多女孩和男孩，而我们的其他消息来
137 源希望匿名。作为称职的记者，我们必须尊重保密原则。我们把课堂上学到的关于言论自由和良好新闻工作的所有知识都付诸实践了。”

朱瑞先生：“是的，但克利尔维尤女士应该教会你，根据‘海兹伍德学区诉库尔迈耶案’（*Hazelwood School District, et al. v. Kuhlmeier et al.*，1988），学生在学校里没有言论自由。在现实世界中，调查性报道可能得到尊重。然而，在学校，这样的报道可能会扰乱学习环境。因此，根据‘海兹伍德学区诉库尔迈耶案’，管理人员可以审查并删减这些学生出版物。校长有权审查并删减在他们看来不合适或可能扰乱教育系统的任何学生出版物。”

伊莎：“我们同意您的观点，朱瑞先生，但是，您难道不认为教育系统的扰乱并非是这篇文章导致的吗？如果这篇文章不发表出来，女孩们反抗的可能性将会增加。破坏学校日常生活的将会是反抗，而不是这篇文章。”

朱瑞先生：“我会以严肃的纪律处理任何在学校董事会上游行示威的学生，并且你可以刊载这件事！但是这篇文章，不能印刷。我们不能因为少数学生觉得他们受到不公正的待遇而把无辜孩子的生命和教育置于危险之中。伊莎，你可以走了。克利尔维尤女士，明天我再和你见面。而且我希望你带着今年的新闻课程内容和课程计划。”

问题讨论

1. 朱瑞先生能做出的最公平的决策是什么？有没有法律来支持他对校刊的审查？克利尔维尤女士、伊莎或女孩们在这种情况下有什么权利？

2. 朱瑞先生可以采取什么行动来表明他关怀教师、新闻媒体员工、

学生团体和社区？克利尔维尤女士可以做些什么来关怀员工、学校和校长呢？ 138

3. 在这种情况下，利用“海兹伍德学区诉库尔迈耶案”是在支持学生团体还是校方行政部门？你会向这个困境中的每个参与者提出什么样的关键问题？

4. 从专业角度讲，朱瑞先生应该采取什么行动？克利尔维尤女士应该如何继续担任该报的顾问？什么样的行动能够支持学生在这个困境中获得最大利益？

5. 这种困境体现了什么水平的湍流？为什么会这样？朱瑞先生如何降低湍流水平？什么样的行动会提高湍流水平？事情会如何级联？

案例研究 7.3

被打断的聚会

和任何一个星期一的早晨一样，华盛顿中学（Washington Middle School）的校长莱尔博士（Dr. Lyle）走进办公室，准备迎接即将到来的一天。他早上的例行公事之一是听语音邮件，并回应紧急事务。当他听到数字化的声音说“您有 14 条未答复的信息”时，他感到很震惊。考虑到这是星期一，莱尔博士的脑子飞快地想是什么事可能导致这么多电话。莱尔博士还没来得及听完第一条消息，就知道出事了，他做了最坏的打算。当他播放信息时，他听到愤怒的家长们一个接一个地讲述，学校的一位老师格林先生（Mr. Green）被发现在派蒂酒吧（一家当地的酒吧和餐厅）明显喝醉了。

在过去的两年里，华盛顿中学超过 50%的教师已经退休，其中大部分已被从大学毕业的教师所取代。这些新来的年轻教师之间关系紧密，他们大多数人在校外也相互联系。这种凝聚力是莱尔博士和学区通过举办保龄球派对、冰激凌联谊会和在当地餐馆吃饭得到支持和促进形成的。除了这些由学校赞助的活动之外，教师们每周五还定期在派蒂酒吧聚会，在漫长的一周学习后放松一下。通常情况下，琼斯女士（Ms. Jones）、史密斯女士（Ms. Smith）、詹宁斯女士（Ms. Jennings）、卡特先生（Mr. Carter）和格林先生每个星期五都会在那里。每位老师在抵达时都会点一杯酒，晚餐前吃一些小吃来打发时间，这是很正常的。在接下来的几个小时里，老师们会继续吃着小吃，喝着酒。之后，他们通常会乘坐出租车前往斯特森牛排馆，然后前往维度俱乐部跳舞，度过漫漫长夜。

在这个特殊的星期五下午，这群人（除了格林先生）在下午3点20分左右到达酒吧，非常早，但是因为派蒂酒吧离学校只有两英里①，所以这是有可能的。当他们进来时，这群人看起来身心俱疲。调酒师保罗（Paul）问道："这周不愉快吗？""你都无法想象（有多糟糕）！"詹宁斯女士说，其他人小声咕哝着赞同詹宁斯女士。"我要按照惯常的方式开始吗？"保罗问道。卡特先生说："当然，上菜吧。"当饮料和食物送来时，格林先生冲进门
139 来，脸上露出愤怒的表情。"那该死的莱尔已经忘记在教室里是什么样子了，他不知道控制这些孩子有多么困难！"他大声说。格林先生迟到了，因为他刚才在和莱尔博士开会，谈到他当天上午收到的一份令人不满的评估报告。评估表明，格林先生的课堂没有秩序，学生们经常分心。尽管格林先生在课堂管理技能方面存在问题，但莱尔博士认为他是最优秀、最聪明的新教师之一。学生们真的很尊敬他，他所教学生的州考试成绩高于其他新教师。格林先生搬过一个凳子，保罗立刻向他走来，并建议他点通常会吃的（食物），就像为其他成员建议的一样。"不要，我需要更猛烈的东西，来一杯加冰的苏格兰威士忌。"格林先生用愤怒的声音说道。

大约两个小时之后，这群人越来越饿，正在考虑把娱乐活动

① 1英里等于1.609344公里。——译者注

转移到斯特森牛排馆吃晚餐。琼斯女士说："我们是不是应该走了?""是的，我饿了。"史密斯女士说。"我们可以再喝一杯吗?"格林先生含糊地说，这时他明显已经醉了。

还没等其他人回答，他们就被熟悉的女中学生的尖叫声打断了。当他们转过头来看是怎么回事时，他们都认出了丽萨(Lisa)、玛丽（Mary）和萨拉（Sara）的笑脸，她们朝他们走来。这些女孩是格林先生、史密斯女士和卡特先生的学生，她们在华盛顿中学读七年级。派蒂酒吧是当地人最喜欢的吃东西和举办生日聚会的地方。在这一天，玛丽和她的密友以及父母一起庆祝她的 13 岁生日。当女孩们及其家人等待入座时，他们注意到了酒吧里的老师，并非常兴奋于能在校外见到他们。

她们脸上带着灿烂的笑容，和父母一起问候老师们。"哦，我的天啊，你们竟然真的有自己的生活!"丽萨开玩笑地说。史密斯女士说："是的，我们可以找点乐子。""那么，这是什么场合呢?"卡特先生问道。"今天是玛丽的生日，我们在这里和她一起庆祝。"萨拉说。"好吧，祝你生日快乐!"这群人呼喊道。"格林先生，你还好吗?"玛丽的爸爸鲍勃（Bob）问道。"当然，我很好。我只是需要一些新鲜空气。"格林先生含糊地说。格林先生试图站起来走向出口时，他绊了一下，跌倒在地。当他试图自己站起来的时候，他又摔倒了，这一次撞上了坐在他身后的一对夫妇，把他们的鸡肉玉米片全部打翻了。在第二次跌倒之后，可以听到酒吧里其他人嘟囔的声音："把那个醉汉弄出去!""他不是华盛顿中学的老师吗?""真是太糟糕了!"鲍勃和其他父母的表情看起来有明显的愤怒。"好吧，我想我们现在就要回座位 140
了。星期一见。"玛丽脸上露出悲伤的神情。"再见，玛丽。祝你生日快乐。"这群人同时不安地说。

当莱尔博士听完最后一通电话留言后，他不知所措。大部分留言的家长都非常生气，希望格林先生被解雇。他们感到惊讶的是，像华盛顿中学这样一所优秀的学校竟然会允许一个像格林先生这样不稳重和不道德的人教导他们的孩子。家长们威胁说，如果事情不能得到立刻解决的话，他们就把这件事情报给学校董事会，甚至是媒体。莱尔博士觉得，虽然格林先生可能做出了失误的判断，但真的不应该解雇格林先生。

当其他员工开始抵达时，莱尔博士叫那群人来到他的办公室。当他们进来时，他们可以看到莱尔博士显然心烦意乱。他请他们坐下，向他们解释情况："现在，我知道你们相处得很好，你们享受彼此的陪伴，这很好。这也是我们鼓励所有员工做的。然而，一个情况已经引起了我的注意，需要处理。由于周五在派蒂酒吧发生的事情，有几位家长要求解雇格林先生。我需要一些时间来思考怎么做，所以请在今天下午3点15分到我的办公室报到，我会告诉你们我的决定。"

这一天似乎永远都过不完，每一秒都仿佛是永恒。莱尔博士知道必须做些什么来安抚这些家长，但是做什么呢？他知道自己真的不想解雇格林先生，也不能强迫教师们到其他区去聚会。下午3点的铃声响了，标志着学校一天的结束，莱尔博士仍然无所适从。他斜躺在椅子上，思考着："格林先生该怎么办？"

问题讨论

1. 这种情况下的湍流水平是什么？可以做些什么来降低它呢？发生什么事情可能会提高湍流水平？玛丽会有什么水平的湍流？她的父亲呢？格林先生呢？

2. 假设莱尔博士决定开除格林先生，他的行为是否合理？为什么？莱尔博士在这种情况下应该咨询什么法律建议？

3. 莱尔博士如何在决策中使用关怀伦理？有可能向格林先生和学生家长都表示关怀和关心吗？如果有可能，应该怎么做？什么是关怀学生的最佳决定？请说明。

141 4. 你认为格林先生是否以专业的方式行事了？如果不是的话，他将来该如何改善自己的行为呢？在职业责任方面，莱尔博士应该对格林先生做什么？什么样的决定可能会使学生的利益最大化？

5. 你认为教师应该比其他人有更高的行为标准吗？为什么？教师的个人生活应该影响他们的工作待遇吗？为什么？

案例研究7.4

校际体育竞技中的教练：获胜的压力与个人和职业道德规范

过去15年来，校际体育竞技转向了一个更加以收入为导向的市场，这给教练和管理者带来了赢得比赛的巨大压力。随着越来越多的钱被投入运动项目，越来越多的教练因为没有赢得比赛而被解雇。2000年，全美篮球教练协会执行董事吉姆·哈尼（Jim Haney）表示，在本赛季之后，男子篮球项目可能会有大约40位教练的职位发生变动，其中大部分将会被解雇（Brown，2000）。大学体育项目的收入和支出正在迅速增加。2000年，只有25%的一区学校从外部获得的收入（如门票销售和电视转播合同）超过了它们在体育项目上的支出（Suggs，2000）。过去，教练进入某领域只是因为热爱这项运动，并有机会与学生运动员分享这项运动，看到运动的发展和益处。如今，为了生存，越来越多的体育管理人员和教练是出于营销、推广和筹集资金的目的。如果没有成功的团队，不能获取大额资金就不足为奇了。获胜是不惜一切代价的（Brown，2000）。那么，许多大学教练面临的困境是，个人和职业伦理规范从一开始就指引他们热爱这项运动和教练职业，他们又该如何在“不惜一切代价赢得比赛”的压力下工作。

伊丽莎白·巴克利（Elizabeth Buckley）担任美国大学体育协会一区“特色大学”（Character University）的体育主管已经五年了。作为一名前学生运动员和一级教练，伊丽莎白知道在激烈 142
竞争中执教带来的压力、紧张和妥协。不过，她现在是一名管理人员，而且从大多数账目来看，她做得非常好。她目前面临的唯一主要问题是，校友和捐助者抱怨过去几年男子篮球项目没有取得成功。

凯文·吉文斯（Kevin Givens）三年前被伊丽莎白聘为男篮主教练。凯文在特色大学打过大学篮球比赛，曾两次获得全美学术奖，是三次大会冠军队伍的成员。他在竞争激烈的一区学校有超过10年的大学教练经验。在上个赛季结束时，伊丽莎白和凯文见面，对球队表现得不好不坏的这个赛季进行了讨论。这支球队以15：18的战绩结束了比赛，并在分区锦标赛中获得了第一轮胜利。但校友和主要捐助者并不高兴，收入也受到三个赛季平均表现的影响。凯文在特色大学的初聘合同还有一年。伊丽莎白明确表示，人们的期望非常高，明年他们需要获胜。她告诉凯文，他要尽一切可能确保实现目标——保证学生合格，招募最好的（球员），赢得比赛，并让赛场座无虚席。这个信息很明确：如果下个赛季这些都没有发生，凯文可能不得不考虑“其他解决方案”。他已经在这一行做了很长时间，他知道这些话的含义：赢得更多的比赛或找一份新工作。伊丽莎白对他们的会见感到很满意。她喜欢凯文，觉得他是个好教练。她欣赏他对特色大学的奉献和承诺，也知道他以培养学生运动员适应体育以外的生活而自豪。他从来没有任何美国大学体育协会认定的违规行为，除了输赢记录之外他没有给她造成太多的压力。

在下个赛季，篮球队表现得更好，进入了分区锦标赛总决赛。在最后一场比赛中，比分很接近。裁判们一直公然对凯文一方的球员做出不公平的判罚。他一直在和一名裁判进行争论，认为他在偏袒某支球队。下半场刚开始，他的两名球员就被罚出场。在一声特别粗暴的叫喊后，凯文愤怒了，他再次对裁判们喊叫。他和裁判面对面争辩，当争论白热化时，他把裁判推倒在计分台上。凯文在下半场中途被罚出场，他不得不在更衣室里看着他的队伍输了比赛。比赛结束后，当球迷、学生、大学和体育管理人员质疑凯文是否应该在又一个令人失望的赛季结束之后被解雇时，媒体开始疯狂报道。

凯文很沮丧。今年他为了赢得比赛承受了巨大的压力，他的球队确实有所进步。他的愤怒在这场比赛中占了上风，但他并不觉得这是应该让他被当场罚下的理由！伊丽莎白非常失望。她质疑凯文在比赛中的决策。现在大学和体育系正在接受审查，那里对管理者来说从来都不是一个好地方。现在，她必须决定是解雇凯文，还是为凯文的行为挺身而出。首先，她必须和媒体打交道，并解决凯文做出卑劣的行为之后大学在公众心目中的形象问题。

问题讨论

1. 如果伊丽莎白在这场比赛之后解雇凯文，那么湍流水平是否会提高？为什么？伊丽莎白能做些什么来降低这种情况下的湍流水平？凯文的湍流水平是什么？其团队中学生运动员的湍流水平是什么？伊丽莎白的决策将如何影响他们的湍流水平？

2. 在凯文的行为及其对湍流的影响方面，稳定性扮演什么角色？

3. 伊丽莎白如果解雇凯文会树立什么样的范例？如果不解雇他又会树立什么范例？没有规定说必须根据他的行为开除他，在这种情况下，她应该教导学生运动员什么？凯文是否应该被视为公众的榜样？

4. 伊丽莎白能采取的最公平的行动是什么？如果裁判的举动确实是不公正的，那么这是否意味着凯文的行动可以被接受？凯文应该被解雇或者被训斥吗？

5. 伊丽莎白在这种情况下能做出的最具关怀性的决策是什么？对于学生运动员呢？对于凯文呢？对于大学呢？在这种情况爆发之前，伊丽莎白能做些什么让凯文觉得压力小一点？

6. 伊丽莎白可以做出什么样的决策，使球员的最大利益处于首位和中心？球员的最大利益与全体学生的最大利益是否完全一致？

案例研究 7.5

学生权利与教师安全

在欢乐日学区（Happy Day School District），有一个针对特殊需要学生设置的项目，那里的学生 21 岁后就脱离该项目。为了给学生在现实生活中的生存做好准备，他们被分配到公寓，在那里他们可以接受日常生活技能、知识、个人护理、工作技能和家庭维护方面的实践培训。在“生活技能”领域，学生的特殊性有所不同，其中包括孤独症。在一间这样的公寓里，一位名叫莎伦
144 （Sharon）的代课老师正在教授一所高中的孤独症支持班的课程。在这个代课老师到来的前一天，班主任老师联系了她，并就一个名叫罗伊（Roy）的特殊学生的事情，对应该做什么和不该做什么进行了非常具体的指导。众所周知，罗伊，当他的名字被叫到时，或当他被指示执行一项任务时，或当他没有被单独留在里间休息室时，会表现出消极行为，如吐痰甚至咬人。

对代课老师来说，事情进展顺利，直到另一名学生的个人看护助理丽萨（Lisa）决定在罗伊到里间休息时去确认他是否完成了所有的工作。代课老师立即担心起来，但什么也没说，她想这位个人看护助理或许知道一种特殊的方式可以让罗伊去做自己的工作。毕竟，班主任老师说，个人看护助理非常能干，知道该做什么、该怎么做。代课老师不想冒犯别人，但事后回想起来，她希望自己当初能站出来。当罗伊走进里间后，代课老师听到他吐口水，接着是两次同样的负面行为。她没有做出任何干预，因为她回忆起自己和班主任老师的讨论。目标是允许罗伊进入里间，等到他自己冷静下来，他准备好后，就会重新加入课堂，开始自己的工作。

不幸的是，丽萨一直在与罗伊交谈，告诉他该做什么，并不断地说出他的名字。几分钟后，莎伦听到洗手间一阵骚动。当她

起身去查看发生了什么事时，简直无法相信自己的眼睛。罗伊把丽萨按在洗手间的墙上，对她又打又咬。丽萨疯狂地试图把罗伊推开。袭击可能持续了几分钟，但感觉像是一个世纪。

莎伦在试图想清楚该怎么做的时候，脑子里闪过许多问题：“我怎样才能阻止这个学生攻击助理而不伤害到他，也不让自己受到伤害？教师受到特殊需要的学生攻击时，有关抵抗和自卫的法律是什么？我应该报警吗？”另外，在报告中，莎伦是应该说丽萨只是试图推开罗伊，还是说她反击了呢？最后，莎伦冷静地告诉学生停下来，不停地说“不”。

之后，她冒着把自身置于危险之中的风险，试图把失控的学生从丽萨那里小心翼翼地拉开。最后，罗伊停了下来，转向莎伦，嘴里满是咬丽萨的血迹。不知怎的，莎伦躲开了，罗伊去了他之前待的那个房间，在那里待了大半天。之后，莎伦看到丽萨 145
的手指和手臂被严重咬伤了。莎伦仍然试图保持冷静，她问丽萨是否打过破伤风针，是否要去医院。在找急救箱的时候，丽萨恳求莎伦在她告诉班主任老师前先不要打电话给主管。莎伦同意并给了她几分钟的时间，然后自己联系了主管。

在与班主任老师交谈后，两位主管打来电话，并对事件进行了总结。他们的态度很冷淡，显然发生这样的事情要比莎伦被告知的更频繁。莎伦得到了保证，一位主管会来公寓评估情况。但是差不多一个小时后，另一位女老师来了，似乎没有任何支持或行动。而让莎伦惊讶的是，没有任何一位主管询问学生的身体状况。

莎伦的脑袋里盘旋着疑问。她最关心的是当罗伊从那个房间出来后会发生什么，他会再次攻击吗？她相信他不会，但是谁能确定呢？其他学生的安全呢？是否联系过罗伊的父母？既然情况这么严重，为什么没有一个主管来现场呢？罗伊和丽萨不应该被送到医院吗？那些负责人似乎最关心的是关于公寓的新闻报道，以及让公寓恢复正常。一方面，她只是一个代课老师，可以简单地按照指示行事。另一方面，她是事件发生时负责的成年人。她现在应该怎么做？

问题讨论

1. 主管们对丽萨的反应很懈怠，是否因为他们责备她把罗伊惹毛了？这样缺乏了什么伦理？

2. 教育领导者负责所有人的安全和健康。虽然有特殊需要的学生依法享有权利和一定的保护，但工作人员也是如此。学校领导者如何确保学校工作人员的安全和权利与学生的权利同等重要？在这种情况下，应该使用批判伦理吗？请讨论。

3. 这个案例的湍流水平是什么？湍流水平如何降低？鉴于主管们的反应和缺乏参与，湍流水平可能以何种方式提高？起初公寓的环境是否有足够的稳定性以容纳一名代课老师？如果这个事件被掩盖，是否会在未来导致不断升级的湍流级联？

146 4. 从正义伦理来看，丽萨能否因为她的受伤和主管缺乏适当的回应而起诉她的雇主？

案例研究 7.6

求助于狗：学生权利与学校安全

位于美国东北部富裕郊区的河畔高中（Riverside High School）一直保持着卓越的学术声誉。凭借严谨的课程和优秀的考试成绩，加上屡获殊荣的课外组织、运动队和美术项目，河畔高中被许多人誉为理想的公立学校。尽管从历史上看，该校几乎全由白人生源构成，但近年来，河畔高中也有来自贫困社区的非裔美国学生和西班牙裔学生涌入，由此引发了一些对职工家庭与低收入家庭学生之间的种族关系和社会经济差距的担忧。

白人学生经常炫耀他们的财富，他们驾驶高档汽车，穿着名牌服装，出国度假，争取进入名牌大学。然而，白人学生的财富带来了一个意想不到的副作用，那就是地下毒品交易网络的发展。起初，由于种族关系紧张，该地区的许多人将日益增长的毒品使用归咎于少数族裔学生。然而，学校的纪律记录显示，被抓到使用和贩卖毒品的往往是白人学生。年中，两名曲棍球明星运动员被发现在校园里贩卖毒品，引发了学区打击毒品举措的激烈辩论。家长、教师、学校董事会成员和社区成员向高中管理部门施压，要求他们对那些被发现使用毒品的学生采取更严厉的惩罚措施。

在对“打击”的讨论后不久，副校长丽贝卡·莱曼（Rebecca Lehman）就接到了安全部门的电话。她被告知，在对学生停车场进行例行检查时，一名高中安保人员在学生的车后座发现了吸毒用具。莱曼女士辨别出了车主，并从课堂上叫来了詹姆斯·汤普森（James Thompson）。他是复读生，今年可能又不能毕业了。因为纪律问题，他是办公室的“常客”，他对学习缺乏动力。在詹姆斯十九岁时，他的父母基本上对他已经不再过问，并要求莱曼女士“尽其所能”让他守规矩。

“詹姆斯，这辆车是你的吗?”她问。他说的确是的。“你解释一下为什么在你的后座上可以看到一支烟斗。”莱曼女士继续说道。詹姆斯说他上学的路上一直在吸烟。雷曼女士要求詹姆斯 147
允许她搜查他的车。詹姆斯同意了，开了锁，站在一边。莱曼女士和学校安全小组有条不紊地检查了这辆车。在搜查过程中，发现了一包香烟、一瓶漱口水、两根“烟枪”、一支烟斗、一包火柴和熏香，以及看起来是“烟蒂”或大麻的物质。此时，莱曼女士决定给当地警方打电话。

经常来这所高中的布朗（Brown）警官很快就和德国K9牧羊犬杰达（Jada）一起来到现场。杰达在詹姆斯的汽车里又叫又抓，证实了高中安全小组的发现。高中安全小组将车内发现的证物交给了布朗警官，他用携带的药品箱证实了大麻的存在。

莱曼女士问詹姆斯早晨是否吸了大麻，他承认自己吸过。布朗警官告诉詹姆斯，他将收集证据并对詹姆斯提出使用毒品的指控。莱曼女士接着要求其中一名安保人员陪护詹姆斯回到学校，打算在那里与他的父母取得联系，并按照行政指示中列出的纪律处罚来处理。莱曼女士感到失望。离毕业还有不到两周的时间，她一直在敦促詹姆斯，再加上他的成绩很糟糕，又有了这个新的违纪问题，詹姆斯很可能会直接辍学。

在回到学校大楼前，莱曼女士看到布朗警官正和杰达玩耍。他扔球给它，作为帮助他在詹姆斯车里找到毒品的“奖励”。然而，在一次传球时，杰达突然停了下来，它把球丢在地上，径直跑向了几排远的一辆车。它向布朗警官寻求指示。他耸耸肩说，他只是让它“玩”而不是“搜索”。但是，鉴于杰达以往的记录，布朗警官还是建议莱曼女士仔细检查一下这辆车。莱曼女士慢慢走向汽车，她已经感到困惑了。除了K9牧羊犬的警惕之外，这辆车似乎没有什么地方不对劲儿。它是合法停放的，有一个有效的学生停车许可证，并停在指定地点。她从汽车的窗户往里看，没有什么比这更正常的了，然而这只狗却继续呜呜地吠叫着，在汽车上撕拉着。经仔细检查，车外窗台上似乎有一小片灰烬。除此之外，一切正常。

就在这时，萨姆·沃特金斯（Sam Watkins）从学校大楼里走出来。“嘿，”他喊道，“你在做什么？”“这是你的车吗，萨姆？”莱曼女士问。“是的，”他回答说，“我正准备早点离开，
148 我预约了医生。”他给她看了他的通行证。莱曼女士深吸了一口气。“萨姆，”她说，“我有理由相信这车上可能有什么不应该放在那里的东西。……请问我可以看看你的车吗？”萨姆一边小心翼翼地打量着站在停车场对面的布朗警官、杰达和高中安保人员，一边表示同意，并解锁了汽车。莱曼小姐叫来了高中安全小组，他们开始搜查那辆车。“你为什么要搜我的车？”萨姆问道。“说实话，”莱曼女士说，“杰达在停车场玩耍的时候，当它走近你的车时开始有奇怪的举动。我靠近你的车，注意到窗台上有这

些灰烬。最近你在车里吸烟了吗?”“没有。”萨姆说。“最近有人在你的车里吸烟吗?”莱曼女士问。“没有。”萨姆说。“最近有人在你的车旁边抽烟吗?”“没有。”萨姆第三次说。“那你怎么解释车外窗台上的灰烬?”莱曼女士问道，指着车上细微的痕迹。萨姆耸了耸肩。对车辆进行搜索后发现了三包香烟、一罐鼻烟、一根“烟枪”、薄荷糖、一个中间镂空的雪茄和一盒火柴。高中安保人员拍了一些照片后，小心翼翼地将灰烬扫进一个塑料袋。他把塑料袋交给了布朗警官，布朗用他的药品箱，证实了这些灰烬中含有大麻。

莱曼女士把警官的发现告诉了萨姆。萨姆脸红了，低下头，眼泪汪汪的。“别告诉我的父母，”他低声说，“他们会杀了我的!”莱曼女士把萨姆带回学校，讨论了她刚才为詹姆斯描述的同样的纪律处罚。“这是否意味着我不能完成棒球赛季?”萨姆问道。“恐怕是这样。”莱曼女士说。“那毕业典礼呢?”萨姆更加恐慌地问道。“不幸的是，”莱曼女士开始说，“毕业典礼是一种课外活动，也是在你休学的十天范围之内，虽然你可以拿到毕业证，但是毕业典礼你就不能参加了。”

听到这个消息，萨姆再也不能控制自己。“你一定是在开玩笑吧!你给了我和这个小子（指上文提到的詹姆斯）一样的纪律处分!”他指着办公室里的詹姆斯说，“这个‘失败者’课程不及格，在学校总是惹事儿!”萨姆开始走来走去，“我这一整年从来没有被拘留过!事实上，我四年里从来没有被拘留过!”他哭喊着：“你就不能破例一次吗?毕竟，如果我早10分钟离开学校，或者如果那只笨狗不在那儿的话，你根本就不会知道这件事!”这时，萨姆大发雷霆。“你知道我的父母是律师，是不是?”他大喊，“我们会为这事儿打官司!你必须让我参加毕业典礼!我为这一天奋斗12年了!我是父母的独生子!我就犯了这一个错误，你就不能考虑一下吗?” 149

莱曼女士觉得很矛盾。她一开始就对萨姆的车被发现和搜查感到不自在，但是她也非常熟悉社区要求学校摆脱毒害环境的“吸毒者”的巨大压力。她怀疑萨姆是吸毒成瘾者，但是学校董事会的政策没有提到毒品的使用量或使用频率。它只是规定了在学校里面使用毒品和在学校拥有毒品用具的处罚。

莱曼女士也对詹姆斯和萨姆的比较感到非常矛盾。萨姆应该因为以前的纪律记录而得到特殊的考虑吗？萨姆是独生子，他的父母是律师，这有关系吗？詹姆斯缺乏父母的支持是否意味着没有人为他“辩护”，他应该受到更严厉的惩罚吗？莱曼女士私下里也担心搜查的合法性。一名学校官员与一名警察进行的搜查有很大的区别。杰达是否被认为是警察，即使它没有被命令“搜查”？事实上，它被命令“退出”和“玩耍”。当它发现萨姆的汽车时，它在违背命令。

由于担心法律方面的挑战，并且考虑到最近媒体报道的河畔高中毒品使用的头条新闻，莱曼女士决定将发生的事件通知地区办事处。她和她的主管（一名助理督学）讨论了是否要放萨姆一马。她解释说：“停课 60 天对两个男孩都是一个有争议的问题，因为学校在 8 天后会放假。我关心的是参加毕业典礼的权利。这对詹姆斯来说不是问题，因为在学习上他没有资格毕业，但这对萨姆来说是一个大问题。”“好吧，丽贝卡，”她的主管说，“有时候需要做出艰难的决定。你知道现在社区和学校董事会对河畔高中毒品问题的看法。一直以来公众都强烈要求对这个问题采取措施。”“但是应该以萨姆为代价吗?”莱曼女士问。他重复道：“就像我说的，有时候需要做出艰难的决定。”

问题讨论

1. 通过比较这个案例中丽贝卡、詹姆斯、萨姆和学区领导者所经历的湍流水平来考虑位置性。什么行动可能会提高或降低这些人的湍流水平？请说明。

2. 在这个案例中，正义伦理告诉了我们什么呢？确定其所涉及的法律问题，并按照你认为丽贝卡应当的处理顺序排列这些问题的优先级。150

3. 比较詹姆斯和萨姆。詹姆斯和萨姆是否应该因同样的过错受到同样的纪律处罚？考虑四种伦理范式，并为你的回答说明理由。

4. 从关怀伦理的角度考虑学校董事会的政策。学校董事会的政策有缺陷吗？如果有缺陷，是什么？你将如何修改政策，使之更加公平和公正？如果没有缺陷，解释为什么你觉得这是一个完善的政策。

5. 如果你是丽贝卡，你会如何在兼顾学生最大利益的前提下做出决策，同时还要消除社区对高中生使用毒品的担忧？

第8章　平等与公平

（本章案例由小艾伯特 · F. 卡塔罗、杰米 · R. 舒达、 151
道格拉斯 · 赞德、伊冯尼特 · J. 马歇尔、威利特 ·
琼斯、克里斯滕 · R. 夸克提供。）

平等与公平是一个难以界定的范式。但就本书而言，我们将用斯特赖克等人（Strike et al.，2005）关于平等待遇（equal treatment）的定义来界定平等：在任何特定情境下，人们被怎样对待，那么遇到相同情境的人都应该得到相同的对待（p. 55）。古特曼（Gutmann，1999）用一个略微不同的术语，以类似的方式描述了"平等考虑"（equal consideration）这个概念（p. 203）。平等，在这种情况下，会审视个人及其周围的环境，它不会关注基于种族、性别、社会阶层和民族等类别的群体差异。相反，这是一种同化的观点，因为它假定个人一旦融入社会，就有权利"做任何他们想做的事，选择自己的生活，不受传统的期望和成见的束缚"（Young，1990，p. 157）。

于是，就有了"公平"这个词，它并不是把重点放在个人身上，而是更多地关注特定的群体。在本书中，我们将采用夏皮罗和斯特夫科维奇（Shapiro & Stefkovich，2001，2005，2011）的定义。

> 它"应对差异，并考虑到这样一个事实，即这个社会有许多群体，他们不总是得到平等的待遇并且/或者没有一个公平的竞争环境。这些群体经常感到自己不如主流群体，有些甚至受到压迫"。（pp. 103-104）。

为了让这些群体获得公平，杨（Young，1990）提出："社会政策有时候应该给一些群体以特殊待遇。"（p. 158）于是，公平为那些处于不利地位的人获得优待提供了理由。这一概念使为那些长期遭受虐待的人提供
152 补偿和福利成为可接受的措施。

非裔美国人、印第安人和其他群体通过运动对立法施压而获得了受教育的机会。例如，妇女运动争取并最终促成了1972年《教育修正案》第九条（Title IX of the Education Amendments of 1972）的通过。第九条规定，在任何接受联邦资助的教育计划中，基于性别的歧视是违法的（American Association of University Women，1992，p. 8）。第九条的通过为许多性别平等计划和项目打开了大门（American Association of University Women，1995），它为妇女和女童赋予了权利并促使她们学习如何克服今天仍然存在的障碍。

但是，平等和公平的矛盾不仅存在于种族、民族和性别运动领域。如果我们转向"多样性"这个包罗万象的术语并对其进行广义的界定，那么就可以探索将残疾、性取向和特殊例外等考虑在内的一系列差异（Banks，2001；Cushner et al.，1992；Shapiro et al.，2002）。

本章提出了从中学向大学过渡的困境。在中小学，由于是义务教育，所以必须认真考虑公平问题。例如，根据《不让一个孩子掉队》法案的"年度适当进步"要求，目标是让孩子们掌握阅读/语言、艺术和数学。该措施适用于所有的子群体，包括残疾学生、英语非母语者和经济困难的学生。虽然为所有年轻人争取平等的愿望是好的，但结果往往事与愿违，会有许多儿童落后。因此，人们试图构想出，用《不让一个孩子掉队》法案最初立法中所建议方法之外的其他方法来测量掌握程度。最新的一种方法是使用学生成长模型（O'Malley et al.，2011），将学生在一段时期内的成绩关联起来。

就高等教育而言，虽然没有强制性的入学要求，但把重点放在那些由于自身的差异性而无法获得学习机会的人身上仍然是合理的。但并非所有人都能接受高等教育，至少从法律角度来看是这样的。然而，从伦理而非法律的角度来看，为那些需要和渴望接受高等教育的弱势学生提供机会，

以及为他们在学业上取得成就提供必要的支持，这在道义上是势在必行的。因此，在学院和大学里，可以为那些过去甚至现在在接受高等教育方面仍受到歧视的人采取伦理立场。

小艾伯特·F. 卡塔罗提供了案例“严格还是说辞?”（案例研究8.1），153
这是第一个伦理困境，它关注的是一所公立中学的特殊教育。在这个案例中，一个备受瞩目的特殊教育学生违反了新的严格规定，拒绝完成他所在班级的期末项目。一名受人尊敬的特殊教育和英语教师受到来自学生及其家人的对专业和个人的挑战。她认为自己在决定学生成绩时，一直与学区政策保持一致。不幸的是，这个案例涉及更高的层次，教师面临着不服从的指控。教师工会主席也参与其中，并有可能将问题由学校上升到督学。这个案例的根本问题是：规则和政策是否平等地适用于所有公立学校的学生，或者一个特殊教育学生是否应该因为其残疾而受到区别对待?

杰米·R. 舒达撰写了“使命还是资金约束：大学社区服务的困境”（案例研究8.2）。一所城市大学以卓越的学术、研究和社区服务（community service）而享有盛誉。近日，大学建立了社区外联中心，以加强社区服务工作。该中心的主任认为，教育是这项新事业的重中之重，并建议将暑期实习作为帮助社区高中生的一种方式。在关于赞助金的第二次董事会会议上，有一位成员分享了一个朋友愿意捐赠5万美元的消息。作为回报，捐助者要求他所在的富裕地区的学生参加暑期实习。中心主任现在必须决定是否接受这份启动基金并服务于“特权”学生，或者拒绝这份慷慨，维护中心的使命。

道格拉斯·赞德提供了伦理困境“肯定性行动与城市非裔美国学生在以白人为主的农村校园的经历”（案例研究8.3）。它所关注的是一所高等教育学校的新计划，为实现其多样化的目标，要求在不使用为弱势学生设计的机会项目的前提下，至少一半的有色人种学生被大学录取。不幸的是，该州大多数有色人种学生就读于城市学校，这使他们在教育上处于劣势。当招生主任告诉他的外联顾问们，要通过常规录取而不是机会项目，录取所有班级前10%的高中生时，顾问表示反对。这些顾问认为，把城市中心贫困、种族隔离的高中学生带到以白人为主的中产阶级农村校园，并指望他们在没有特殊帮助的情况下取得成功，这是不公平的。但该大学坚持认为它负担不起额外的支持。

154 “学院录取标准的妥协”（案例研究 8.4）是由伊冯尼特 · J. 马歇尔提供的，它发生在西印度群岛，涉及的是一个发生在高中招生中的错误。这一案例远远超出了学生无意中被录取进入校园的范畴，还引起了学生的家长、媒体，甚至是政府的关注。这个案例说明了大学招生和标准问题的波动性，考察了不同利益相关者的反应，以及问题的解决方式。它还涉及校园缺乏周全的补救或补偿方案的问题。

在“‘年度适当进步’还是学生成长？”（案例研究 8.5）这一案例中，威利特 · 琼斯描述了这样一种情况：督导组发布了一个严格基于学生个人成长数据而不是“年度适当进步”的评级系统。在这样的排名方式下，曾经因持续达成“年度适当进步”而获得州奖项的校长所在学校的排名并不高。校长和学区为此感到苦恼。事实上，一群愤怒的家长正在考虑在学校举行抗议活动。老师和学生都觉得自己的努力白费了。然而，督学认为，在考虑弱势群体方面，这种排名制度相比于“年度适当进步”要求来说要公平得多。

在最后一个案例“人力资本还是减税？”（案例研究 8.6）中，克里斯滕 · R. 夸克描写了一位面临困境的学校董事会主席。该董事会需要在 5 月向纳税人提交一份收支平衡的预算以供审查。董事会面临着教师退休账户资金不足的问题。目前，学校董事会负债累累。在削减了一些项目之后，他们仍要想办法拿出 250 万美元。他们是该将管理外包，或是强制教师休假，还是采取例外措施，将税收提高到 1 号法案规定的指数之上呢？

案例研究 8.1

严格还是说辞？

由于这是罗杰斯先生（Mr. Rogers）第一年担任协会主席，他对即将开学的焦虑和期待与以往十年的夏天都不同。他需要准备就职当天的一个演讲，对此他感到十分激动。新学年将在高中礼堂开始，届时将会有许多演讲。每个演讲都是独特的。校董事会主席夸赞了后勤人员在校舍筹备中的出色工作，并祝愿老师们在新学年一切顺遂。一位督学发表了一篇学术演讲，提到了教育领导者问题，谈到了学区和合作性文化的必要性，并强调说，尽管他是这个学区的新成员，但如果需要他帮忙，他的办公室大门永远是敞开的。这位督学是在上一学年被雇用的，这是他第一次
有机会向全体教职员工讲话。由于他是新人，他的想法和理念还 155
没有渗透到学校里，该区的许多管理者也不认同这位新督学的观点。罗杰斯先生的演讲集中于他作为新任协会主席的承诺，同时也以一种与督学职位相当的方式探讨了一些问题。

按照惯例，大会之后各个学校在内部进行了在职培训。第一个下午的活动是高中教师会议。校长斯特里克顿女士（Mrs. Stricton）像往常一样开始讲话。主题包括今年的工作方案，强调校规的严格执行、标准化测试的高成绩，以及她最喜欢的话题——学术严谨的必要性。校长列举了关注这些焦点的原因，讨论了“高效运行高中”（High Schools That Work）模式和《不让一个孩子掉队》法案的州测试要求。另外她还提到，作为新的严格计划的一部分，每个班级都要完成复杂的写作任务。斯特里克顿女士有一种自上而下的管理风格，她在自己的指挥系统上坚定地发号施令。

利特尔女士（Ms. Little）是一名英语专业的特殊教育老师，她抓住这个机会向她的学生提出了严格要求。她在一次特殊教育部门会议上提议采取一项学区政策，即允许教师为她的班级设置期末项目，而不是安排期末考试。这种选项一直存在，但一直以来考试的效率更高。政策还规定，没有完成期末项目的学生不能通过该课程。利特尔女士和特殊教育部门修改了每一门课程的教学大纲，将期末考试改为期末写作项目，该项目包括围绕教师指定的主题写作一篇五页的研究论文。项目评价标准包括在项目中做出安排调整，以配合特殊教育学生的个性化教育计划。

利特尔女士在这个学区很受人尊敬。她以关怀伦理对待学生，并把学生看作独立的个体，收获了巨大的成效。然而，今年在她的高一英语课上有一名叫比利·温斯顿（Billy Winston）的学生。比利及其父母在这个学区很有名。他们雇用了一名家庭律师和一名特殊教育律师，以确保比利接受他所需要的教育。该学区的特殊教育主任埃布勒先生（Mr. Abler）定期与温斯顿家交流。在过去，该学区通过不断迎合他们的要求来避免诉讼威胁。比利的老师们被迫为他更改成绩、减少惩罚，并忽视他的违纪行为。

在利特尔女士回顾教学大纲的前10分钟里，这一切都在她脑海里萦绕。现行的教学大纲包括严格的方案和研究项目。比利大胆地宣称他不可能做这个研究项目。他补充说，他会通过这门课，因为他的律师会处理的。为了解决这个问题，利特尔女士要
156 求学生们不要在课堂上大声喧哗，并解释了学校的政策。她强调，要想通过这门课，每个学生都必须完成期末项目。然而，她看得出比利并没有被打动。

利特尔女士在教室的显眼位置摆放了一张详细介绍该项目的海报。在返校之夜，家长们收到了一份教学大纲和研究项目说明。利特尔女士在介绍这个项目时是经过深思熟虑的，因为她很清楚特殊教育的法律后果，她很清楚自己的期望是非常明确的，并严格遵守了学校的政策。尽管利特尔女士不是比利的个性化教育计划老师，但她将自己对课程的期望，以及比利不愿意完成这个项目的情况告诉了比利的老师和父母。

随着学期的进行，利特尔女士给每名学生都分配了时间去完成一个与九年级英语相关的研究课题。她还为学生分配了计算机实验室的时间以进行研究和准备论文。利特尔女士强调了期末项目的重要性，并提醒学生，浪费上课的时间将导致需要更多的家庭作业时间。

利特尔女士在分配研究课题时考虑了学生的兴趣。比利被分配了一个合适的主题，他把大部分的研究时间花在了上网看摩托

车的图片上，很少有时间真正地研究。不过，他确实做了一些调查，也做了一些粗浅的笔记。但他的笔记总共写了不到五段，更不用说五页了。

项目的截止日期到了，利特尔女士收集了作业。比利正如之前所言，没有提交论文。她马上打电话通知他的父母。她对他们的回应感到惊讶：家长读了比利的个性化教育计划中的一段话，这段话说如果比利有可能不及格，他们必须得到书面通知。他们的立场是，自己没有得到适当的通知，所以比利不能在她的课上不及格。利特尔女士回答说，考试不及格是因为学校有关期末项目的政策，这是她的教学大纲的一部分，在返校之夜的说明材料中有解释，而且清楚地贴在了她的教室里。比利的父母坚持他们的立场，并建议利特尔女士说，如果比利不及格，那么特殊教育主任埃布勒先生将会收到他们律师的来信。

利特尔女士坚信自己已经准备好接受不及格后果的通知了。出于礼貌，她直接联系了埃布勒先生，并解释了情况。她又受到了一次打击。埃布勒先生直截了当地强调说，她应该更改比利的
成绩，让他及格。她被这个回答吓了一跳，问了他许多问题，包 157
括：他知道自己在做什么吗？他是否明白这个决定将如何影响学校？没有完成作业的特殊教育学生会质疑他们的老师吗？他有没有意识到整个严格的方案是如何被破坏的？

埃布勒先生突然终止了谈话，再次声明了这个指令。利特尔女士加强语气说“不”。埃布勒先生挂断了电话，立即给校长斯特里克顿女士打了电话。斯特里克顿女士召集利特尔女士开会并建议她带一名协会代表来。利特尔女士立刻打电话给罗杰斯先生。

罗杰斯先生和利特尔女士在校长安排的会议之前进行了讨论。他给了她开这种会的常规建议。他警告说：“什么也别说，你只管听着，我们稍后会回应的。”

会议简短而直接。利特尔女士被要求更改分数，否则将因不

服从命令而受到纪律处分，还会有一封令人不满的事故信函放进她的档案中。利特尔女士没有保持沉默，而是脱口而出："我拒绝更改他的成绩。"她接着解释了其中的原因，包括这样做会破坏校长自己提出的方案。然而，斯特里克顿女士只是听着她的决定，但对她的解释并不感兴趣。她通知利特尔女士将受到纪律处分。她还指出，无论利特尔女士是否这样做，成绩都会改变。

罗杰斯先生觉得自己必须说点什么。他提到他可能会向督学汇报，让他介入这件事。这激怒了斯特里克顿女士，她说，如果他打破了领导链，越过埃布勒先生和她，将面临和利特尔女士同样的后果。罗杰斯先生与明显有些颤抖的利特尔女士一起离开办公室时，他心想，幸好今天是星期五，他还有时间考虑这个令人不安的情况。

问题讨论

1. 星期五下午这次会议之后，湍流水平如何？对利特尔女士和罗杰斯先生来说，湍流水平与斯特里克顿女士和埃布勒先生相比是一样的吗？

2. 罗杰斯先生能提出什么建议来降低目前的湍流水平，他提出什么建议可能会提高湍流水平？这会如何影响学校的稳定？

3. 利特尔女士遵循着谁的规则？学校的？该学区的？比利的家长参考了哪些法律法规？

158 4. 在这个案例中，应该遵循哪些正确的规则、法律和法规？对于特殊教育的学生，是否应该与其他学生区别对待？

5. 罗杰斯先生和利特尔女士应该关心谁呢？是每门课程都必须完成期末作业的那些接受常规教育的学生？还是可能无法完成任务的特殊教育学生？或者只是比利？

6. 那么职业伦理呢？利特尔女士如果不服从命令，她的事业会受到什么影响呢？罗杰斯先生的协会主席职位呢？这会危及他现在的职位和事业吗？最重要的是，什么最符合孩子们的利益，符合哪些孩子的利益，为什么？

案例研究 8.2

使命还是资金约束：大学社区服务的困境

贾罗大学（Jarrow University）是一所以杰出的学术、前沿研究和社区服务而闻名的大型城市学府。这所大学以其拥有这些特点而自豪，除此之外，在社区参与方面，它最近还获得了正面报道。这个社区很贫困，有许多单亲家庭和低收入家庭。该地区的许多人只接受过最低限度的教育，从事着收入微薄的工作。基础教育学校急需资源，而且经常会因为出勤率低和毕业率不理想而陷入困境。

贾罗大学致力于为社区内的人提供专业培训和医疗支持等资源。这所大学的校长为大学的声誉而自豪。为确保大学履行对社会的义务，所有大一学生均须在本地学校进行社区服务。在校期间，有几个组织参与了衣物和食品的捐赠活动，参加人数很多。

由于这项外联工作（outreach work）是大学的一项优先工作，校长及其行政组织决定成立一个专门的中心，将社区外联工作列为优先事项，为具体项目设计新的倡议，并筹集资金。它被命名为“社区外联中心”，处在运行的第一个年头。校长任命教育学院院长斯高乐博士（Dr. Scholar）负责中心的监管工作。斯高乐博士随后聘请了吉文宁斯女士（Mrs. Givinings）担任中心主任，她曾是一名教育工作者，在社会工作和社区发展方面有多年的经验。吉文宁斯女士认为需要招募一个咨询委员会来帮助确定社区外联中心的优先事项。在她担任主任的最初几天里，她接触了当地的企业、学校校长、政府官员和大学教授，并让斯高乐博士邀请他们成为董事会成员。第一次会议将是关于中心发展的头脑风暴会议。 159

反响非常积极，吉文宁斯女士安排了一次与新委员会的圆桌讨论。该小组就新中心的组织架构展开了头脑风暴，成员们同意把教育和健康作为优先项。一些当地企业同意在他们的商店里为中心的项目做广告，并参加学校提供的职业培训课程。教授和教育学院院长决定，该中心将为有兴趣上大学的高中生安排暑期实习（summer internships）并提供奖学金。这些暑期项目将提供额外的写作和数学工作坊，以及大学高年级学生的指导和津贴，这样参与者就不必承担另外的暑期工作了。委员会决定，将在城市社区内进行这些倡议的征集工作，并将在下次董事会会议上讨论一套参与标准。在下次会议之前，董事会被要求考虑可能的筹资机会和筹资计划。

三周后咨询委员会召开了会议。其中一位教授威尔逊博士（Dr. Wilson）非常渴望与董事会分享好消息。他说服了一个在当地郊外社区很成功的企业家朋友，向该中心捐赠 5 万美元。吉文宁斯女士听到该计划已经获得了启动基金的消息后很高兴，并立即开始讨论这笔钱应该花在哪些项目上。一位当地商人建议在大学开办职业培训工作坊。还有人建议为少数试点学生启动暑期奖学金项目。

当这些想法被提出来时，威尔逊博士突然插话。显然，捐助者要求将暑期实习项目的资金使用范围扩大到包括他的孩子目前就读的富裕郊区学区的高中生。吉文宁斯女士立即想到了中心和大学的使命。这并不符合委员会最近通过的优先事项。接受捐赠会分散中心为最需要的人服务的精力。董事会表达了类似的担忧。斯高乐博士打断了正在进行的几轮对话，他说“软钱”是校长关注的一个高度优先事项，他会很高兴地听到中心较快地获得
160 了一些财务支持。会议结束时，对于中心是否应该接受资助没有明确的答案，但对于接受捐赠是否符合中心和社区的长远利益，大家有不同意见。

吉文宁斯女士明白，这将是她必须做出的第一个重要决定，而且这将为她向董事会和行政部门提出的专业意见定下基调。她知道，通过接受捐赠，校长会认为她的快速成功是由于她的才能

和管理中心的能力。这并不是假的，因为她能够在工作的第一个月内创建一个勤奋敬业的委员会。然而，她在接受资助的同时，也在与该中心核心使命的妥协做斗争。

会议结束后，吉文宁斯女士纠结于一个主要问题：这个决定对可能参加暑期实习的城市学生有什么影响？一方面，她认为这将允许一两个城市高中的学生参与进来。另一方面，其他来源的筹款可能为社区学生提供更多的机会，最终使项目获得当地媒体的更多认可。

然后，她想到了一个最重要的问题，即董事会对接受有条件的捐款将作何反应。她想起了咨询委员会。看来斯高乐博士看到了接受资金的好处，却忽视了不直接为城市社区服务的潜在后果。她应该质疑他的建议吗？更重要的是，她是否会向董事会陈述她接受这笔钱的决定呢？

问题讨论

1. 这个案例中的湍流水平是什么？不同参与者的湍流水平是否有所不同？对于吉文宁斯女士来说呢？对于斯高乐博士来说呢？

2. 可以采取什么措施来降低湍流水平？可以采取什么措施来提高湍流水平，以及这样做可能有什么建设性的作用？

3. 这个案例是否涉及法律、规定或政策？正义伦理是否适用？为什么？

4. 在应对或破解这一伦理困境方面，是否存在潜在的不公平地方？如果是，哪里不公平？对谁不公平？

5. 如果吉文宁斯女士接受了这笔钱，会违背关怀伦理吗？解决方案可以折中吗？如果可以的话，方案会是什么呢？折中是否照顾到了城市的高中生呢？

6. 这个困境中的职业伦理是什么？如果吉文宁斯女士接受了这笔钱，你认为这是否可能与她在项目发展中的职业责任相冲突？她有没有办法弥补城市中的高中生呢？他们的最大利益是什么？ 161

7. 斯高乐博士代表了什么样的伦理视角？如果让他做出决策，谁将受益最多呢？

案例研究 8.3

肯定性行动与城市非裔美国学生在以白人为主的农村校园的经历

威廉·派克（William Pike）对自己在米尔敦州立大学（Milltown State University）担任招生主任这一新职位感到满意。米尔敦州立大学在这一地区享有很高的声誉，它坐落在一个远离大城市的田园般宁静的地区。这与派克先生的愿望非常一致。在大城市的一所私立大学里工作多年后，他很高兴有机会在一个安静的地方公立学校工作。

他上任后的第一个惊喜，出现在招生管理委员会的一次会议上，会议主题是面向少数族裔学生的招生。多方对“大量不合格的少数族裔学生通过‘攀登（Step Up）’计划被录取”表达了极大的不满。“攀登”是一个机会项目，旨在支持那些来自教育和经济弱势背景的学生。它包括一个夏季过渡项目，并提供辅导和咨询支持，但招生人数上限是 100 名学生。虽然不是硬性要求，但该计划中几乎所有的学生都是少数族裔学生。以下是负责学生保留率的副教务长贝洛斯博士（Dr. Bellows）、学生事务主任史蒂文斯博士（Dr. Stevens），以及派克先生的一些讨论。

贝洛斯博士：“我们通过‘攀登’计划招收了太多的少数族裔学生，这只会加深当地人对有色人种学术能力低下的偏见。所以我希望大家都明白，派克先生，作为新上任的主任，你要确保我们的‘攀登’计划不再是一个倾倒不符合常规录取条件的少数族裔学生的垃圾场。”

史蒂文斯博士：“我同意贝洛斯博士的观点。但请记住，招收多元化的学生是多么重要。我们获得州拨款的很大一部分原因与我们在少数族裔学生入学方面的成功有关。因此，即使我们认为减少招收准备不足的少数族裔学生这一点很重要，也必须看到少数族裔学生入学人数总体上在增加。”

贝洛斯博士：“我建议停止从新城区招收学生。众所周知，162
那里的高中是出了名的差。我不明白为什么招生办公室不花更多时间从郊区招收准备充分的少数族裔学生。”

派克先生：“让我确认一下是否正确理解了你们的意思。你们希望我多招收在学业上有充分准备的学生以提高校园的多样性水平，并且希望我减少招收通过机会计划入学的少数族裔学生。是这样吗？”

史蒂文斯博士：“我们知道这将是一个挑战，但这正是我们对你的期望，派克先生。请在考虑这些目标的情况下为少数族裔招生制订一个计划。”

当天晚些时候，派克先生回到自己的办公室，开始着手制订面向少数族裔的招生计划。他制订了针对新城区边界以外学生的策略，并为拉丁裔和非裔美国学生的总体招生设定了适度的增长目标。他接着又增加了一个目标，即通过机会计划招收的学生不超过拉丁裔和非裔美国新学生总数的 50%。

当派克先生与副教务长和学生事务主任分享他的计划时，他们热情地接受了。然而，当他与少数族裔学生外联协调员分享这一想法时，他们却远没有那么热情。这一点可以在两位少数族裔学生外联协调员史密斯先生（Mr. Smith）和加西亚先生（Mr. Garcia）与派克先生的讨论中听出来。

史密斯先生：“如果不让我们在新城区招生，怎么指望我们增加少数族裔学生入学的人数呢？那是大多数非裔美国学生居住的地方。我知道你是新上任的，对这一带不熟悉，但看看周围吧。这个地区生活的有色人种不多。”

加西亚先生：“拉丁裔学生也是如此。虽然在这个地区有很多墨西哥裔学生，但他们大多数都来自移民家庭，其中很多是非法移民。他们没有资格获得经济援助。我们招收拉丁裔美国公民的最佳机会是在新城区招生。”

派克先生：“另一个相关的问题是，我们如何找到不需要
163 ‘攀登’计划支持的有色人种学生呢？当然，也有有色人种学生在学术能力评估测试中取得好成绩。”

史密斯先生：“当然有，派克先生。所有的私立学校都为他们提供了高额奖学金。我们是一所公立学校，我们没有足够的奖学金来竞争大量有学术天赋的有色人种学生。我想你们可能也知道非裔美国学生和拉丁裔学生在学术能力评估测试中成绩不佳，尽管他们的学术能力评估测试成绩与其在大学里取得成功的可能性并没有太大的关联。所以那些基于学术能力评估测试分数抱怨有色人种学生的人根本就不明白这一点。”

派克先生对他们的言论持怀疑态度，直到他对该州的人口统计数据做了一些调查。看来史密斯先生和加西亚先生似乎是对的。根据人口普查局的数据，他所在的州是全国种族隔离最严重的州之一。非裔和拉丁裔家庭往往生活在高度隔离的社区，其学区往往贫困程度很高。在他所在的地区，超过80%的有色人种学生住在新城区，距离这里大约一个半小时车程。几乎所有的高中都没有按照国家《不让一个孩子掉队》法案的措施达到“年度适当进步”目标。

派克先生决定和他的直属上司，大学教务长辛格博士（Dr. Singh）讨论这个问题。辛格博士向派克先生解释说，州立大学系统已经被法院命令废除种族隔离制度25年了。为了表现出对废除种族隔离制度的遵守，大学必须努力吸纳少数族裔学生、职员和教员。而且，为了实行这项激励措施，州教育系统办公室将资金与各校的少数族裔招生结果挂钩。因为该州大部分校园都在农村地区，而大部分的少数族裔人口居住在城区中心，招收少数族裔学生是一个很大的挑战。

辛格博士建议派克先生注意两项要务。第一，保护大学的整体学术形象，这有助于它在《美国新闻与世界报道》（*U. S. News and World Report*）的年度排名中有良好表现。良好的声誉有助于吸引潜在学生的积极关注以及校友和企业的捐赠。第二，要考虑是否需要招收足够数量的少数族裔学生，以实现与重大资金捆绑在一起的州系统目标。他提醒派克先生说，美国最高法院不赞成基于少数族裔身份制定分数的配额（quotas）和招生制度。他补充道："这个问题有办法自行解决，因为'攀登'计划只能招收100名学生。预算中没有增加项目规模的资金。"

派克先生随即向他提到，副教务长和学生事务主任告诉他，不要让半数以上的少数族裔学生通过"攀登"计划入学。教务长的回应令人不安。他说："这是一个崇高的目标，但请记住，如 164
果学生通过'攀登'计划入学，学术能力评估测试分数就不会计入档案。如果学生在其高中班级排名前10%，即使该高中在新城区，也不需要考虑这些因素。美国总统支持'前10%计划'（top 10 percent plans），所以我们使用它们是非常安全的。"

派克先生继续被这些意见所困扰，并问道："那么你是否建议我继续从新城区招收学生，并且在没有'攀登'计划的情况下录取前10%的学生呢？"

教务长以一种神秘的口吻回答："你是那个编写招生计划的人，派克先生，你是招生方面的专家。我们聘请你来解决这些问题。我完全相信你会做正确的事情。"

派克先生再一次带着新的计划去见了少数族裔外联协调员。他告诉他们，他们是正确的——新城区将成为招生的重点。不过，他们应该努力通过常规方式录取高中排名前10%的学生，并确保其人数与通过"攀登"计划录取的学生人数保持平衡。虽然史密斯先生和加西亚先生开始提出反对意见，但派克先生打断了他们的话，让他们继续执行计划。

在接下来的两个月中，派克先生看着招生数据，他发现几乎所有的有色人种学生仍然是通过"攀登"计划被录取的。他认为这是因为他们没有吸引足够多的来自新城区高中的前10%的学生。为了确认此事，他开始翻阅史密斯先生和加西亚先生的文件。他惊讶地发现，有相当多的学生是高中班级里的前10%，但史密斯先生和加西亚先生仍然允许他们参加“攀登”计划。他立即再次召集外联协调员开会。

派克先生：“我希望你们对现在发生的事做出很好的解释。我非常明确地告诉过你们，我们需要让更多的学生通过常规方式入学，而在其高中班级排名前10%的学生，无论他们的学术能力评估测试分数是多少，都有资格常规入学。两个月前我们谈这个的时候，你们没听懂吗？”

史密斯先生：“我们没有谈过这个，派克先生。你告诉我们你想要我们做什么，你甚至不愿意听我们的立场。你知道新城区的学校是什么样的吗？有些学校甚至连给学生的书都没有。派克
165 先生，我毕业于一个新城区的高中，是班上的第一名。当我来到米尔敦州的时候，我完全迷失了。他们没有把我列入‘攀登’计划，我差点没能在这里成功度过第一年。这不仅仅是因为学业很难（部分原因是我的高中没有教过高等数学），而主要是因为我没有社交圈子，感到孤独和被孤立。这里有8000名学生，其中只有200人是非裔美国人。在我的高中，有2000名学生，其中有1900人看起来和我是一样的。”

派克先生：“但是，你不觉得通过‘攀登’计划把所有的有色人种学生都贴上‘没准备好’的标签，这样做是个坏主意吗？”

史密斯先生：“我认为把学生从大城市中心一所贫穷的、几乎全是非裔美国人的高中带到一个偏远的、几乎全是白人的大学，然后指望他们靠自己取得成功，这是一个更糟糕的主意。在这个校园为有色人种学生提供一些诸如多元文化中心之类的项目之前，我认为像我这样的学生最好参加‘攀登’计划。”

派克先生：“我不确定我是否同意你的观点。你读过当地报纸上关于非裔美国学生在我们校园中的经历的那篇文章吗？他们

引用了我们的一位非裔美国学生的言论，这名学生非常生气，因为当他真的进入备受尊重的学院时，每个人都以为他是‘攀登’计划的一员。我不认为你可以假设每个人都同意你的观点。”

加西亚先生：“派克先生，我知道，你有工作要做。你的工作是招收足够多的有色人种学生，这样大学就能从州政府拿到钱。但是我对自己的工作有不同的看法。我相信，拥有一个由学生带来不同的观点和体验的多样化校园是很重要的。我相信，当校园体验能够反映世界，而不仅仅是我们大多数人已经接触到的孤立社群时，每个人都可以从中受益。但是我担心，你从与这个社区截然不同的贫困社区招收学生，然后把他们放在校园里，期望他们成功，这对他们是不公平的。这个校园里唯一拥有大量少数族裔人口参与的外联项目是‘攀登’计划。对大多数学生来说，它是一个重要的社会团体，它帮助他们认识新朋友并适应新环境。”

史密斯先生：“你该怎么做就怎么做，派克先生。但别指望我会背弃自己的民族来帮助你。如果要我推荐那些得不到支持就不能成功入学的学生走常规录取通道，那我就辞职。”

加西亚先生：“我也一样。” 166

派克先生感到十分困惑。他坚信多样性和肯定性行动的好处。他认为制订这样一个少数族裔招生计划是正确的事情。这些目标来自那些比他更了解这个组织的其他管理人员，而且他的领导也肯定了他的策略。他现在怎么可能回头去做与他所同意的，而且是计划好的相悖的事情呢？然而，史密斯先生和加西亚先生也提出了很好的观点。他确信，如果他们在招生期间辞职，他将无法实现自己的招生目标。那就这样吧，忘掉“攀登”计划和常规录取中有色人种学生比例不均等的问题。这所大学不仅会因为新生班级缺乏多样性而受损，还会失去经费，他甚至可能会失去工作。

问题讨论：

1. 假设美国最高法院认定种族不再是大学录取考虑的一个因素。从派克先生的角度来看，你认为这一变化会提高还是降低米尔敦州立大学校园的湍流水平？从加西亚先生和史密斯先生的角度看呢？从校园未来的有色人种学生的角度看呢？这种情况会如何级联成更高水平的湍流呢？你看到了什么后果？这个计划本身处在变得不稳定的危险中吗？

2. 美国最高法院曾表示，大学招生中不得使用配额。如果米尔敦州立大学不使用配额，它如何才能实现废除种族隔离的目标呢？

3. 史密斯先生知道，霍华德大学的非裔美国学生的毕业率要比米尔敦州立大学的高得多。他的表现是由他所在地区（包括新城区）的学生入学人数来衡量的。根据关怀伦理，他是否有义务向正在米尔敦州立大学和霍华德大学之间做选择的有色人种学生透露毕业率，尽管发展前景中不要求毕业率？

4. “攀登”计划只能容纳100名学生。这些名额大部分用于有色人种学生，尽管这意味着来自弱势背景的白人学生将无法进入。请用批判伦理和关怀伦理来论证这种做法。

167 5. 作为一名招生专业人士，你应该坚持多元化教育价值的原则。你还需要设计一些策略来实现招生的多样化目标。为了保持将学生的最大利益作为你计划的中心，你将如何在米尔敦州立大学的校园里实现多样化招生目标？

案例研究8.4

学院录取标准的妥协

对位于加勒比海地区的新森林学院（New Forest College）在期末考试中学生成绩逐渐下降的担忧，导致国家认证机构对其进行了项目审核。该调查报告的结论之一是，一些不符合入学标准的学生被录取进入该学院。根据调查结果，教育部部长新任命的董事会指示学院管理小组，在任何情况下，那些不符合规定标准的申请人，一律不能被录取。

这个政策是在新学年开始时实施的。当住宿生到校接受房间分配，到房间里安顿时，所有的麻烦就从此开始了。负责住宿事务的学生事务主任黛安娜·史密斯（Diane Smith）面临着两难境地。共有20名“准学生”抵达校园，而这些学生的名字不在该学年录取的学生名单上。与负责招生的注册办公室核对后，也证实这些人不在该学院录取的学生名单上。这些人被告知名单上没有他们的姓名，但他们坚持说自己收到了学院的录取通知书，确认过信中的相应信息，信中告诉他们到新森林学院报到。

史密斯女士立即通知了校长德尔罗伊·琼斯博士（Dr. Delroy Jones）。琼斯博士意识到可能的危机，下令立即调查此事。调查结果显示，注册办公室确实向总共50名学生发出了信件，而这些信件实际上是由教务处副处长签署的。这意味着，除了已经到校的20名学生之外，还有30名学生的入学资格也存在问题。

琼斯博士立即做出了反应，召集管理团队召开紧急会议，以求控制损失。考虑到国家认证机构最近的报告和此后的董事会政策所引起的关注，该小组得出结论，录取这些学生将违反招生政策。因此，他们决定采取下列行动：尽一切努力联系那些尚未到 168
校且不符合学院标准的学生，告知他们这个失误；与未达标但已经到校的学生会面，为失误道歉，支付所产生的差旅费，并安排退还他们已支付的相关费用。

家长和学生听到这个消息，对这件事的新进展都感到非常难过，他们呼吁学院根据情况重新考虑后再做决定。学生已经收到了录取通知书，他们无其他替代方案，况且现在学年已经开始，学生再申请其他学校已经太晚了。

校长就此事与董事会进行了磋商，董事会支持行政校方不招收这些学生并把他们送回家的决定。在得知董事会的决定后，家长及愤愤不平的学生指责该决定对学生非常不公平，并进一步强调该决定违背了承诺。

这个问题并不在于向学院行政部门投诉。事实上，这件事是由于学生和家长在公共广播谈话类节目中表达了不满而引入公共讨论的。全国性的报纸也对此进行了报道。公众对学生表示非常同情，呼吁教育部部长介入并纠正这种被认为对学生不公平的情况。面对公众的强烈抗议，教育部部长诺曼·霍尔（Norman Hall）指示董事会和学院录取这些学生。

在随后的董事会会议上，虽然知道教育部部长的命令必须执行，但人们普遍认为他的决策破坏了学院录取程序。此外，这些学生对进入该学院准备不足的事实，意味着需要采取补习措施，这也不符合学院的使命。更糟糕的是，没有任何资金可用于补习项目。黛安娜·史密斯质疑部长是否做出了正确的决策。虽然从法律上讲，她应该遵从他的命令，但她还是忍不住想辞职。

问题讨论

1. 在这个案例中，学院采取什么行动可能会导致湍流水平下降，或
169 者导致湍流水平上升？从家长的角度来看，这种情况下的湍流水平如何？从学生们的角度看呢？当前的困境怎样改变人们对学院稳定性的认知？

2. 这个问题中有没有隐含的不公平？如果有，如何解决这些问题呢？

3. 谁决定学院的招生政策？规则是绝对的吗？是否应该有例外？在什么情况下有例外？

4. 一般情况下，你认为学院招生政策背后的逻辑是什么？对于新森林学院这种特殊情况来说呢？

5. 新森林学院管理层和董事会所做决策的后果是什么？如果学院的管理层违反了董事会的政策，可能会有什么后果？

6. 如果你是学生事务主任黛安娜·史密斯，你会怎么做？

7. 霍尔部长可能做出的最公平的决策是什么？对谁最公平？

8. 最能体现关怀的决策是什么？霍尔部长在做出决策时应考虑哪些相关群体？

案例研究8.5

"年度适当进步"还是学生成长？

弗兰克（Frank）校长放下正在看的报纸，厌恶地把它扔到房间的另一头。他在报上读到他的学校被降级了。怎么会这样呢？过去七年，他一直努力工作，通过推行最佳工作方法，以及建立一支强大、敬业和忠诚的员工队伍，以达到《不让一个孩子掉队》法案要求的"年度适当进步"的目标。哈斯布鲁克学校（Hasbrook School）已经连续六年达到了该州《不让一个孩子掉队》法案所要求的"年度适当进步"的所有成绩目标。他为自己的员工感到非常自豪，也很高兴他的学校在该地区学校中排名前25%。哈斯布鲁克学校是一所特殊的以抽签形式决定入学资格的学校，以其高成就为荣。学校每年都有一个候补名单。弗兰克校长感到忧心忡忡，担心如此低的排名会对学校招生产生不利影响。

督学哈特（Hart）高兴地阅读着同一份报纸。她建议当地报纸以个体学生成长而不是"年度适当进步"为标准进行排名。这个新的排名系统还加权了社会经济因素。经济困难学生占比最高的学校，获得了最高的学生成长百分比，与达到国家"年度适当进步"目标的学校相比，获得了更高的排名。那些曾因持续达到"年度适当进步"目标而获得该州"基石奖"（Keystone Awards）的学校，排名远远低于那些没有达到"年度适当进步"目标但学生成长率较高的学校。督学认为，按学生个人成长目标的成绩相比于按"年度适当进步"来对学校进行排名更公平，而且会给那些贫困程度更高、处境艰难的学校带来"希望"。此外，哈特督学认为，对于贫困率较低的学校和贫困率较高的学校不应该平等地衡量。她认为新的排名最终会为社会经济条件较差的学生所占比例较高的学校创造一个更公平的竞争环境。 170

以哈斯布鲁克学校为例，尽管它达到了该州的“年度适当进步”目标，但它的学校排名很低。弗兰克校长认为，学区的新排名制度是不公平和不平等的。他再次拿起报纸，查看了同类学校的排名，发现许多在宾夕法尼亚州学校评估系统中得分较低的学校，在经济状况不佳的学生所占比例相同的情况下，排名也远远高于哈斯布鲁克学校。例如，排名高于它的新希望学校（New Hope School）有67%的经济条件较差的学生，而哈斯布鲁克学校则在这方面达到73%。此外，在宾夕法尼亚州学校评估系统的阅读方面，新希望学校的阅读熟练程度为47%，而哈斯布鲁克学校的阅读熟练程度为68%。两所学校的数学成绩差不多，都达到了56%的“年度适当进步”目标。然而，新希望学校的排名为“3”，而哈斯布鲁克学校的排名为“7”。弗兰克校长对如此低的排名（数字“1”是这个排名中的最高等级）感到愤怒。在查看了数据之后，他更加沮丧和困惑。他必须做点什么，但是做什么呢？

问题讨论

1. 弗兰克校长强烈地认为，仅仅依据学生成长目标而将一些学校排到真正达到了“年度适当进步”目标的学校前面，这是不公平的，也是具有误导性的。你是否同意弗兰克的观点？请讨论。

2. 转向哈特督学的学生成长愿景，这对于学生的学习，特别是在贫困地区，是一种更具关怀性的方式吗？个人学习是否应成为实现“年度适当进步”目标的重点？

171 3. 弗兰克原则上质疑《不让一个孩子掉队》法案问责制的有效性。对比“年度适当进步”评分与个体学生成长排名的方式。从学生、家长和社区角度来看，哪种方式可能是更好的？

4. 你认为哈特督学的新排名系统可以平衡公平和平等的尺度吗？请讨论。

5. 哈特督学是否应该考虑到改变评分制度，将分数公示给公众，这将有可能提高她负责的一些学校的湍流水平？在排名公布前，她能做些什么来降低湍流水平？在向报纸公布评级后，她可以做些什么来降低被降级学校的湍流水平？你能看到什么样的可能的级联风险呢？

案例研究8.6

人力资本还是减税?

阿尔法学区（Alpha School District）位于美国东北部一个大城市外的上流社会郊区。家庭平均收入是17.5万美元。25%的纳税人把孩子送到当地的公立学校，另有25%的纳税人把孩子送到每年花费2.5万美元以上的私立学校。还有25%的纳税人的孩子已经从学校毕业，另外25%的人被看作年龄更大、拥有固定收入的人。

在2009年的春天，阿尔法学区意识到它正要陷入财务困境。预算估算显示，2011—2012学年开始，学区将背负1000万美元的债务。在过去的10年里，教师退休金一直不足，但最终还是赶上了地区和州的水平。在接下来的几年里，来自全州各个地区的养老金缴款将大幅增加，这将对地方预算的其他部分造成严重破坏。除了这一问题，过户税的减少也是影响阿尔法学区情况的另一主要因素。尽管董事会在2009年就很清楚这种情况，但他们当时因为处理其他问题而将其暂时搁置了。他们曾希望经济会好转。

时间快进到2011年1月。在2011—2012学年，初步预算如旧，看起来很严峻。据估计，该区需要拿出1150万美元来平衡预算。除了这个缺口之外，州长的预算计划将在3月份发布，预计还会额外削减约200万美元。

现在这个地区被迫进行预算审查。目前正在研究非强制性方案以及许多其他节省成本的措施，以便向州提交一项平衡的预算 172

方案。董事会讨论了节省成本的策略，其中包括：体育和音乐项目采取“付费游戏”（“Pay to Play”）策略；削减幼儿园至初中课程中计算机教育和家庭消费科学等非强制性项目；在全区安装节能照明灯；把每周的上学时间减少一天，同时每天的上课时间增加1.5小时；征收拖欠税款；停止管理人员的涨薪。董事会会议和财务会议都对这些想法进行了深入讨论。1月至3月间，学校董事会成功地削减了约1000万美元的运营成本。3月底公布的州长预算将阿尔法学区剩余的预算缺口增加到250万美元。剩下的措施已不多，但这将是最艰难的。

校董事会主席丽贝卡·奥曼（Rebecca Oman）目前处于困境之中。这是丽贝卡在董事会任职的第二年，也是她担任董事长的第一年。她竞选董事会职位是因为她想在当地的学区发挥重要作用。丽贝卡有机会经常与该学区的教职员工互动，因为她的孩子分别在上四年级、七年级、九年级。她重视教师和后勤人员表现出的工作热情，并认为是他们的共同努力创造了一流的教育系统。她从来没有想过要做出如此艰难的、直接影响她个人生计的决策。

丽贝卡为自己是一位伦理性领导者而自豪。例如，她不认为自己可以投票将管理外包或临时解雇教师。她担心不管最终的结果如何，各方选民都会失去信任。丽贝卡意识到，70%的管理人员是非裔美国人，来自该地区收入最低的群体之一。她担心这些管理人员很容易成为改革目标。他们的工资勉强能够维持生活，但这些人在该地区平均拥有12年的工作经历。

除丽贝卡之外，还有8位董事会成员。虽然当州和地方两级的教师退休金账户资金不足时，他们中很多人将不在董事会任职，但他们必须处理好目前的情况。他们有责任在5月份提交一份平衡的预算给纳税人审查。从今年的历次会议中可以清楚地看到，董事会成员的立场截然不同。他们每个人似乎都有自己的见解。目前的学校董事会成员包括2名退休社区人士、3名有子女在学区内就读的人士、2名有子女在私立学校就读的人士、1名本地商人，以及1名有尚未达到上学年龄的幼儿的人士。董事会中有4名共和党人和5名民主党人，尽管他们并不总是投票给自己的政党。一些成员对某些特定的想法持强硬立场；而另一些成 173
员则在观望，等待被说服。剩下的每个选择不仅是节省成本的措施，而且是对学校的潜在打击。

现在是4月份，董事会有一个多月的时间来做出最终决策。到目前为止，家长和社区对将要削减的各种项目和资源并没有太多意见。只要税收不增加，并且最受欢迎的项目不被削减，社区对此也不会有异议。但是现在是关键时刻，下一个出现在改革名单上的将是实实在在的人，而不是项目。管理人员和教师都在砧板上。可能的选择是将管理外包或者强制教师休假。任何一种选择都会产生额外的必要资金以用来平衡预算。一些董事会成员发表公开声明说："如果550名工会教师放弃最后一年的合同，80名管理人员就不会被外包。"董事会正在使这两组人产生对立，并让他们做出决策。不祥之兆已成定局。如果教师不同意放弃自己的合同，那么管理人员就会被解雇。

事实上，这是唯一的选择吗？目前的经济形势会迫使丽贝卡和董事会做出裁员的决策，或者他们能想到更有创造力的办法吗？过去，丽贝卡一直难以让董事会一起投票通过多项条例。她知道四名共和党人不会选择增税，他们在竞选时承诺过不会增税。她也知道阿尔法学区是该州税收负担最低的学区之一，而且她与许多家庭交谈过，他们愿意多花点钱来保住工作。丽贝卡应该提出增税或者征收劳动所得税的想法吗？她想继续担任董事会主席。她知道错误的决策会使她在下一次选举中落选。今年还将举行一次财务会议和一次学校董事会会议，那时将不得不做出最终决策。

问题讨论

1. 这种情况下的湍流水平如何？对丽贝卡、董事会、教师、管理人员、社区以及学生来说有什么不同吗？

174 2. 丽贝卡如何才能降低湍流水平？哪个决策会加剧湍流？考虑长期和短期的湍流水平，事情可能会如何演变？什么行动有可能带来该地区的长期稳定？

3. 董事会是否应该关心最终决策的公平性问题，因为这会影响到教师或管理人员？

4. 任何潜在的决策都可能涉及不公正吗？如果是这样，那么是对哪些群体呢？

5. 你认为丽贝卡在做关于教师、管理人员和税收的最终决定时将会遵照哪种伦理范式？

6. 你是否认为董事会将考虑社区的伦理，并将学生的最大利益放在有关预算的每个决策的最重要的位置？

7. 如果你是丽贝卡，你会选择走哪条路，为什么？

第 9 章　个人愿景与权威

（本章案例由特里 · M. 麦克唐纳、艾利森 · J. 斯塔普林、 175
莫琳 · F. 林顿、埃米莉 · L. 格罗斯、埃里克 · 沃特斯、杨光提供。）

个人愿景与权威之间的对立似乎是一个核心悖论。从存在主义的角度看，我们想知道自身是如何与其他生物联系在一起的，这种联系对我们来说意味着什么，这种联系又如何限制我们行动的自由。在我们进入社会的那一刻，就面临着这样一个悖论，即我们很容易在人类文化中发现个人愿景与权威的对立。如果仅仅是服从于权威，我们的人道和生活在民主社会的可能性就被剥夺了。纽伦堡审判对纳粹战犯的判决不仅证明了这一点，还明确表示，声称服从权威并不能为犯罪行为辩护。

不服从权威有一段漫长而光荣的历史。美国和法国发动革命，是为了通过有效利用社会运动，确保个人自由免受政府侵犯（Tilly，2004）。亨利 · 戴维 · 梭罗（Henry David Thoreau，1964）的著名论文为非暴力反抗（civil disobedience）奠定了道德基础，并且鼓舞了诸如甘地（Mohandas Karamchand Gandhi）、马丁 · 路德 · 金（Martin Luther King）、埃玛 · 戈尔德曼（Emma Goldman）等革新人物。埃玛 · 戈尔德曼是女权运动的早期领导者，是人道的无政府主义的有力捍卫者，在 20 世纪初的美国，她坚决反对对弱势群体的压迫。

妥协的一种方式是接受不真实的二元性。在这种妥协下，我们似乎有 176
两种生活方式，一种是作为争取身份和自由的英雄人物，另一种是作为一个组织的沉默参与者，而这个组织本身是更大的社会的一个组成部分。关于这种悖论，肯尼迪政府曾上演过一个有趣的例子。约翰 · F. 肯尼迪（John F. Kennedy）在《当仁不让》（*Profiles in Courage*，1956）一书中赞扬了那些愿意坚持个人愿景，并为此与权威力量抗争的人的美德。讽刺的是，研究肯尼迪政府的历史学家们把导致 1961 年古巴猪湾入侵事件（Bay of Pigs invasion）的糟糕计划归咎于“群体思维”这一现象。一群如此倡导个人主义的领导者怎么会成为集体权威的牺牲品呢？无独有偶，当时代表着世界上最强大的政治、经济和军事权威的克林顿总统透露，《正午》（*High Noon*）是他最喜欢的电影，这显然反映出相似的矛盾。一个身居高位的美国总统，最欣赏的是一个面对一群不法分子的孤独的西方领导者形象。

这是从悖论中产生的矛盾。人们为揭露企业或政府不当行为的举报者喝彩，同时又袖手旁观，眼睁睁地看着那些人丢掉工作，甚至面临被捕的风险，而腐败却悄然扎根于新的花园之中。我们研究爱默生（Emerson，1993）的作品，欣赏“自立”（self-reliance）的理想，同时内疚地承认在威廉·H. 怀特（William H. Whyte）的《组织人》（*The Organization Man*，1956）和大卫·理斯曼（David Riesman）的《孤独的人群：美国文化变迁研究》（*The Lonely Crowd*：*A Study of Changing American Culture*，1953）中所描述的经典从众（conformity）现实。我们每个人如何才能面对这种悖论并找到一种尊重人性、平衡独特性以及与他人交往的需要的方式？在学校里，领导者们如何抵制那些似乎在事无巨细地管理着其生活的问责制的过度干预，同时又不会面临失业的风险呢？

本章描述了个人愿景与权威之间存在着悖论的六个例子。在每一个案例中，个人都在为正确的行动路线而斗争。本书第 3 章描述的湍流理论中的位置性概念对于这些当事人来说尤为重要。这六个主角都因为其在组织中的位置而感到进退两难。在一个案例中，当事人在卡特里娜飓风路径上的实际位置，可能影响她的观点和可能的行动路线。在其他的案例中，当事人则处于更大的群体中。每一个案例都体现了个人在面对自己良心和权威的要求时所面临的危机。

177 “学生的愿望与教师的建议，谁的愿景将占上风？”（案例研究 9.1）是由特里·M. 麦克唐纳提供的两难困境。这一案例重点关注一名高中辅导员所发挥的作用。在这个案例中，一个勤奋但压力很大的学生希望上一门高等数学课。这个辅导员会支持学生还是同意三名权威的数学专业教师的建议，让这个学生选修低年级的课程？辅导员会不顾教师的反对，把这个案子交给校长吗？谁的愿景会占上风？

“朋友还是敌人？一个学生的决定”（案例研究 9.2）是由艾利森 · J. 斯塔普林提供的案例。这一案例描述了一个正在为竞争激烈的学校考试做准备而努力学习，却又有些不知所措的学生所面临的内心冲突。令她沮丧的是，她发现朋友们正计划在即将到来的考试中作弊。该学生必须做出艰难的选择，这将定义她自己对是非的看法。她所面对的是朋友团体和学校官员的双重权威。

“收益还是诚信：为更大的利益而做出的牺牲”（案例研究 9.3）是由莫琳 · F. 林顿提供的，这一案例也涉及学生作弊。然而，现在我们将从大学教员的角度来考虑这个难题。一名美国学生被指控在该校抄袭并面临严重后果，而另一名来自亚洲的学生，其父亲是该校的主要捐助者，也同样受到牵连。教授必须决定是遵循自己对伦理道德行为的看法，承担对抗大学管理者权威的风险，还是悄然默许作弊行为。

“风暴预警”（案例研究 9.4）由埃米莉 · L. 格罗斯提供。该案例讲述了一名大二学生遭遇卡特里娜飓风（Hurricane Katrina）袭击时所面临的困境。这名年轻女子是应该听从父母和学校官员的命令，留在避难所，还是应该跟随自己的直觉，尝试逃到机场，在风暴到来之前飞离该地区？

“篮球梦”（案例研究 9.5）由埃里克 · 沃特斯提供，他在其中提出了一个具有挑战性的困境。一位在小城区工作的副校长被告知要提高一个有才华的篮球运动员的成绩，从而使该生有资格去参加比赛并接受高等教育。副校长会服从权威，还是另觅出路来应对这个困境？他的决定不仅会影响一个学生的生活，还会影响到一位年轻的管理人员今后的职业生涯。

“艰难的教学选择：农村梦想与城市财富”（案例研究 9.6）是由杨光提供的案例。这一案例向我们介绍了一位才华横溢的年轻教师的困境，他必须做出一个关键的决定：是去一个贫穷的农村支教，还是回到城市过优越的生活？当地行政人员强烈建议他留在农村，但那些与他亲近的人则希望他能回到城市生活。这位教师将怎样选择呢？以什么为基础进行选择 178

呢？事实上，这个发生在中国的案例，扩大了我们的视野，并提出了额外的文化认知的需求。

案例研究 9.1

学生的愿望与教师的建议，谁的愿景将占上风？

2012年5月24日上午10点左右，当学校辅导员奥尔登（Alden）离开办公室，去会见一名学生的时候，三位数学老师来到了门口。他们想讨论一下高三学生JM的情况。三位老师现在分别是JM同学的代数Ⅱ专业课老师、代数Ⅱ家庭老师和高二时期的几何专业课老师。问题是，三位老师都认为，安排JM学习低一级的“数学分析课程”会更好。安排学生学习这门课程有一个先决条件，即代数Ⅱ的平均成绩为“C”。

在这次讨论之前，奥尔登辅导员与JM做过一次大学规划交流。在交流过程中，JM传达了这些老师在高三课程中推荐数学分析课程的建议。奥尔登提出，根据JM的大学规划列表，学习微积分预修课程将最有利于大学择校。这名学生透露，她的父母不想继续支付明年的家教费用。JM进入高中时的优势课程是历史、英语和世界语言。奥尔登说，在做决策之前，他们会打电话给该生所列大学规划列表上的几所大学，JM同意这个想法。为了竭尽全力支持这个学生，辅导员说，作为一个额外的选项，JM可以进入微积分预修课堂学习几个星期，然后对其做一个评估，再确定什么是正确的决策。

奥尔登没有料到这三位数学老师会到咨询部门来。三位老师都强烈反对该生进入微积分预修课堂学习，尽管JM代数Ⅱ的平均成绩是“B”，而且从一年级开始，她的数学成绩一直保持在“B”。奥尔登与老师们分享到，从专业角度说，这个学生有时会叠加焦虑、恐惧和对失败的负面评价。JM经常寻求挑战，但又常常因为这些消极情绪而避免挑战。奥尔登和JM三年来一直在进行自我效能感技能训练，并建立了一种真诚的关系。数学老师们担心JM在微积分预修课程中会情绪受挫。奥尔登解释说，数学课的推荐名单是由数学系主任交给学校辅导员的，并且JM的代数Ⅱ专业课老师没有把JM的名字纳入数学分析课程的名单。

这些信息呈现给三位老师之后，他们说：“我们是数学老师， 179
我们知道什么对这个学生是最好的。”奥尔登肯定了他们的想法，并补充说：“对于这个学生，我已建立了在信任基础之上的持续的咨询关系。”奥尔登重申，这些行为常见于高度焦虑的学生，他们会回避学术上的挑战，这个特殊的学生喜欢和其他学生一起上这门荣誉课程。老师们继续为JM不应该修习微积分预修课程辩论。他们说，JM明年不想学习数学，这将影响她的平均绩点(grade point average，GPA)。奥尔登说这是不对的：“平均绩点是基于六个学期算出的，截至高三学年。”JM的家庭老师说：“大学是更喜欢数学分析课程中的‘A’还是微积分预修课程中的‘B’?”奥尔登回答说：“在高级数学课程中，一个‘B’就可以了。”奥尔登透露，JM追求完美，学习极其努力，在压力下她能很好地学习。老师们希望学校辅导员支持他们的决定，但是他没有，并回应说，依据课程变更的相关政策规定，在实施任何改变之前，JM需要得到她父母的书面许可，才可以进行数学等级的变动。离开之前，奥尔登再次肯定了三位教师的专业素养，并积极肯定了他们作为教师的关怀品质。

老师们离开办公室后，奥尔登有一些时间来反思他们的意见。奥尔登疑惑是否应该给JM的父母打电话。更重要的是，奥尔登知道JM的家庭老师非常优秀，但从来没有教过任何高级数学课程。他还考虑将这一难题交给数学系主任是否合适。奥尔登确实想过，这种伦理困境可能会在校长那里得以解决。

问题讨论

1. 数学老师们和奥尔登辅导员双方是如何表现出相互冲突的关怀理

念的？

2. 谁是最彻底和最令人信服地为JM的最大利益争论的？数学老师们还是奥尔登？请解释。

3. 在该困境中，JM的声音在哪里？她怎样才能参与决策过程？

4. 三位数学老师知道，数学推荐名单是由数学系主任交给学校辅导员的。他们是在拿JM的大学入学资格冒险吗？为什么要向三位老师说明课程变更政策？

180

5. 在湍流度计上，你会把这个困境放在什么水平？对JM来说，这种情况的湍流是怎样的？对数学系主任呢？对奥尔登辅导员呢？位置性如何帮助解释所感知到的湍流差异？

案例研究9.2

朋友还是敌人？一个学生的决定

那天艾米莉（Emily）完成了她的第二节小提琴课，开始收东西回家。她感到胃不舒服，但她知道自己没有生病。她很紧张。那天是星期五，艾米莉还有一个漫长的周末要过。周六她有4个小时的小提琴课，周日还要参加一个大型的比赛。这个比赛非常重要，将决定她能否被心仪的著名音乐学院录取并获得奖学金。她为两个月后的高中毕业感到兴奋，但对自己的未来以及所面临的音乐学院的竞争氛围又感到紧张。她筋疲力尽，想放松一下，但她知道需要尽快回家去完成项目，并准备学校课程。这些项目相当于主要学期课程，她还要准备几项考试。艾米莉不知道她如何才能完成这个忙碌的周末日程安排。

哈里森高中（Harrison High School）的每个人都在竞争激烈的环境中追求自己的事业。这所私立学校的学生包括音乐人、滑冰运动员、马术运动员和舞者。哈里森高中的课程和日程表为了适应这些有天赋的学生而设置得很灵活。学生的课程或测试是在线完成的，线下还有额外的课程，以促进其社会化。艾米莉和毕业班的其他30名学生非常亲近。他们从高一开始就在一起，在高中生活的起起落落和竞技场上的训练中互相支持。

在上完小提琴课开车回家的路上，艾米莉想起了那天在学校里和朋友（也是同学）蕾娜（Reina）的谈话。一想到那次谈话，她就觉得更难受了。艾米莉和蕾娜谈论了即将到来的项目和必须完成的测试，以及她们繁忙的日程安排。蕾娜是一名马术竞技选手，这个周末她有一场重要的表演，但她告诉艾米莉，即使日程繁忙，她对完成所有的事情和取得好成绩并不担心。

艾米莉知道她为什么不担心，这真的让她心烦。两个星期前，艾米莉走进了她以为只是和同学们一起学习的地方。结果是五六个同学在共享在线课程的答案。此外，其中一名学生进入了学校电脑网络的安全区域，老师们将学生在线参加的测试上传至该区域。艾米莉的同学们利用这些测试作弊。她震惊地走出房间，对她的同学们感到失望。艾米莉把他们都当作好朋友和好人。她知道他们非常努力，特别是在各自的竞技领域上。 181

艾米莉在过去的两周里花了很多时间思考她所看到的，并考虑如何对待这种情况。她对她的朋友们感到沮丧和失望，她很生气，因为他们中没有一个人像她一样会花时间在功课上。她也知道，要在繁重的课业和繁忙的音乐日程之间取得平衡是多么困难。艾米莉是公认的有前途、有成就的年轻音乐家。然而，她每天练习约四小时，并争取有限的录取机会和奖学金，才达到她现在的水平。她感到压力很大，她知道所有的同学都有同样的感受。从某种程度上说，尽管艾米莉不赞成，但她也明白他们为什么决定作弊。

艾米莉很难和相关的人交谈，她知道他们感觉到了她的怒气。艾米莉认为他们最终会被逮住，但已经过了两周，似乎没有一个老师或管理员察觉。直到艾米莉那天和蕾娜谈话，她才真正为这种情况感到痛苦。在她们的谈话中，艾米莉告诉蕾娜，她对竞赛以及平衡学业和音乐日程感到多么紧张。蕾娜说她能理解，她的生活也是如此，直到她发现了“一点点帮助”。蕾娜告诉艾米莉，欢迎她当天晚上 8 点左右到她家参加学习班以寻求帮助。

那天晚上，艾米莉上完课回家之后，径直走到自己的房间，并打开背包。突然，她哭了起来。她筋疲力尽了，周末的任务似乎迫在眉睫。她的父母还在上班，可能还要工作一个小时。艾米莉知道他们加倍努力为她提供专门的教育和所有她需要的课程，这使她哭得更厉害了。艾米莉想到了蕾娜和其他朋友。他们都是很好的人，似乎很容易为他们的所作所为辩护。蕾娜想知道如果管理员发现了会发生什么。她知道哈里森高中有非常严格的抄袭和作弊处置政策。艾米莉担心，如果他们发现了朋友们的作弊行为，朋友们将无法毕业。

艾米莉知道自己有三种选择：要么揭穿她的朋友们，要么什么也不说，要么加入他们。艾米莉不想揭穿她的朋友们，她和他们很亲近，整个高中时期他们一直支持她。她很担心，不想让他
182 们毕不了业，或者更糟糕——被开除，这将影响他们被大学录取。然而，艾米莉也想过，她为了取得好成绩和平衡日程安排有多努力。她为自己的时间管理技能感到骄傲，并且她知道这个特征对她以后的生活将很有帮助。一方面，她感到不公平，这些学生比她班上的其他人都有优势。另一方面，由于感觉到相同的压力，艾米莉明白为什么他们决定作弊。在某种程度上，艾米莉觉得他们的所作所为是合理的，他们会继续支持彼此度过艰难时期。她独自坐在房间里，觉得自己也需要一些支持。

艾米莉的妈妈下班回到家，来到她的房间，看看她今天过得怎么样，问她晚餐想吃什么。艾米莉拿着一盒纸巾瘫倒在卧室地板的中央。艾米莉的妈妈马上坐在地板上，拥抱了她一会儿，然后问艾米莉怎么了。艾米莉把整件事都告诉了妈妈。妈妈发现了艾米莉在过去的几周里表现得很奇怪，但认为她只是对即将到来的音乐学院面试感到紧张。妈妈建议一起为艾米莉的所有选择列一个利弊清单，这样她们就可以清楚地看到所有情况下的结果。

清单一列好，艾米莉就知道自己当晚不会去蕾娜的家里“学习”了。她不想拿自己在高中付出的一切去冒险。但是艾米莉仍然不能决定是揭发她的朋友们还是什么都不说。艾米莉不想树敌，但她也希望每个人在学业上的竞争是公平的。艾米莉的妈妈建议她和斯佩林女士（Mrs. Spelling）谈谈，她是学校的一位管理人员，曾经是学校的辅导员。艾米莉真的很尊重这位女士，因为她是一位伟大的导师，她曾经也是一名音乐会钢琴演奏家，所以她理解学生们每天所面临的压力。艾米莉的妈妈告诉她，她可以假设性地向斯佩林女士询问，这样她也不需要揭发朋友，但又可以得到一些好的建议。于是，艾米莉和斯佩林女士在星期一谈了一下。斯佩林女士告诉艾米莉她不需要透露姓名，因为学校已经知道发生了什么事。一位计算机管理员察觉到有人在学校外登录了教师网络，他们能够通过查看那周的作业和测试来确定是谁。

这些学生受到了纪律处分，不被允许参加任何高年级活动。艾米莉感到宽慰的是，她决定了不参与其中，并且能够留住她的朋友。第二年，艾米莉获得全额奖学金并进入了音乐学院，而且她变得更加欣赏自己的时间管理能力。

问题讨论 183

1. 艾米莉处境的湍流水平如何？学校的湍流水平如何？鉴于艾米莉的决定，湍流水平将在多大程度上被改变？

2. 在哈里森高中违反抄袭和作弊处置政策的后果是否清楚地传达给了学生？为什么？

3. 你认为为什么这些学生似乎认为作弊是理所应当的，而不是错误的？

4. 艾米莉的思维过程是如何体现对朋友、对学校以及对自己的关怀的？

5. 艾米莉的母亲和斯佩林女士在多大程度上把艾米莉的最大利益放在了她们的考虑中心？

案例研究 9.3

收益还是诚信：为更大的利益而做出的牺牲

梅德加大学（Medgar University）在科学和技术方面是在全国名列前茅的大学。多年来，梅德加大学一直不断向美国国家航空航天局（NASA）和其他国家知名研究基金会输出杰出的、表现卓越的科学家、研究人员和享有盛誉的科学奖项的获得者。梅德加大学以对多样性的包容而自豪，而科学技术学院的大量国际招生无疑支持了这一说法。然而，随着关于招收外国学生的新法律的出台，国际招生数量急剧下降，导致许多科学课程关闭，教职员被解聘。

国际招生办公室副主任汤姆·埃弗斯（Tom Evers）和科学技术学院的负责人耶利米·克鲁索（Jeremiah Crusoe）经常碰面商讨招生策略。在 2000 年秋季，在与当地企业家进行了一次非常成功的会晤之后，当前的形势出现了令人兴奋的转机，有了解决方案。拉尔夫·阿马古奇（Ralf Amagucci）是一位著名且有权势的亚洲商人，他兑现了自己的诺言，影响了一大批富有的亚洲理科专业的学生——包括他的儿子阿拉丁·阿马古奇（Aladdin Amagucci）——转学到梅德加大学。许多年来，拉尔夫一直在为梅德加大学筹集资金。行政部门和教职员工都认为拉尔夫是一个值得信赖的、善于合作的、可靠的人。他认证的这一批学生都是从当地社区大学转来的。所有人都同意预付一整年的学费和食宿费。这一“壮举”让大家很兴奋，因为它使科学项目恢复了活力，并给大学带来了更多的收入。许多即将转学的亚洲学生利用当地社区大学和梅德加大学之间的转学协议，准备直接转入梅德加大学的科技技术项目学习。

长期担任物理系教师的伊诺斯·摩根（Enos Morgan）经常抱怨理科学生的写作技能普遍较差。伊诺斯以其坚定地维护梅德加大学的诚信而闻名，他坚信大学良好的声誉是赢得尊重和保持强大的关键。最近，一位美国物理学专业学生雷·皮特（Ray Pitter）被摩根教授发现抄袭，并被报告给了纪律委员会。他很有可能会被开除。虽然雷仍然相当平静，但他的双胞胎兄弟罗伊·皮特（Roy Pitter）却经常抱怨政府对学生的不公平待遇。罗伊认为自己是一名积极分子，有权召集学生游行来反对学校的压迫政策。罗伊和其他当地学生对留学生的涌入很警惕，并对整个大学等级制度赋予留学生的关注感到不满。摩根教授知道，这些亚洲学生是一笔巨大的资产，虽然他们中的许多人在写作密集型课程中苦苦挣扎，这种情况在两年制的大学教育中从未得到适当的补救。当阿拉丁在学期末上交他的课程论文时，摩根教授惊呆了。抄袭是显而易见的，期末论文有很多引用没有标明出处。摩根教授对论文上的某些章节做了适当的批注，然后把论文塞在办公桌上每天的紧急工作案卷底下。

摩根教授立刻想到了他在惩戒雷·皮特时的做法，这是一个先例，又想到了他暴怒的双胞胎兄弟罗伊。他对自己的行为并不后悔，因为他的职业伦理规范指引着他，随时准备为维护他挚爱的大学诚信而斗争。作为梅德加大学的创始成员，他深深地关心所有的学生，但他知道，最重要的是为更大的利益服务，保护学校的名誉。

摩根教授若有所思地坐在员工休息室的办公桌前。他打开邮箱并点开了标有“紧急”的标题。当他读到校长乐观地宣布又有一批富有的亚洲学生被确定进入梅德加的科学项目时，他的心都凉了。当他的同事们为商业共同体这一英明举措欢呼时，他无法对休息室里的庆祝声置若罔闻。

摩根教授走出办公室，陷入了沉思。突然，他的思路被快速接近的脚步声打断了。环顾四周，他正好看到了罗伊·皮特气愤的脸。他说：“我觉得你把这个文件忘在桌子上了。”他说着，举起阿拉丁的论文，上面密密麻麻都是他手写的笔记。当摩根教授

面对学生的愤怒时，他只能预想到对他所热爱的学校的真正威
185 胁。他终于下定决心了，他决定立即向大学纪律委员会举报阿拉丁·阿马古奇。

问题讨论

1. 根据关怀伦理，摩根教授可以用什么策略来化解罗伊·皮特对他的怒火？

2. 根据拉尔夫·阿马古奇对梅德加大学的贡献，如果纪律委员会像处理雷·皮特的不当行为那样来处理他儿子的不当行为，正义会得到伸张吗？

3. 摩根教授发现阿拉丁抄袭论文后，他没有立即做出反应，直到他遇到罗伊·皮特。基于批判伦理，在这段时间内，他可能会反思什么问题？

4. 当摩根教授做出最后的决定时，他似乎不那么担心自己行为的后果，因为他的职业伦理规范指引他完成自己的使命，让这个过程顺其自然。反思你自己的经历，当你不得不基于职业伦理规范做出艰难决定时，结果如何？请讨论。

5. 在你看来，这个案例当前的湍流水平如何？应该做些什么来降低湍流水平？

6. 如果对阿拉丁抄袭行为的纪律处分与即将入学的亚洲学生一致，请描述这对湍流水平的潜在影响。这对大学自身的稳定性会有什么影响？

案例研究9.4

风暴预警

罗宾·兰扎（Robin Lanza）迫不及待地盼望夏天结束。她不耐烦的原因有很多：天气不太配合，大部分时间都在下雨；她的朋友们在全国各地忙碌着；她参加了一门化学高级课程，但她真的不想去；最重要的是，她即将转学到新奥尔良的罗兰大学

(Roland University)。罗宾感到兴奋的部分原因是，她将要离开自己所住的新英格兰乡村小镇，前往美国最热闹的霓虹闪烁的城市。但还有更深层次的原因。罗兰大学以其学术质量、相对较小且积极性高的学生群体以及她所选择的医学预修专业的优秀课程而闻名。此外，与她最亲密的两个女生朋友露西（Lucy）和艾伦
(Ellen) 也即将作为一年级的学生就读于罗兰大学。 186

罗兰大学新生活的吸引力，加上她对这个特殊的夏天结束的渴望，让 8 月初的日子显得漫长。还有她父母的问题。罗兰大学的学费比她即将离开的州立大学要贵得多。如果他们对她坦诚的话，这是一个问题，但不是关键问题。可是父母对她的转学一点也不热心，妈妈告诉她："你在这儿做得很好，为什么要冒险去新奥尔良呢？我们担心这个决定。"她的父亲似乎更支持她，但罗宾知道他只是跟着自己的直觉走，这是她的教育，她需要自己拍板决定。罗宾和父母一起去买衣服和日常用品时，她很容易看穿他们表面高兴的样子。她知道转学到罗兰大学有点像一场赌博，在某种程度上她要靠自己。尽管如此，这是她的梦想，她下定决心要实现它。

伴随着 8 月三伏天的过去，很快就到了开车去机场和飞往南方的时候了。罗宾提着两个大箱子和两个大手提包上了飞机。和父母说再见并不像她想象的那么困难，她很高兴他们在她通过安检后微笑着向她挥手，至少他们在努力为她高兴。航行很顺利，在那个星期四下午晚些时候，罗宾降落在路易斯·阿姆斯特朗国际机场，然后去了酒店，因为她在罗兰大学二年级的房间要到第二天早上才能准备好。当罗宾搬进宿舍，遇见她的新室友，在学校商店里买东西，漫步在校园里，想象着她的未来时，星期五几乎是梦幻的，也有些模糊。她听了一会儿广播，但名为"卡特里娜"的一级飓风经过佛罗里达的消息没有给她留下任何印象。当她离开迎新晚会，爬上四楼，来到她布置得井井有条的空调房时，她在罗兰大学唯一平静的一天结束了。

星期五和星期六之间的反差太大了。就在24小时前，大学的教职工们还在为罗宾和其他新生的到来欢呼雀跃，以示欢迎，周六的紧急会议却弥漫着严肃有序的气氛。卡特里娜飓风出人意料地转向新奥尔良，并且不妙地每个小时都在增强。学生们被告知，作为预防措施，他们将乘公共汽车北上，前往密西西比州和泰瑟州立大学（Tether State University）的校园，直到飓风离开这座城市。罗宾和她的两个女生朋友上了公共汽车，有一点点担心，但是大学工作人员的有序组织的和对这种紧急情况清晰的计
187 划给了她安全感。当她转向她的朋友露西时，微微一笑说：“看，我来的地方现在是冬季而且还有暴风雪。在这里，一两场飓风只是小意思。我们很快就会回来的。”露西似乎被说服了，尽管很难说这是一种聚会的气氛，但乘公共汽车去泰瑟州一路上可以说是愉快的。

泰瑟州立大学的情况并不完全是罗宾所预期的。罗兰大学的学生们聚集在学校的体育馆并被要求留在那里。泰瑟的学生并不十分友善，似乎对给他们强加这么多陌生人感到介意。两校的管理人员尽了最大努力，让每个人都有事做，能吃饱。但是，当夜幕降临，两件事情就很清晰地摆在了体育馆里的学生面前：那里没有足够的行军床，更重要的是，向新奥尔良进发的飓风并不是一场普通的风暴。罗宾试着睡在体育馆坚硬的地板上，没有枕头。她、露西和艾伦静静地分享着她们焦虑的心情，直到她们陆续进入梦乡，罗宾还感到自己在梦境边缘挣扎。

接下来是星期日。罗兰大学的管理人员显然尽了最大的努力，但情况并不乐观。数以百计的学生需要被通知、吃饭、娱乐，并在别人的校园里保持安全。两所大学之间的合作非常出色，但学期伊始遇到的这个特殊情况是一个挑战。最重要的是，现在看来飓风不仅向新奥尔良进发，它的路径现在也包括泰瑟。尽管存在所有这些问题，但目前局势已经得到了很好的控制。然而没有什么能阻止学生们担心这场破坏性巨大的风暴。一些学生

开始制订自己的计划。露西已经用她的手机打了一连串的电话，然后转身说：“看，罗宾，待在这儿简直是疯了。暴风雨正朝这边来，我们会有危险的。我不想再愚蠢地在地板上睡一个晚上了，谁知道我们什么时候能回到新奥尔良呢？我要离开这里。我们只要开车去机场，那么今晚，或者最迟明天，就能到家了。你说呢？”

罗宾想了想，给父母打了个电话。她的爸爸说：“罗宾，听我说，那里的情况似乎真的很严重。现在，罗兰大学的人给你提供食物，使你得到照顾，他们会为你的安全负责。如果你现在离开，什么事都有可能发生。你可能会被困在机场或遇上暴风雨。妈妈和我真的希望你留在原地不动，直到情况变得更安全。放弃在这种混乱中试图飞回家的想法吧。”

罗宾感觉爸爸似乎要生气了。“但他不是被困在这种情况下的人。我的父母怎么能知道我的感受，他们怎么能在这种紧急情况下如此麻木呢？”罗宾向罗兰大学的管理人员询问去机场的事。学生办公室一个主任告诉她：“如果你现在立刻离开，我们可以把你送到机场。但是你必须知道，一旦我们把你送下车，你就只能靠自己了。”

情况就是这样。5 级飓风卡特里娜正朝着他们袭来。一方
面，她的父母和罗兰大学的管理人员告诉她要留在那里；另一方 188
面，她的朋友准备于 10 分钟后前往机场。她是应该同意在没有朋友的情况下遥遥无期地待在体育馆呢？还是应该听从自己的直觉判断，不顾父母和罗兰大学的反对，设法离开这个地区？时间不多了，罗宾必须下定决心。

问题讨论

1. 你认为罗兰大学的政策怎么样？你是否建议其改变政策，让年满 18 岁的学生自行决定是否离开该地区呢？

2. 在这种情况下，罗宾会如何对自己运用关怀伦理？不管她的决定

是什么，她如何把关怀伦理应用到其他人，包括她的朋友和家人身上呢？

3. 罗宾是不是被矛盾的声音压得喘不过气来？

4. 从多方考虑这个困境——罗宾的朋友和罗兰大学管理人员的建议以及罗宾父母的要求。他们各自是怎样以不同方式努力阐明她的最佳利益的？哪一个对你来说更有说服力？请解释原因。

5. 罗宾在避难所遇到了什么水平的湍流？在短期内，去机场的决定会怎样改变她的湍流水平呢？从长远来看呢？罗宾在暴风雨路径上的位置如何影响了她的反应？

6. 从处于这场困境中的不同人的角度来看，湍流水平如何？不同的人可能会看到级联的哪些可能性？

案例研究9.5

篮 球 梦

道格拉斯·迪尔曼（Douglas Dillman）是第一年在保罗·罗伯逊高中（Paul Robeson High School）做副校长，保罗·罗伯逊高中位于一个小城市学区。该区由65%的少数族裔人口（其中70%的家庭由单身女性持家）组成。在少数族裔成年人失业率高达25%的情况下，高中毕业生的就业机会很少，通常只有最低工资的工作和很少的工作时间，几乎没有成长、晋升或获得福利的机会。因此，这里的非法活动已经成为社区中许多人的一种生活
189 方式。对有些人来说，获得体育奖学金被视为获得学术机会和经济成功的途径。

尽管保罗·罗伯逊高中的毕业率非常低，只有53%，并在某些圈子里被称为“辍学工厂”，但对社区来说体育竞技是它的一个亮点。多年来，该校已经有数百名运动员毕业，他们能够通过大学体育项目进入大学。像那些学生运动员一样，来自保罗·罗伯逊高中的成功教练也被招募到校际项目的行列。

迪尔曼先生从课堂讲师晋升为学校行政管理者。在这项任命

之前，迪尔曼在保罗·罗伯逊高中教授社会科学，并因作为一名支持性的、忠诚的、正派的雇员而受到赞誉。由于该校有38年教龄的资深教师理查德·本内特（Richard Bennett）退休后留下了一个空缺，他得以被提升为副校长。在该学区的任期中，本内特能够编织出一张有操控自主权的网络，这提高了他获得资源的可能性，并建立起一定程度的权威，这种权威往往超过了校长。他在社区中无与伦比的影响力源于他积累的州冠军数量和他能够帮助大学招收的学生数量。尽管迪尔曼作为一名教师和公民参与者受到赞誉，但他觉得本内特遗留的影响使他黯然失色。他认为自己是21世纪进步的、不断崛起的、积极参与的领导者中的一员，但学校环境仍然是传统而静态的。

在仲冬大学篮球赛季中，当保罗·罗伯逊高中的校长罗达·安德森（Rhoda Anderson）要求与迪尔曼以及首席篮球教练兼体育主管杰瑞·纽瑟姆（Jerry Newsome）进行正式会晤时，迪尔曼面临着挑战他个人和职业伦理的两难境地。这次会议是为讨论昆西·伯顿（Quincy Burton）的平均绩点而召开的。昆西是学校篮球队一名19岁的高级队员，他在这个地区以其非凡的运动能力而不是优异的学业成绩而闻名。昆西在大学董事会的标准化评价中得分最低，但仍有资格被录取。然而，他的平均绩点在篮球赛季受到了影响，低于学院和大学的最低要求。昆西的家人一直耐心地等待着他毕业的那一天，等待着他被送上体育领域的巅峰。对他们来说，昆西代表着家庭逃离这个受犯罪、毒品和不断上升的失业率所困扰的社区的桥梁。

在笼统地谈论他们面临的问题之后，行政管理人员仔细研究了昆西的平均绩点，以及它对获得体育奖学金所造成的障碍。会议结束时，校长安德森给道格拉斯·迪尔曼提供了两个选择：一 190
是说服昆西的老师更改今年早期的成绩；二是利用行政特权，通过填写一份学区标准表格来自行更改成绩，这个表格会永远将提出申请的管理者和被更改的成绩联系在一起。

很显然，道格拉斯·迪尔曼面临着一个两难的困境。这两种选择都是可以接受的吗？怎样做对昆西是公平的？对更大的学校社区来说，怎样做是合乎伦理的呢？

问题讨论

1. 哪一种伦理范式更适用于迪尔曼的两难境地？
2. 在职业伦理下，道格拉斯·迪尔曼采取什么样的行动最合适？
3. 考虑到昆西·伯顿的社会经济地位、种族和有限的机会，关怀伦理可能怎样影响道格拉斯·迪尔曼的决策和行动？关于这个困境以及学校和社区面临的更大的问题，批判伦理揭示了什么？
4. 在这种困境下考虑湍流理论，可能的级联效应是什么？位置性扮演着什么角色，迪尔曼应如何使用这种分析来更好地考虑其选择？
5. 如果你是安德森校长，你会用什么伦理范式来应对这个困境？如果你是道格拉斯·迪尔曼呢？

案例研究9.6

艰难的教学选择：农村梦想与城市财富

王曦先生（Mr. Xi Wang）打开信，又读了一遍。这是他的朋友帮他争取到的一个北京的工作面试邀请。这是一个难得且宝贵的机会，但他感到矛盾。“我将很快做出一个非常重要的决定，这将改变我的人生轨迹。”在那一刻，当他看到自己的学生在中国西部乡村粗糙的操场上玩耍时，他感到了前所未有的压力。

王先生两年前从北京一所一流大学毕业后来到了这所乡村学校。他在大学主修教育，梦想是为改善中国的教育，尤其是农村地区的教育做出贡献。因此，毕业之后他参加了教育部旨在通过
191 向中国西部省份的学校派遣教师来提高农村学校教育质量的项目。王先生坚信他的热情和知识能够支持他，并且自己会取得成

功。同时，这意味着他要离开他在北京的父母、女朋友和朋友们。接下来两年的生活将是孤独而艰难的。

当王先生来到农村时，当地的人民为他举行了令人感动的欢迎典礼。“来了一个从首都的大学毕业的老师”，这是个大新闻。在接下来的几天，校长和其他老师都给予他很多支持，他们把王先生当作教育专家来对待。他们认为王先生代表了先进的知识和教学方法，这是学校和学生的希望。学生们非常积极地学习，他们认为他是这里最好的老师，可以改变他们的未来。村民们也很尊敬他，因为他们知道这个年轻人可能会帮助他们的孩子过上更好的生活。这一切都对王先生产生了强烈的影响和激励，他决定尽自己最大的努力来帮助这些远离城市的人们实现梦想。

然而，学校的条件远远超出了他的想象。这里只有3名老师，却有近200名学生。王先生必须教3个年级所有学生的英语和语文。他每天工作14个小时以上，以完成课前准备，批改学生作业，并与学生和家长沟通。更糟糕的是，教学资源非常有限。这里没有多媒体设备，没有图书馆，没有学生档案，也没有评估时间安排。此外，生活条件也非常恶劣：他的房间漏水，暖气强度远不足以让他在冬日的夜晚保暖。

但王先生正视了所有这些挑战，经过近两年的努力工作和与老师、学生及其家庭的合作，他在实现目标的道路上越走越好。例如，毕业率有了显著提高。此外，进入经济繁荣地区高中的学生比例在大幅上升，辍学率大幅下降。他还与村里的每个人都建立了牢固的关系。因此，每当他想到自己的理想事业和学生眼中的真诚和求知欲时，他都希望自己能在这里多待一段时间，为这个地方做出更多的贡献。但是更大的压力催促着他回到城市。由于当地政府无法按时提供资金，他不能按时领到工资。学校没有医疗保险，他不得不用自己的钱来支持学校的项目，好让自己的生活条件更好一点。他的女朋友也离开了他，因为他把太多的时间花在工作上而没有足够的时间和她在一起。最后，他的父母和朋友建议他在北京找一份更稳定的工作。

不久，王先生就收到了他在北京的朋友发来的一些面试邀请函。他知道他们一定付出了很大的努力，才为他在这个城市赢得了这些难得的机会。不久，王先生要回北京的消息就传出去了。学生和家长每天都来拜访他，试图说服他留在这里。他们告诉他，他的工作对村里的人是多么重要。村民们甚至告诉他，他的同事和校长的工资都并非来自教学岗位。他们是农民，靠自己的劳动在地里谋生，他们在学校几乎像志愿者一样工作。

在接下来的几天里，每当王先生想到他将要做的决定时，过去两年发生的一切就萦绕在他的脑海中。他发现自己陷入了这样的困境：应该放弃农村学校的梦想，抓住机会回到繁华的城市，还是坚持自己的理想事业，留在这个贫穷的农村学校？

问题讨论

1. 在湍流度计上，你认为王先生的困境处在什么位置？对王先生来说湍流水平如何？对学校来说呢？对当地政府来说呢？王先生怎样做会提高或降低自身的湍流水平？

2. 运用四种伦理范式，你如何理解王先生以及学校的困境？关于这所学校面临的问题，批判伦理告诉了你什么？关怀伦理呢？

3. 运用位置性元素，王先生的情况会给学校和农村在短期内带来什么样的影响？从长远看呢？

4. 考虑学校和王先生的困境，他们能做些什么来满足双方的最大利益？谁的稳定性面临的风险最大？

5. 作为一个专业的教育工作者，如果你面临王先生的困境，你会怎么做？

第10章　教学实习中的规则、规章和政策与个人需求和关怀

（本章案例由戴维·X. 菲特、约瑟夫·P. 杜塞特、 193
萨拉·M. 贝克尔提供。）

这一章总体上是根据近十年教师实习过程中的日常经验总结出来的，具体来说，关于实习教师在该领域的工作经验。这一章依靠一系列的案例研究，将联邦和州用以管理基础教育的规则、规章和政策之间复杂的相互作用所产生的一些伦理困境呈现出来。这些规定影响着教师培训过程的各个主体：学校、学区、校长、职前教师、合作教师、大学督学以及大学本身。尽管这些规定作为一种问责机制是完全可以理解的，但它们的应用方式有时会造成教师准备过程中利益相关者的既得利益直接冲突。本章的目的是将其中一些冲突作为伦理困境表达出来。

在教师准备过程中，教学实习（student teaching）几乎是所有这些项目的最终活动。由于它在培养新教师方面发挥着至关重要的作用，有关这部分内容已经形成了一套复杂的规则、程序和规章制度，旨在确保未来的教师能获得教学资格证书。在职前教师的学习进程中，没有任何一个时期的风险要比教学实习更高，利益相关者更多。对于教师职业本身来说，所有申请教师资格证书的人都必须在内容、教学法和性格等多个方面达标。教师需要具备能够帮助他们理解学生及其学习能力的知识和技能，才可以
进入职场。他们还需要对教学内容和教学法有坚实的理解。此外，他们需 194
要具备设计和实施有效评估工具的能力，以及与其他教师、家庭和社区合作的能力与愿望（Darling-Hammond，2000；Holm & Horn，2003；Kruse & Louis，1997）。对于大学来说，实习教师作为学校在学区的外部代表，专

业和负责的行为至关重要。对于教师培训项目来说，实习教师必须表现出那些体现项目背后哲学基础的特质。所有这些都是为了确保实习教师在任何时候都是称职的、符合职业伦理的和专业的。

当然，之所以发生冲突，是因为在可能失败的条件下，对实习教师来说风险更高。在梅齐罗（Mezirow，1991）的定义中，教学实习应该是一种变革性的体验，在这种体验中，实习教师从之前的学生角色演变为教师角色。这种转型总是渐进的，并且涉及一个漫长的反复试错的过程。不幸的是，典型的教学实习情况要求几乎完全相反。根据定义，实习教师是根据专业标准被评判的业余工作者。

也许通过将学生的实际教学情况与理想情况进行比较，可以更好地理解这种情况下的困境。教师的职前训练基本上是以学徒模式为基础的。在具有发展完善的学徒模式的行业系统中，一个职业的学徒会被交给一位工匠大师去学习一门手艺。在越来越复杂、责任越来越重大的情况下，徒弟通过与师父一对一的接触来学会这门手艺。在这种制度下，失败是预料之中的，但受到学徒制责任范围的限制。只有当师父确定徒弟已经准备好了，这个人才被允许作为行业的一员开始生产。在这个体系中，个人被允许以自己的速度学习和成长。该行业的规章制度不适用于学徒，因为是由工匠师父对最终成果负责。

将该模式与教学实习进行比较。克齐尔和乌贝尔斯（Koetsier & Wubbels，1995）提出这样一个强烈的观点：因为实习教师是在学习这门技艺，所以失败是意料之中的事，个人的学习成绩应该得到认可。不应该期望实习教师表现出专业水平的行为，因为他们还不是专业人员，也不具备专业人员的技能（Darling-Hammond，Chung，& Frelow，2002）。然而，教学实习通常只有一个学期，其评分方式与项目中的所有其他经验类似。此外，管理
195 实习教师的规章制度与管理已经获得许可的专业教师的规章制度在本质上是相同的。在这种情况下，监管实习教师的人不可避免地会不断面对这样的两难境地：既要把实习教师视为专业人员，又要接受他们是新手的事实。本章中的案例展现了遇到这种困境时的一些问题。

重要的是要认识到，正规专业培养的核心越来越依赖于实践经验。这

些经验通常嵌入课程中，大学设计这些课程是出于理解每一位新人职前教师最终都会影响成千上万学生的生活。越来越多的大学课堂教学正被某种形式的实地经验所替代或加强（Keller，2003；Shen，2002），在这些实地经验中，实习教师可以获得“行业技巧入门培训”（Tigchelaar & Korthagen，2004，p. 670）。这些基于实地的体验是完全可见的，并提供了一个内容丰富的环境，一方面，使大学可以与周围的社区互动并提供服务；另一方面，这些经验也为预备摩擦的发生提供了许多历练的机会。

在职教师或合作教师或自愿、或被指派，在教学实习期间承担着指导学生的责任。这项任务基于以下理论假设：教师已经成功地进行了多年教学，有高水平和多类型的指导技能以胜任这一角色。由于越来越多的教师培训项目正在大力投资于预备和正在进行的实地实习，在职教师的作用变得越来越重要，并对新教师的职业生涯产生越来越大的影响。越来越强调实地培训的一个有趣和意想不到的影响是，大学正在更密切地关注中小学校里发生的实际情况，而中小学校也在更深入地了解教师是如何培训出来的。这可能为有意义的互动创造机会，但也有可能让双方在不总是讨好的情况下观察对方。

从大学的角度来看，外部监管和评估是非常昂贵的，被看作政府强加给教师培训项目的无资金支持的指令。这种由监管机构、学校、大学督学和合作教师构成的复杂组合，为系统性的湍流和大量伦理困境的发生提供了肥沃的土壤。

下面五个案例涉及教学实习过程某些方面的现实困境。每一种困境都基于在城市环境中管理大型教学实习所遇到的实际经验。这种困境可以推广到任何相同类型的环境中——无论大环境还是小环境，城市还是郊区。这些案例呈现了当教学实习的现实与理论发生冲突时的困境。 196

“当热情不够时”（案例研究10.1）提出了教学实习中经常遇到的困境。这位实习教师想成为一名正式教师，并为她实习的学校带来青春、动力和热情。然而，当她面对自己并不能完全适应教材的现实时，她的缺点变得很明显，动力也减弱了。

“我们应该接受谁的价值观?”（案例研究10.2）介绍了矛盾的价值体

系发生冲突时所产生的困境。案例中的退休校长与学生和老师共事的时间很长，他们的言行举止都符合她认为的正确方式。当面对与她以前接触过的教师有很大不同的实习教师时，她得出结论，这些多样的职前教师是不会成功的。她在表达对这些教师的不满时，按照一种既定的观念行事，即按照她所认定“什么是正确的”观念行事。案例的困境是，这些既定的价值观应该如何与一种与之竞争的伦理相平衡。

在“当原则遭遇现实”（案例研究 10.3）中，一名实习教师的督学偶然发现了一种情况，她认为不合伦理的和虐待性的行为正在发生。虽然她没有法律责任进行干预，但她向有关权威——学校的校长——告知了自己的担忧。这个案例触及了许多城市学区的一系列现实问题，在这些问题上，我们必须做出选择，不是在好与坏之间选择，而是在一种坏结果与另一种坏结果之间做出选择。

“久经考验的真理何时失效？”（案例研究 10.4）提出了一个传统实践遇到创新和变化的案例。与案例研究 10.2 类似，一位合作教师有着丰富的教学经验，在任职期间，她创造了一套自认为正确的准则。当实习教师采用一种完全不同的教学法时，这位资深教师得出了实习教师不称职的结论。这个案例提出了平衡这些对立的哲学问题。

197 在“什么时候讲真话不够好？”（案例研究 10.5）中，副教授被要求对教学实习项目进行诚实的评价，她面对的现实是，事实并不总是人们渴望获得的。对她本人以及需要向其汇报的院长来说，一个两难的问题是，如何在清晰的评价与维护学院和教学实习项目的声誉之间保持平衡。

案例研究10.1

当热情不够时

20 岁的苏珊·詹金斯（Susan Jenkins）是城市大学（City University）小学教育专业的一名大四学生。她从家附近的社区大学获得副学士学位后，转到了城市大学。她在教师预备课程中表现良好，平均绩点为 3.1（总分 4.0）。她通过了普瑞克西斯体系

（the Praxis series）的职前考试，不过为了达到该州的最低及格分数，她不得不重新参加数学考试。总的来说，苏珊被认为是一名好学生，但不是优秀的学生。她之所以决定成为一名教师，是因为她特别喜欢幼儿园和小学低年级的孩子，也因为她的母亲是一名教师。她的母亲在这座城市的学校任教多年，现在已经成为该地区较好的小学之一——格林巷小学（Green Lane Elementary School）的教务主任。出于她在这个地区的资历和关系，母亲获得承诺，女儿毕业并获得教师资格证书后，将会在该区得到一份工作。

苏珊被安排在大学附属的一所专业发展学校进行教学实习。虽然她更喜欢在幼儿园或一年级任教，但在那里没有空余的班。因此，她被分配到克莱恩女士（Mrs. Crane）的六年级班级教学。虽然教学年级非她所愿，但教学实习主任奥尔森博士（Dr. Olson）认为，这种安排是有益的，因为克莱恩女士已经教了 10 多年书，被认为是一位优秀的教师和导师。她的大学导师是曾任校长的布莱克博士（Dr. Blake）。布莱克博士退休后曾成功地指导过好几年的实习教师。

苏珊的教学实习始于观察克莱恩女士一周。然后她被要求接管这个班的阅读课。之后，她被分配去教数学，再被要求教科学。虽然苏珊很喜欢和学生们交流，但很明显，作为一名教师，
她有很大的不足。尽管她认真地准备了课程计划，但她似乎不能 198
回答学生的问题或调整课程来应对课堂的变化。随着学生们看出她的不舒服和焦虑，这几乎总是导致课堂管理问题。克莱恩女士不可避免地介入，从苏珊那里接手课堂。克莱恩女士和布莱克博士意识到，核心问题是苏珊没有足够的知识储备来教这个年级。

在苏珊的整个教学实习经历中，尽管克莱恩女士和布莱克博士都试图帮助她，但她并没有显著的进步。事实上，苏珊的屡次失败导致她在教学中更不成功，最终到了克莱恩女士不再要求她管理班级的程度。学期结束时，她和布莱克博士一致认为不能给

苏珊一个及格的分数。当被告知这一点时，苏珊争辩说她不打算在小学高年级教书，而且她确信自己会做好幼儿园或一年级的老师。虽然这可能是事实，但有人指出，她将从州政府获得的证书使她有权一直教到八年级。鉴于这一现实，他们建议奥尔森博士给她“C”级。由于认证要求最低等级为“B-”，苏珊将因为这个成绩而不能被推荐申请教师资格证书。

当苏珊告诉母亲她将在教学实习中取得一个不让人满意的成绩时，她的母亲立即打电话给奥尔森博士。她告诉他，如果苏珊取得不理想的成绩，就意味着她不能承担被许诺的工作。她暗示，但并没有明确表示，她将不再考虑接受城市大学的实习教师进入她的学校，或者该地区的任何一所学校。她还告诉奥尔森博士，对她来说，这个学区和大学之间的长期关系意味着在某些情况下应允许有一定的回旋余地。她认为其中就包括苏珊在教学实习中至少应该得到一个“B-”，并且被推荐申请教师资格证书。

问题讨论

1. 你怎么看最初把苏珊放在一个她不准备教的年级的决定？让她和大一点的孩子共处合适吗？请讨论。

2. 为什么要颁发一份工作范围延伸到八年级的教学证书？这条认证规则对那些只想和幼儿一起工作的教师来说有意义吗？

199 3. 你认为教学实习主任奥尔森博士应该做些什么？在这个案例中，你认为他应该如何平衡正义伦理、关怀伦理和职业伦理？

4. 不接受未来实习教师这一几乎不加掩饰的威胁，如何与关怀伦理和职业伦理相关呢？尤其是考虑到所有利益相关者都有同等义务培养新教师这一事实？

5. 这个困境中的湍流体现在哪里？它会如何加剧？奥尔森博士会采取怎样的行动来改变湍流水平？

案例研究 10.2

我们应该接受谁的价值观?

露丝·贾米森（Ruth Jamison）博士今年 65 岁，刚从大都会学区（Metropolitan School District）退休。她在该区工作了 40 多年，从幼儿园教师开始，到担任学校的教务主任，最后成为全职行政人员。她在最后 15 年担任华盛顿小学（Washington Elementary School）校长，这一职位使她在工作中获得了极大的满足感，并受到了与她有过交流的老师和家长的极大尊重。现在她已经退休了，想回馈教育带给她的一些东西。因为她和城市大学的实习教师一起工作了很多年，她认为为教育做出贡献的最好方式，就是担任实习教师的主管。由于她的经验和资历正好符合职位所需，所以她很快就被学校的教学实习主任录用了，并有四名实习老师被分配给她指导。为了让她顺利完成这项任务，贾米森博士被派往华盛顿小学去指导这四名实习教师。

在与她的实习教师小组的第一次会面中，贾米森博士发现四名实习教师截然不同。玛丽·克莱恩（Mary Kline）看起来就像贾米森博士在 40 年的教育生涯中接触过的典型的小学老师：身材娇小，一直想成为教师，穿着保守，很尊重贾米森博士的专业知识。而另一位，约翰·罗伯茨（John Roberts），是一个 23 岁的非裔美国人，他相信自己可以对班上的非裔美国男孩产生影响。他是一个说唱音乐的狂热爱好者，并且开发了利用这种音乐来接近这些男孩的创新方法。特蕾莎·霍普金斯（Theresa Hopkins）是一位 45 岁的妇女，她的孩子们现在都在上学，她决定完成自己的教育使命。为了合群，她选择了自己十几岁的女儿会穿的衣服。最后是 24 岁的白人女性凯蒂·哈尔彭（Katie Halpern），她坐着轮椅来到这里。一场车祸导致她部分瘫痪。

贾米森博士对眼前的景象感到非常不安。根据她的经验，实 200

习教师中只有玛丽·克莱恩有机会成为一名好老师。她根本看不出其他三个人如何在教学实习中获得成功，或者，即使他们能够顺利度过这段时间，今后又将如何作为教师生存。由于她认为对学生和教育领域诚实是自己的责任，她公开表示，约翰、特蕾莎和凯蒂在教学实习方面可能会经历一个非常困难的时期。她还公开询问他们每个人是否真的想成为一名教师，并表示其他职业似乎是更好的选择。

第一次会面结束后，这三名实习教师立即去找教学实习主任，要求给他们另派一名主管。此外，他们还表示，贾米森博士作为一名教学实习主管是不合适的，她应该被解雇。为此，教学实习主任面临着一些艰难的选择。

问题讨论

1. 当贾米森博士公开表示，四名实习教师中有三名无法通过试用期时，她有没有遵循什么规则、规章或政策？如果有，是什么？如果没有，是否应该有一条规则、规章或政策来解释贾米森博士的行为？

2. 根据关怀伦理，贾米森博士真的是在关心三个她认为不适合教学的实习教师吗？你认为每个实习教师对她的行为会有什么看法？

3. 贾米森博士应该得到什么样的指导，才能使她为所有实习教师的最佳利益而行动？

4. 在当前困境中，湍流水平如何？贾米森博士能做些什么来降低湍流水平？教学实习主任做些什么会使湍流水平更高呢？实习教师们呢？他们的决定将会怎样提高或降低湍流水平呢？

201

案例研究 10.3

当原则遭遇现实

玛丽·艾伦（Mary Ellen）是一名被分配到本杰明·富兰克林小学（Benjamin Franklin Elementary School）的实习教师督学。该小学位于贫困地区，始建于 20 世纪 20 年代，多年来没有得到显著改善。艾伦女士指导实习教师的工作一直非常出色，获得的评价都是对她工作的赞扬。

然而，在一次实地考察中，艾伦女士观察到一件发生在隔壁教室的事。由于两间教室之间没有墙（只有书架隔板），她能够清楚地听到发生了什么。隔壁班里的老师亚当斯女士（Mrs. Adams）花了 25 分钟斥责一个学生在教室里的行为。班里的其他同学都静静地坐在座位上，听着这长篇大论的斥责。不仅艾伦女士听到了那位老师的声音，而且坐在班级后排观摩她教学的实习老师也听到了。接下来，亚当斯女士打电话给那个学生的母亲叙述学生的行为。同样，全班同学都知道了谈话内容。电话持续了大约 45 分钟。电话打通 15 分钟后，被责骂的学生开始呜咽啜泣，直到电话结束。电话结束后，亚当斯女士把注意力转向了一名拒绝吃当天午餐的比萨饼的特殊教育学生。那个学生把比萨饼扔进了教室前面的废纸篓里。亚当斯女士把比萨饼从废纸篓里拿出来，坚持让那个学生在全班同学面前吃一块。

显然艾伦女士对她观察到的景象感到不安。她很清楚，隔壁教室里发生的事情，至少是不合适的，在教学上也不合理。事实上，有一个合理的案例可以证明这种行为是虐待行为。尽管她对亚当斯女士没有法律责任去阻止，但她还是觉得必须做点什么。因此，当她完成对实习教师的考查后，她要求见学校校长霍普金斯（Mr. Hopkins）先生，并把发生的事告诉了他。他回答说自己对所听到的事并不感到惊讶。亚当斯女士因这种行为被举报过好几次。然而，由于亚当斯女士是一名终身教师，她每次都向教师工会提出申诉，并指控霍普金斯校长骚扰。在每起案件中，教师工会都进行了干预，并撤销了案件。事实上，学区人事办公室警告霍普金斯先生说，他应该确保这种情况不会发展到由工会举行听证会的程度，因为这些事件会让这个地区看起来更糟。雪上加霜的是，这所学校已经缺少了两位老师。即使他能将亚当斯女士免职，也不太可能找到其他的替代者。最后，他说虽然亚当斯女士的一些行为是值得质疑的，但她所教学生的大多数家长并不反
202 对她对待孩子的方式。事实上，他们中的许多人认为她的行为对防止孩子行为不端来说是适当的。他告诉艾伦女士，他理解她的担忧，但这种情况是无法改变的。艾伦生气地离开了办公室，她决定采取行动，但又不知道该怎么做。

问题讨论

1. 你所在的地区关于教师如何对待孩子有什么规定呢？亚当斯女士的行为会被允许吗？请讨论。

2. 如果你所在的地区没有关于亚当斯女士行为的法律或政策，那么应该有吗？请解释。

3. 教师工会在以何种方式维护职业伦理？或者其是否在维护职业伦理？

4. 如果制度能够容忍对贫困学生的这种对待，那么艾伦女士怎样才能用批判伦理来争取严肃的变革呢？

5. 赞同亚当斯女士所作所为的家长们是否使用了关怀伦理？

6. 在这种情况下，艾伦女士如何利用当前的湍流来推动变革？艾伦女士正在经历什么水平的湍流？亚当斯女士呢？实习教师们呢？这些不同的水平有可能导致学校局势不稳定吗？

案例研究 10.4

久经考验的真理何时失效?

詹姆斯·摩根（James Morgan）是哈里森小学（Harrison Elementary School）的校长。他在哈里森小学工作几年了，一直被认为是模范行政人员。他在担任校长期间，鼓励教师成为合作教师，与来自当地大学的学生一起工作。总的来说，这种安排效果很好，因为在鼓励教师指导学生的过程中，他发现在职教师自身的教学水平也有所提高。这一有益举措促使大学在哈里森小学安排了一大批实习教师。

然而，这种情况的意外结果之一是，实习教师必须与那些传统的、没有担任过合作教师的教师们一起工作。海伦·克赖顿（Helen Creighton）就是这样一位新接触合作教师这一角色的教师。克赖顿女士在哈里森小学教五年级学生已经有 30 多年了。她被认为是哈里森的“老卫士”之一，受人尊敬多于受人喜爱——她倡导严格的课堂纪律和传统的师生角色。她被要求指导苏珊·凯泽（Susan Kaiser），一名 22 岁的大四学生。 203

临近期末时，克赖顿女士要求与摩根校长会面。她告诉摩根先生，她从一开始就对苏珊的表现极为不满：她的课堂管理能力差，对学生的期望不切实际，对学生过于友好，与学生的互动不够专业，制订的课程计划不恰当，总的来说不适合从事教学工作。她表示准备给苏珊的教学实习成绩评定为“C”。她还提到，从现在起，她希望每学期都能安排一名实习教师，因为她坚定地认为，这所大学为培养下一代教师所做的准备并不太好。她希望自己能成为教师这个职业的守门人，因为她对这个职业非常敬重。

作为对这一抱怨的回应，摩根校长把苏珊叫到他的办公室，问她教学实习的经历怎么样。苏珊回答说，在整个教学实习过程中，她的遭遇一直令人无法忍受。她解释说，克赖顿女士对所有学生只采用一种教学方式，尽管学生们很明显地表现出了各种各样的学习风格。任何实施她在大学方法课上学到的好的新教学概念的尝试都被拒绝了。她说，克赖顿女士总是消极的，她不喜欢、不信任学生，拒绝任何关于改变课堂教学方式的建议。她觉得克赖顿女士不赞成她所做或想做的一切。苏珊确信她的合作老师会建议她在教学实习中获得“C”的成绩，这一结果将导致她重修这门课程或在拿不到证书的情况下毕业。

两次谈话结束后，摩根校长不得不考虑这个问题。他应该介入吗？如果应该的话，哪些行为可能是恰当的？

问题讨论

1. 根据大学的规定，谁应该负责给教学实习进行最终评分？

2. 这种情况在多大程度上是代际冲突？或者是哲学理念的冲突？抑或是课堂冲突？

3. 哈里森小学学生的最大利益是什么？苏珊的最大利益是什么？两者有什么不同吗？

204

4. 摩根校长有没有可能用一种既维护克赖顿女士的尊严又对她表示敬重的方式，来建议她不要带实习教师呢？

5. 对克赖顿女士、苏珊、摩根校长来说，谁的湍流水平最高？请解释。从长远来看，摩根校长可以采取什么措施来降低湍流水平呢？

案例研究 10.5

什么时候讲真话不够好？

萨曼莎·沈（Samantha Shen）是城市大学的副教授。她在攻读小学教育博士学位的同时，还在三年级任教，并被聘为城市大学教育学院的教师，负责协调教学实习安排。在她成为副教授的第一年，学院的教师培训计划由州教育部门进行审核。学院院长理查德·弗兰普顿（Richard Frampton）是与沈博士同时受聘的。在求职面试中，他明确表示，他在大学里发现了严重的问题，当务之急是做出重大改变。他认为，州级审查将成为找到最需要实施变革的内容的途径之一。他请沈博士完成与教学实习相关的审查部分。他告诉她，该州的项目官员表示想在审查中特别注意学院的所有实地经验，尤为关注教学实习。院长向沈博士表示，尽管他认识到，从州的角度来看，这是一次总结性审查，但他希望这次审查也能起到建议性作用，因为他对改进教学实习计划很感兴趣。

由于她刚接触这一工作，沈博士请一群在学院工作了几年的校长和合作教师与她开一个焦点小组会议，给她提供关于教学实习项目的反馈意见，同时讨论被安置在学校的学生的实习质量。虽然校长和教师对学生的学习热情和意愿有一些积极的评价，但他们的普遍共识是，这些学生没有为教师的工作做充分的准备。此外，焦点小组的所有成员几乎都同意以下观点：教学实习项目管理不善，对学生的安排不适当，没有对合作教师进行培训（尽
管州政府规定了这样的培训），城市大学的教学实习项目显然是 205
在他们合作过的大学中最差的。

沈博士完成了要提交给州政府的审查报告，其中她尽可能多地列举了该项目的积极方面。然而，按照院长的指示，她也列出了该计划中所有需要修改的方面，并提出了一长串修改建议，她认为这些修改建议将有助于解决焦点小组提到的问题。当她向弗兰普顿院长提交报告时，他告诉她，她不得不删除所有关于教学实习项目中存在的问题的建议。他告诉她，他不希望这所大学在接受州级审查时“看起来很糟糕”。他还说，他最近与城市大学的校长会面了，校长表示对学院及弗兰普顿院长的工作印象不佳。虽然没有明确说明，但院长从会议上得到的感觉是，如果州级审查不顺利，校长可能会关闭学院。鉴于这一切都岌岌可危，院长认为，只有那些积极的事情才应该在审查报告中被提及。当

沈博士提到她已经邀请了几位焦点小组的校长和合作教师与来自州政府的访问团见面时，院长说她必须确保这些人都不来参加会议，也不允许访问团的任何成员参观焦点小组成员就职的任何一所学校。

沈博士简直不敢相信她所听到的。她到高等教育系统工作，难道只是为了面对这样一套伦理性妥协的要求吗？她准备会见一位友善的年长同事，同时也是她的指导教师，沈博士想知道她可能会怎么做呢？

问题讨论

1. 关于项目审查有什么法律要求吗？请讨论。

2. 面对校长对教育学院的指控，你对弗兰普顿院长有什么建议呢？

3. 沈博士的指导教师会给她什么样的建议，以显示她作为一个专业人士的态度和作为个人对她的关心？

4. 如果项目负责人想要为所有学生的最大利益做出改进，他们应该利用哪些反馈？如何以及在何处呈现这些反馈意见？

5. 这位大学校长能做些什么来降低湍流水平，并帮助创造有效的项目审查氛围呢？院长能做些什么来降低湍流水平？怎样做湍流水平会提高呢？请讨论。

206

6. 在这种困境中，出现级联效应的可能性有多大？你认为这个学院此刻的稳定性如何？这对当前的湍流有什么影响？

参 考 文 献

Aiken, J. (2002) "The socialization of new principals: Another perspective on principal retention." *Educational Leadership Review*, 3(1): 32-40.

Aiken, J., and Gerstl-Pepin, C. (2005) "The New DEEL: Democratic responsive practice for school leaders." Paper presented at the annual convention of the University Council of Educational Administration, Nashville, TN, November.

Alcoff, L. (1991/1992) "The problem of speaking for others." *Cultural Critique*, 20: 5-32.

America 2000*: An Education Strategy*. (1991) Washington, DC: U. S. Government Printing Office.

American Association of School Administrators. (1981) *Statement of Ethics for School Administrators*. Arlington, VA: American Association of School Administrators.

American Association of School Administrators. (2007) *Statement of Ethics for School Administrators*. Arlington, VA: American Association of School Administrators.

American Association of University Women. (1992) "How schools shortchange girls: A study of major findings on girls and education." Washington, DC: American Association of University Women Foundation.

American Association of University Women. (1995) "Achieving gender equity in the classroom and the campus: The next step." Washington, DC: American Association of University Women Foundation.

Apple, M. W. (1988) *Teachers and Texts: A Political Economy of Class and Gender Relations in Education*. New York: Routledge & Kegan Paul.

Apple, M. W. (2000) *Official Knowledge: Democratic Education in a Conservative Age*. New York: C. R. & Routledge Ashbaugh.

Apple, M. W. (2001) *Educating the "Right" Way: Markets, Standards, God, and Inequality*. New York: Routledge Falmer.

Apple, M. W. (2003) *The State and the Politics of Knowledge*. New York: Routledge Falmer.

Astuto, T. A., Clark, D. L., and Read, A. M. (eds.) (1994) *Roots of Reform: Challenging the Assumptions that Control Education*. Bloomington, IN: Phi Delta Kappa Education Foundation.

Baker, E. I., Barton, P. E., Darling-Hammond, L., Haertel, E., Ladd, H. F., Linn, R. I., and Shepard, L. A. (2010) Problems with the use of student test scores to evaluate teachers (Briefing Paper # 178). Economic Policy Institute. Retrieved from http://www. Ksde. Org/LinkClick. aspx?fileticket=SS3xOtapWTE%3d&tabid=1646&mid=10218

Bakhtin, M. (1981) *The Dialogic Imagination*. Austin, TX: University of Texas Press.

Banks, J. A. (2001) *Cultural Diversity and Education: Foundations, Curriculum and Teaching*, 4th ed. Boston: Allyn & Bacon.

Banks, J. A., and Banks, C. A. M. (2006) *Multicultural Education: Issues and Perspectives*, 6th ed. San Francisco: Jossey-Bass.

Barth, R. J. (1990) *Improving Schools from Within: Teachers, Parents, and Principals Can Make the Difference*. San Francisco: Jossey-Bass.

Beauchamp, T. L., and Childress, J. F. (1984) "Morality, ethics and ethical theories." In P. Sola (ed.), *Ethics, Education, and Administrative Decisions: A Book of Readings*, pp. 39-67. New York: Peter Lang.

Beck, L. G. (1994) *Reclaiming Educational Administration as a Caring Profession*. New York: Teachers' College Press.

Beck, L. G., and Murphy, J. (1994a) *Ethics in Educational Leadership Programs: An Expanding Role*. Thousand Oaks, CA: Corwin Press.

Beck, L. G., and Murphy, J. (1994b) "A deeper analysis: Examining courses devoted to ethics." Paper presented at the annual meeting of the American Educational Research Association, New Orleans, April 6.

Beck, L. G., Murphy, J., and Associates (1997) *Ethics in Educational Leadership Programs: Emerging Models*. Columbia, MO: University Council for Educational Administration.

Beckner, W. (2004) *Ethics for Educational Leaders*. Boston: Pearson Education.

Begley, P. T. (ed.) (1999) *Values and Educational Leadership*. Albany, NY: State University of New York Press.

Begley, P. T. (2000) "Values and leadership: Theory development, new research, and an agenda for the future." *Alberta Journal of Educational Research,* 46(3): 233–249.

Begley, P. T., and Johansson, O. (1998) "The values of school administration: Preferences, ethics, and conflicts." *Journal of School Leadership*, July 9(4): 399–422.

Begley, P. T., and Johansson, O. (eds.) (2003) *The Ethical Dimensions of School Leadership*. Boston: Kluwer Academic Publishers.

Begley, P. T., and Zaretsky, L. (2004) "Democratic school leadership in Canada's public school systems: Professional value and social ethic." *Journal of Educational Administration*, 42(6): 640–655.

Belenky, M. F., Clinchy, B. M., Goldberger, N. R., and Tarule, J. M. (1986) *Women's Ways of Knowing*. New York: Basic Books.

Blackburn, S. (2001) *Being Good: A Short Introduction to Ethics*. Oxford: Oxford University Press.

Blackburn, S. (2006) Personal communication, February 1.

Board of Education, Island Trees Union Free School District No. 26 v. *Pico*, 457 U. S. 853 (1981).

Bolman, L. G., and Deal, T. E. (1991) *Reframing Organizations: Artistry, Choice, and Leadership*. San Francisco: Jossey-Bass.

Bon, S. C., and Bigbee, A. J. (2011) "Special education leadership: Integrating professional and personal codes of ethics to serve the best interests of the child." *Journal of School Leadership*, 21(3): 324–359.

Bourdieu, P. (1977) "Cultural reproduction and social reproduction." In J. Karabel and A. H. Halsey (eds.), *Power and Ideology in Education,* pp. 487–511. New York: Oxford University Press.

Bourdieu, P. (2001) *Masculine Domination*. Stanford, CA: Stanford University Press.

Bowles, S., and Gintis, H. (1988) *Democracy and Capitalism*. New York: Basic Books.

Boyd, W. L. (2000) "The r's of school reform and the politics of reforming or replacing public schools." *Journal of Educational Change*, 1(3): 225–252.

Braybrook, R. (1985) *The Aircraft Encyclopedia*. New York: Simon and Schuster.

Brown, G. T. (2000) "Dempsey concerned that escalating athletics costs contradict educational mission." *NCAA News Online*. http://www.ncaa.org/news/2000/20001023/active/3722n06.html

Brown v. *Board of Education* (1954), 347 U.S. 483.

Buber, M. (1965) "Education." In M. Buber (ed.), *Between Man and Man*, pp. 83–103. New York: Macmillan.

Burford, C. (2004) "Ethical dilemmas and the lives of leaders: An Australian perspective on the search for the moral." 9th Annual Values and Leadership Conference, Christ Church, Barbados, October.

Cambron-McCabe, N. H., and Foster, W. (1994) "A paradigm shift: Implications for the preparation of school leaders." In T. Mulkeen, N. H. Cambron-McCabe, and B. Anderson (eds.), *Democratic Leadership: The Changing Context of Administrative Preparation*, pp. 49–60. Norwood, NJ: Ablex.

Campbell, E. (2004) *The Ethical Teacher*. Maidenhead, UK: Open University Press.

Camus, A. (1957) *The Fall*. New York: Knopf.

Capper, C. A. (1993) "Educational administration in a pluralistic society: A multiparadigm approach." In C. A. Capper (ed.), *Educational Administration in a Pluralistic Society*, pp. 7–35. Albany, NY: State University of New York Press.

Carnoy, M., and Levin, H. (1985) *Schooling and Work in the Democratic State*. Stanford, CA: Stanford University Press.

Cate, J. (2005) "A democratic principled leader." Paper presented at the annual convention of the University Council of Educational Administration, Nashville, November.

Collins, P. H. (1997) "Comment on Hedeman's 'The truth and method: Feminist standpoint theory revisited': Where's the power?" *Signs*, 2(22): 375–381.

Counts, G. S. (1932) *Dare the Schools Build a New Social Order?* Carbondale, IL: Southern Illinois University Press.

Crow, G. (2006) "Democracy and educational work in an age of complexity." *UCEA Review*, 48(1): 1–5.

Cushner, K., McClelland, A., and Safford, P. (1992) *Human Diversity in Education: An Integrative Approach*. New York: McGraw-Hill.

Dantley, M. E. (2005) "Moral leadership: Shifting the management paradigm." In F. W. English (ed.), *The Sage Handbook of Educational Leadership: Advances in Theory, Research, and*

Practice, pp. 34–46. Thousand Oaks, CA: Sage Publications.

Darling-Hammond, L. (2000) "How teacher education matters." *Journal of Teacher Education*, 51(3): 166–173.

Darling-Hammond, L., Chung, R., and Frelow, F. (2002) "Variation in teacher preparation." *Journal of Teacher Education*, 53(4): 286–302.

Darling-Hammond, L., and Snyder, J. (1992) "Reframing accountability: Creating learner-centered schools." In A. Lieberman (ed.), *The Changing Contexts of Teaching. 91st Yearbook of the National Society for the Study of Education*, Pt. 1, pp. 11–36. Chicago: National Society for the Study of Education.

Davis, J. E. (2000) "Mothering for manhood: The (re)production of a black son's gendered self." In M. C. Brown II and J. E. Davis (eds.), *Black Sons to Mothers: Compliments, Critiques, and Challenges for Cultural Workers in Education*, pp. 51–67. New York: Peter Lang.

Davis, J. E. (2001) "Transgressing the masculine: African American boys and the failure of schools." In W. Martino and B. Meyenn (eds.), *What About the Boys?* pp. 140–153. Philadelphia: Open University Press.

Delgado, R. (1995) *Critical Race Theory: The Cutting Edge*. Philadelphia: Temple University Press.

Dewey, J. (1902) *The School and Society*. Chicago: University of Chicago Press.

Dewey, J. (1916) *Democracy and Education: An Introduction to the Philosophy of Education*. New York: Macmillan.

Dewey, J., and Dewey, E. (1962) *Schools of Tomorrow*. New York: E. P. Dutton & Company.

Diamond, M. (2012) "Colorado republicans push bill to allow guns in elementary schools." *Think Progress*. Retrieved from http://thinkprogress. org/justice/2012/01/23/48931/Colorado-republicans-push-bill-to-allow-gunsin-schools/

Donaldson, G. A. (2001) *Cultivating Leadership in Schools: Connecting People, Purpose, and Practice*. New York: Teachers College Press.

Driscoll, M. E. (2001) "The sense of place and the neighborhood school: Implications for building social capital and for community development." In R. Crowson (ed.), *Community Development and School Reform*, pp. 19–42. New York: JAI/Elsevier.

Duke, D., and Grogan, M. (1997) "The moral and ethical dimensions of leadership." In

L. G. Beck, J. Murphy, and associates (eds.), *Ethics in Educational Leadership Programs: Emerging Models*, pp. 141 – 160. Columbia, MO: University Council for Educational Administration.

Elmore, R. F. (2000) *Building a New Structure for School Leadership*. Washington, DC: Albert Shanker Institute.

Emerson, R. W. (1993) *Self-Reliance and Other Essays*. New York: Dover Publications.

Foster, W. (1986) *Paradigms and Promises: New Approaches to Educational Administration*. Buffalo, NY: Prometheus Books.

Foucault, M. (1983) "On the genealogy of ethics: An overview of work in progress." In H. L. Dreyfus and P. Rabinow (eds.), *Michel Foucault: Beyond Structuralism and Hermeneutics*, 2nd ed., pp. 229–252. Chicago: University of Chicago Press.

Freire, P. (1970) *Pedagogy of the Oppressed*, trans M. B. Ramos. New York: Continuum.

Frick, W. C. (2009) "Principals' value-informed decision making, intrapersonal moral discord, and pathways to resolution: The complexities of moral leadership praxis." *Journal of Educational Administration*, 47(1): 50–74.

Friedman, I. A. (2003) "School organizational values: The driving force for effectiveness and change." In P. T. Begley and O. Johansson (eds.), *The Ethical Dimensions of School Leadership*, pp. 161–179. Boston: Kluwer Academic Press.

Fullan, M. G. (2001) *Leading in a Culture of Change*. San Francisco: Jossey-Bass.

Fullan, M. G. (2003) *The Moral Imperative of School Leadership*. Thousand Oaks, CA: Corwin Press.

Furman, G. C. (2003a) "The 2002 UCEA presidential address: Toward a new scholarship of educational leadership." *UCEA Review*, 45(1): 1–6.

Furman, G. (2003b) "Moral leadership and the ethic of the community." *Values and Ethics in Educational Administration*, 2(1): 1–8.

Furman, G. C. (2004) "The ethic of community." *Journal of Educational Administration*, 42: 215–235.

Furman-Brown, G. (ed.) (2002) *School as Community: From Promise to Practice*. New York: SUNY Press.

Gardner, H. (1993) *Frames of Mind: The Theory of Multiple Intelligences*. New York: Basic Books.

Gilligan, C. (1982) *In a Different Voice*. Cambridge, MA: Harvard University Press.

Gilligan, C., Ward, J., and Taylor, J. (1988) *Mapping the Moral Domain: A Contribution of Women's Thinking to Psychology and Education*. Cambridge, MA: Harvard University Graduate School of Education.

Ginsberg, A. E., Shapiro, J. P., and Brown, S. P. (2004) *Gender in Urban Education: Strategies for Student Achievement*. Portsmouth, NH: Heinemann.

Giroux, H. A. (1988) *Schooling and the Struggle for Public Life: Critical Pedagogy in the Modern Age*. Minneapolis, MN: University of Minnesota Press.

Giroux, H. A. (ed.) (1991) *Postmodernism, Feminism, and Cultural Politics: Redrawing Educational Boundaries*. Albany, NY: State University of New York Press.

Giroux, H. A. (1994) "Educational leadership and school administrators: Rethinking the meaning of democratic public culture." In T. Mulkeen, N. H. Cambron-McCabe, and B. Anderson (eds.), *Democratic Leadership: The Changing Context of Administrative Preparation*, pp. 31-47. Norwood, NJ: Ablex.

Giroux, H. A. (2000) *Stealing Innocence: Youth, Corporate Power, and the Politics of Culture*. New York: St. Martin's Press.

Giroux, H. A. (2003) *The Abandoned Generation: Democracy beyond the Culture of Fear*. New York: Palgrave Macmillan.

Giroux, H. A. (2006) *America on the Edge: Henry Giroux on Politics, Education and Culture*. New York: Palgrave Macmillan.

Giroux, H. A., and Aronowitz, S. (1985) *Education under Siege*. South Hadley, MA: Bergin & Garvey.

Glaser, B. G., and Strauss, A. L. (1967) *The Discovery of Grounded Theory: Strategies for Qualitative Research*. Chicago: Aldine Publishing Company.

Glickman, C. D. (2002) *Leadership for Learning: How to Help Teachers Succeed*. Alexandria, VA: Association of Supervision and Curriculum Development.

Goals 2000: Educate America Act (1993) Washington, DC: U. S. Government Printing Office.

Gold, E., and Simon, E. (2004) "Public accountability: School improvement efforts need the active involvement of communities to succeed." *Education Week*, 23(11), January 14.

Goldberger, N., Tarule, J., Clinchy, B., and Belenky, M. (eds.) (1996) *Knowledge, Difference and Power*. New York: Basic Books.

Goldring, E., and Greenfield, W. (2002) "Understanding the evolving concept of leadership in education: Roles, expectations, and dilemmas." In J. Murphy (ed.), *The Educational Leadership Challenge: Redefining Leadership for the 21st Century. 101st Yearbook of the National Society for the Study of Education*, pp. 1 – 20. Chicago: University of Chicago Press.

Goleman, D. (1995) *Emotional Intelligence: Why It Can Matter More than IQ*. New York: Bantam.

Gollnick, D. M., and Chinn, P. C. (1998) *Multicultural Education in a Pluralistic Society*, 5th ed. Columbus, OH: Merrill.

Goodlad, J. I., Soder, R., and Sirotnik, K. A. (eds.) (1990) *The Moral Dimension of Teaching*. San Francisco: Jossey-Bass.

Grafton, J. (ed) (1999) *Franklin Delano Roosevelt: Great Speeches*. Mineola, NY: Dover Publications, Inc.

Greene, M. (1988) *The Dialectic of Freedom*. New York: Teachers College Press.

Greenfield, W. D. (1991) "The micropolitics of leadership in an urban elementary school." In J. Blasé (ed.), *The Politics of Life in Schools: Power, Conflict, and Cooperation*, pp. 161-184. Newbury Park, CA: Sage.

Greenfield, W. D. (1993) "Articulating values and ethics in administrator preparation." In C. Capper (ed.), *Educational Administration in a Pluralistic Society*, pp. 267-287. Albany, NY: State University of New York Press.

Greenfield, W. D. (1995) "Toward a theory of school administration: The centrality of leadership." *Educational Administration Quarterly*, 31(1): 61-85.

Greenfield, W. D. (2004) "Moral leadership in schools." *Journal of Educational Administration*, 42(2): 174-196.

Grogan, M. (1996) *Voices of Women Aspiring to the Superintendency*. Albany, NY: State University of New York Press.

Gronn, P. (1999) "Leadership from a distance: Institutionalizing values and forming character at Timbertop." In P. T. Begley and P. Leonard (eds.), *The Values of Educational Administration*, pp. 140-167. London: Falmer Press.

Gronn, P. (2001) "Distributed leadership as a unit of analysis." *Leadership Quarterly*, 13 (4): 423-451.

Gross, S. J. (1998) *Staying Centered: Curriculum Leadership in a Turbulent Era*. Alexandria, VA: Association for Supervision and Curriculum Development.

Gross, S. J. (2000) "From turbulence to tidal wave: Understanding the unraveling of reform at one innovative and diverse urban elementary school for children at risk." Northeast Educational Research Association Annual Conference, Ellenville, NY, October.

Gross, S. J. (2001) "Navigating a gale: Sustaining curriculum - instruction - assessment innovation in an urban high school for immigrants." *Journal of Research in Education*, 11 (1): 74-87.

Gross, S. J. (2004) *Promises Kept: Sustaining School and District Leadership in Turbulent Times*. Alexandria, VA: Association of Supervision and Curriculum Development.

Gross, S. J. (2005a) "Building the case for a New DEEL: Democratic-ethical educational leadership and the future of our profession." Paper presented at the UCEA Convention 2005, Nashville, TN, November 12.

Gross, S. J. (2005b) "New DEEL leadership at the district level: Taking responsibility to create greater local, state and national democracy from the superintendent's office." Paper presented at the annual convention of the University Council of Educational Administration, Nashville, TN, November.

Gross, S. J. (2006) *Leadership Mentoring: Maintaining School Improvement in Turbulent Times*. Lanham, MA: Rowman & Littlefi eld.

Gross, S. J., and Shapiro, J. P. (2002) "Towards ethically responsible leadership in a new era of high stakes accountability." In G. Perrault and F. Lunenberg (eds.), *The Changing World of School Administration*, pp. 256-266. Lanham, MD: Scarecrow Press.

Gross, S. J., and Shapiro, J. P. (2005) "Our new era requires a New DEEL: Towards democratic ethical educational leadership." *UCEA Review*, 1-4.

Gross, S. J., and Shapiro, J. P. (2008, November). "New DEEL townhall: Leadership for Learning/Democratic Ethical Educational Leadership: Are these two educational movements compatible or incompatible?" University Council of Educational Administration (UCEA) Annual Convention, Orlando, Florida.

Gross, S. J., Shaw, K., and Shapiro, J. P. (2003) "Deconstructing accountability through the lens of democratic philosophies: Toward a new analytic framework." *Journal of Research for Educational Leadership*, 1(3): 5-27.

Gryskiewicz, S. S. (1999) *Positive Turbulence: Developing Climates for Creativity, Innovation, and Renewal*. San Francisco: Jossey-Bass.

Guiney, E. (2001) "Coaching isn't just for athletes: The role of teacher leaders." *Phi Delta Kappan*, 82(10): 740-743.

Guthrie, J. W. (1990) "The evolution of educational management: Eroding myths and emerging models." In B. Mitchell and L. Cunningham (eds.), *Educational Leadership and Changing Contexts of Families, Communities, and Schools: Eighty-ninth Yearbook of the National Society for the Study of Education*, pp. 210-231. Chicago: University of Chicago Press.

Gutmann, A. (1999) *Democratic Education*. Princeton, NJ: Princeton University Press.

Gutmann, A., and Thompson, D. (2004) *Why Deliberative Democracy?* Princeton, NJ: Princeton University Press.

Gutmann, A., and Thompson, D. (2012) *The Sprit of Compromise: Why Governing Demands It and Campaigning Undermines It*. Princeton, NJ: Princeton University Press.

Haladyna, T. M., Nolen, S. B., and Haas, N. C. (1991) "Raising standardized achievement test scores and the origins of test score pollution." *Educational Researcher*, 20(5): 2-7.

Hansen, D. T. (2001) "Teaching as a moral activity." In V. Richardson (ed.), *Handbook of Research on Teaching*, 4th ed., pp. 826-857. Washington, DC: American Educational Research Association.

Harris, D. N. (2011) *Value-Added Measures in Education: What Every Educator Needs to Know*. Cambridge, MA: Harvard Education Press.

Hart, A. W. (1994a) "Creating teacher leadership roles." *Educational Administration Quarterly*, 30(4): 472-479.

Hart, A. W. (1994b) "Work feature values of today's and tomorrow's teachers: Work redesign as an incentive and school improvement policy." *Educational Evaluation and Policy Analysis*, 16(4): 458-473.

Hauser, M. E. (1997) "How do we really work? A response to 'Locked in uneasy sisterhood: Reflections on feminist methodology and research relationships.'" *Anthropology & Education Quarterly*, 1(28) 123-126.

Hazelwood School District et al. v. *Kuhlmeier et al.* (No. 86-836) Supreme Court of the United States, 484 U. S. 260, January 13 (1988), Decided.

Hegel, G. W. F. (1892) *The Logic of Hegel*. Oxford: Clarendon.

Hennessey, Kathleen (2011). "House reaffi rms 'In God We Trust' motto." *Philadelphia Inquirer*, 8A: November 2, 2011.

Hersh, R. H., Paolitto, D. P., and Reimer, J. (1979) *Promoting Moral Growth: From Piaget to Kohlberg*. New York: Longman.

Holm, L., and Horn, C. (2003) "Priming schools of education for today's teachers." *Education Digest*, 68(7): 25–32.

Homer-Dixon, T. (2000) *The Ingenuity Gap*. New York: Knopf.

Hostetler, K. D. (1997) *Ethical Judgment in Teaching*. Boston: Allyn & Bacon.

Hyman, I. A., and Snook, P. A. (1999) *Dangerous Schools: What We Can Do about the Physical and Emotional Abuse of Our Children*. San Francisco: Jossey-Bass.

Jacquelin, N. (2002) "What in God's name?" Paper presented at the Toronto Conference, the 7th Annual Values and Leadership Conference, OISE/University of Toronto, October 3–5.

Katzenmeyer, M., and Moller, G. (2001) *Awakening the Sleeping Giant: Helping Teachers Develop as Leaders*, 2nd ed. Thousand Oaks, CA: Corwin.

Keith, N. Z. (1999) "Whose community schools? Discourses, old patterns." *Theory into Practice*, 38(4): 225–234.

Keith, N. Z. (2005) "Community service learning in the face of globalization: Rethinking theory and practice." *Michigan Journal of Community Service Learning*, 11(2): 5–24.

Keller, B. (2003) "Snapshot of 'highly qualified' teachers is fuzzy." *Education Week*, 23(2): 24–26.

Kennedy, J. F. (1956) *Profiles in Courage*. New York: Harper Perennial.

Kezar, A. (2000) "Pluralistic leadership: Incorporating diverse voices." *Journal of Higher Education*, 71(6): 722–743.

Kliebard, H. M. (1987) *The Struggle for the American Curriculum:* 1893–1958. New York: Routledge & Kegan Paul.

Kochan, F. K., and Reed, C. J. (2005) "Collaborative leadership, community building, and democracy in public education." In F. W. English (ed.), *The Sage Handbook of Educational Leadership: Advances in Theory, Research, and Practice*, pp. 68–84. Thousand Oaks, CA: Sage Publications.

Koetsier, C. P., and Wubbels, J. T. (1995) "Bridging the gap between initial teacher training and teacher induction. "*Journal of Education for Teaching*, 21(3): 13–23.

Kohl, H. (1991) *I Won't Learn from You: The Role of Assent in Learning*. Minneapolis, MN: Milkweed Editions.

Kohlberg, L. (1981) *The Philosophy of Moral Development: Moral Stages and the Idea of Justice*, vol. 1. San Francisco: Harper & Row.

Koopman, O., Miel, A., and Misner, P. (1943) *Democracy in School Administration*. New York: Appleton-Century.

Kruse, S. D., and Louis, K. S. (1997) "Teachers'reflective work: School based support structures. "*Educational Administration Quarterly*, 33(3): 261–289.

Kurlansky, M. (2004) 1968: *The Year that Rocked the World*. New York: Ballantine Books.

Lareau, A. (1987) "Social class differences in family school relationships: The importance of cultural capital. "*Sociology of Education*, 60: 73–85.

Lareau, A. (2003) *Unequal Childhoods: Class, Race and Family Life*. Berkeley, CA: University of California Press.

Larson, C., and Murtadha, K. (2002) "Leadership for social justice." In J. Murphy (ed.), *The Educational Leadership Challenge: Redefi ning Leadership for the 21st Century*, pp. 134–161. Chicago: University of Chicago Press.

Lebacqz, K. (1985) *Professional Ethics: Power and Paradox*. Nashville, TN: Abingdon.

Lehrer, J. (2009) *How We Decide*. Boston: Houghton Mifflin Harcourt.

Leithwood, K. (2001) "School leadership in the context of accountability policies." *International Journal of Leadership in Education*, 4(3): 217–236.

Lester, P. F. (1994) *Turbulence: A New Perspective for Pilots*. Englewood, CO: Jeppesen.

Lewin, K. (1947) "Frontiers in group dynamics Ⅱ." *Human Relations*, 1: 443–453.

McDermott, K. A. (2007) "'Expanding the moral community' or 'blaming the victim?' The politics of state education accountability policy. "*American Education Research Journal*, 44: 77–111.

McKee, A. (1982) *Dresden* 1945*: The Devil's Tinderbox*. New York: E. P. Duffon.

McNeil, L. M. (2000) *Contradictions of School Reform: Educational Costs of Standardized Testing*. New York: Routledge.

Maher, F. A., and Tetreault, M. K. (1993) "Frames of positionality: Meaningful dialogues about gender and race. "*Anthropological Quarterly*, 62(3): 118–126.

Maher, F. A., and Tetreault, M. K. T. (1994) *The Feminist Classroom*. New York: Basic Books.

Marshall, C. (1992) "School administrator's values: A focus on 'atypicals'." *Educational Administration Quarterly*, 28(3): 368-386.

Marshall, C. (1995) "Imagining leadership." *Educational Administration Quarterly*, 31(3): 484-492.

Marshall, C., and Gerstl-Pepin, C. (2005) *Re-framing Educational Politics for Social Justice*. Boston: Allyn & Bacon.

Marshall, C., and Oliva, M. (2006) *Leadership for Social Justice: Making Revolutions in Education*. Boston: Allyn & Bacon.

Marshall, C., Patterson, J. A., Rogers, D. L., and Steele, J. R. (1996) "Caring as career: An alternative perspective for educational administration." *Educational Administration Quarterly*, 32(2): 271-294.

Mertz, N. T. (1997) "Knowing and doing: Exploring the ethical life of educational leaders." In L. G. Beck, J. Murphy, and associates (eds.), *Ethics in Educational Leadership Programs: Emerging Models*, pp. 77 - 94. Columbia, MO: University Council for Educational Administration.

Mezirow, J. (1991) *Transformative Dimensions of Adult Learning*. San Francisco: Jossey-Bass.

Mitra, D. L. (2004) "The significance of students: Can increasing 'student voice' in schools lead to gains in youth development?" *Teachers College Record*, 106(4): 651-688.

Mitra, D. L. (2008) *Student Voice in School Reform: Building Youth-Adult Partnerships that Strengthen Schools and Empower Youth*. Albany, NY: State University of New York Press.

Mitra, D. L., and Gross, S. J. (2009) "Increasing student voice in high school reform: Building partnerships, improving outcomes." *Educational Management, Administration and Leadership*, 37(4): 462-473.

Morgan, G. (1997) *Images of Organization*, 2nd ed. Thousand Oaks, CA: Sage Publications.

Murphy, J. (2005) "Unpacking the foundations of ISLLC standards and addressing concerns in the academic community." *Educational Administration Quarterly*, 41(1): 154-191.

Murphy, J. (2006) *Preparing School Leaders: Defining a New Research and Action Agenda*. Lanham, MA: Rowman & Littlefield.

Nash, R. J. (1996) *"Real World" Ethics: Frameworks for Educators and Human Service*

Professionals. New York: Teachers College Press.

National Commission on Excellence in Education (1983) *A Nation at Risk: The Imperative for Educational Reform*. Washington, DC: U. S. Government Printing Office.

National Policy Board for Educational Administration (NPBEA) (1996) *Interstate School Leaders Licensure Consortium: Standards for School Leaders*. Washington, DC: Council of Chief School Officers.

National Policy Board for Educational Administration (NPBEA) (2008) *Educational Leadership Policy Standards: ISLLC 2008*. Washington, D. C.: Council of 1010 Chief State School Officers. Retrieved January 3, 2010. http://www. ccsso. org/content/pdfs/elps_ isllc2008 pdf pp. 1-5.

Neufeld, B., and Roper, D. (2003) *Coaching: A Strategy for Developing Instructional Capacity*. Aspen, CO: Aspen Institute Program on Education.

No Child Left Behind Act (2001) Pub. L. No. 107-110, 115 Stat. 1425, codified as amended at 20 U. S. C. 6301 et seq. (2002).

Noddings, N. (1984) *Caring: A Feminine Approach to Ethics and Moral Education*. Berkeley: University of California Press.

Noddings, N. (1992) *The Challenge to Care in Schools: An Alternative Approach to Education*. New York: Teachers College Press.

Noddings, N. (1999) "Care, justice and equity." In M. S. Katz, N. Noddings, and K. A. Strike (eds.), *Justice and Caring: The Search for Common Ground in Education*, pp. 7-20. New York: Teachers College Press.

Noddings, N. (2002) *Educating Moral People: A Caring Alternative to Character Education*. New York: Teachers College Press.

Noddings, N. (2003) *Caring: A Feminine Approach to Ethics and Moral Education*, 2nd ed. Berkeley, CA: University of California Press.

Normore, A. H. (2004) "Ethics and values in leadership preparation programs: Finding the North Star in the dust storm." *Values and Ethics in Educational Administration*, 2(2): 1-8.

Oakes, J. (1993) "Tracking, inequality, and the rhetoric of reform: Why schools don't change." In S. H. Shapiro and D. E. Purpel (eds.), *Critical Social Issues in American Education: Toward the 21st Century*, pp. 85-102. White Plains, NY: Longman.

O'Hair, M. J., McLaughlin, H. J., and Reitzug, U. C. (2000) *Foundations of Democratic Education*. Cambridge, MA: Thomson Wadsworth.

O'Keefe, J. (1997) "Preparing ethical leaders for equitable schools." In L. G. Beck, J. Murphy, and associates (eds.), *Ethics in Educational Leadership Programs: Emerging Models*, pp. 161–187. Columbia, MO: University Council for Educational Administration.

O'Malley, K. J., Murphy, S., McCarty, K. L., Murphy, D., and McBride, Y. (2011) *Overview of Student Growth Models: White Paper*. Pearson. Retrieved from: http://www.pearonassessments.com/research.

Paige, R. (2003) "Guidance on constitutionally protected prayer in public elementary and secondary schools,"*ERIC*, February, #ED475823, 3.

Parker, L., and Shapiro, J. P. (1993) "The context of educational administration and social class." In C. A. Capper (ed.), *Educational Administration in a Pluralistic Society*, pp. 36–65. Albany, NY: State University of New York Press.

Pennsylvania Code of Professional Practice and Conduct for Educators (1922) 22 Pa. Code, §§ 235.1–235.11 (1992).

Poglinco, S. M., Bach, A. J., Hovde, K., Rosenblum, S., Saunders, M., and Supovitz, J. A. (2003) *The Heart of the Matter: The Coaching Model in America's Choice Schools*. Philadelphia: CPRE.

Purpel, D. E. (1989) *The Moral and Spiritual Crisis in Education: A Curriculum for Justice and Compassion in Education*. New York: Bergin & Garvey.

Purpel, D. E. (2004) *Reflections on the Moral and Spiritual Crisis of Education*. New York: Peter Lang.

Purpel, D. E., and Shapiro, S. (1995) *Beyond Liberation and Excellence: Reconstructing the Public Discourse on Education*. Westport, CT: Bergin & Garvey.

Race to the Top (2009) *American Recovery and Reinvestment Act*, Washington, DC: United States Department of Education.

Rapp, D. (2002) "Social justice and the importance of rebellious oppositional imaginations." *Journal of School Leadership*, 12: 226–245.

Rawls, J. (1971) *A Theory of Justice*. Cambridge, MA: Harvard University Press.

Reitzug, U. C. (1994) "A case study of empowering principal behavior." *American Educational Research Journal*, 31(2): 283–307.

Reitzug, U. C., and O'Hair, M. J. (2002) "From conventional school to democratic school community: The dilemmas of teaching and leading." In G. Furman-Brown (ed.), *School as Community: From Promise to Practice,* pp. 119–141. New York: State University of New York Press.

Riesman, D. (1953) *The Lonely Crowd: A Study of Changing American Culture*. Garden City, NY: Doubleday.

Roland Martin, J. (1993) "Becoming educated: A journey of alienation or integration?" In S. H. Shapiro and D. E. Purpel (eds.), *Critical Social Issues in American Education: Toward the 21st Century,* pp. 137–148. White Plains, NY: Longman.

Roosevelt, A. E. (1963) *Tomorrow Is Now*. New York: Harper & Row.

Sarason, S. B. (1990) *The Predictable Failure of Educational Reform: Can We Change Course before It's Too Late?* San Francisco: Jossey-Bass.

Scheurich, J. J., Skrla, L., and Johnson, J. F. (2000) "Thinking carefully about equity and accountability." *Phi Delta Kappan*, 82(4): 293–299.

Schlesinger, A. (1991) *The Disuniting of America: Reflections on a Multicultural Society*. New York: W. W. Norton & Company.

Senge, P. (1990) *The Fifth Discipline*. New York: Doubleday.

Sergiovanni, T. J. (1992) *Moral Leadership: Getting to the Heart of School Improvement*. San Francisco: Jossey–Bass.

Sergiovanni, T. J. (2009). *The Principalship: A Reflective Practice Perspective*, 6th ed. Allyn & Bacon, MA: Boston.

Sernak, K. (1998) *School Leadership—Balancing Power with Caring*. New York: Teachers College Press.

Sernak, K. (2005) "The realities and risks of democratic ethical leadership: Toward Dewey's creative democracy." Paper presented at the annual convention of the University Council of Educational Administration, Nashville, TN, November.

Sewell, T. E., DuCette, J. P., and Shapiro, J. P. (1998) "Educational assessment and diversity." In N. M. Lambert and B. L. McCombs (eds.), *How Students Learn: Reforming Schools through Learner-Centered Education,* pp. 311 – 338. Washington, DC: American Psychological Association.

Shapiro, H. S. (2006) *Losing Heart: The Moral and Spiritual Miseducation of America's*

Children. Mahwah, NJ: Lawrence Erlbaum.

Shapiro, H. S. (ed.) (2009) *Education and Hope in Troubled Times: Visions of Change for Our Children's World*. New York: Routledge.

Shapiro, H. S., and Purpel, D. E. (eds.) (1993) *Critical Social Issues in American Education: Toward the 21st Century*. New York: Longman.

Shapiro, H. S., and Purpel, D. E. (eds.) (1998) *Social Issues in American Education: Transformation in a Postmodern World*. Mahwah, NJ: Erlbaum Associates.

Shapiro, H. S., and Purpel, D. E. (eds.) (2005). *Social Issues in American Education: Democracy and Meaning in a Globalized World*, 3rd ed. Mahwah, NJ: Lawrence Erlbaum Associates.

Shapiro, J. P. (1979) "Accountability—a contagious disease?" *Forum: For the Discussion of New Trends in Education*, 22(1): 16–18.

Shapiro, J. P. (2005) "Control versus democracy: A paradox at the center of democratic ethical educational leadership (New DEEL)." Paper presented at the UCEA Convention, Nashville, TN, November.

Shapiro, J. P. (2006) "Ethical decision making in turbulent time: Bridging theory with practice to prepare authentic educational leaders." *Values and Ethics in Educational Administration*, 4(2): 1–8.

Shapiro, J. P., Ginsberg, A. E., and Brown, S. P. (2003) "The ethic of care in urban schools: Family and community involvement." *Leading & Managing*, 9(2): 45–50.

Shapiro, J. P., and Gross, S. J. (2002) "Understanding educational leadership in a time of turbulence." University Council of Educational Administration Annual Convention, Pittsburgh, PA, October.

Shapiro, J. P., and Gross, S. J. (2008) *Ethical Educational Leadership in Turbulent Times: (Re)Solving Moral Dilemmas*. New York: Lawrence Erlbaum Associates/Taylor & Francis.

Shapiro, J. P., Sewell, T. E., and DuCette, J. P. (2002) *Reframing Diversity in Education*. Lanham, MD: Rowman & Littlefield.

Shapiro, J. P., Sewell, T. E., DuCette, J., and Myrick, H. (1997) "Socio-cultural and school factors in achievement: Lessons from tuition guarantee programs." Paper presented at the annual meeting of the American Educational Research Association, Chicago, March.

Shapiro, J. P., and Smith-Rosenberg, C. (1989) "The 'other voices' in contemporary ethical dilemmas: The value of the new scholarship on women in the teaching of ethics." *Women's Studies International Forum*, 12(2): 199-211.

Shapiro, J. P., and Stefkovich, J. A. (1997) "The ethics of justice, critique and care: Preparing educational administrators to lead democratic and diverse schools." In J. Murphy, L. G. Beck, and associates (eds.), *Ethics in Educational Administration: Emerging Models*, pp. 109-140. Columbia, MO: University Council for Educational Administration.

Shapiro, J. P., and Stefkovich, J. A. (1998) "Dealing with dilemmas in a morally polarized era: The conflicting ethical codes of educational leaders." *Journal for a Just and Caring Education*, 4(2): 117-141.

Shapiro, J. P., and Stefkovich, J. A. (2001) *Ethical Leadership and Decision Making in Education: Applying Theoretical Perspectives to Complex Dilemmas*. Mahwah, NJ: Lawrence Erlbaum Associates.

Shapiro, J. P., and Stefkovich, J. A. (2005) *Ethical Leadership and Decision Making in Education: Applying Theoretical Perspectives to Complex Dilemmas*, 2nd ed. Mahwah, NJ: Lawrence Erlbaum Associates.

Shapiro, J. P., and Stefkovich, J. A. (2011) *Ethical Leadership and Decision Making in Education: Applying Theoretical Perspectives to Complex Dilemmas*, 3rd ed. New York, NY: Routledge.

Shapiro, S. (1999) *Pedagogy and the Politics of the Body*. New York: Garland.

Shen, J. (2002) "Student teaching in the context of a school university partnership: A case study of a student teacher." *Education*, 122(3): 564-580.

Skrla, L., Scheurich, J. J., and Johnson, J. F. (2000) *Equity-Driven, Achievement-Focused School Districts*. Austin, TX: Charles A. Dana Center.

Sleeter, C. E., and Grant, C. A. (2003) *Making Choices for Multicultural Education: Five Approaches to Race, Class, and Gender*, 4th ed. New York: J. Wiley & Sons.

Spady, W. G. (1988) "Organizing for results: The basis of authentic restructuring and reform." *Educational Leadership*, 46(2): 4-8.

Spillane, J., Halverson, R., and Diamond, J. B. (2001) "Investigating school leadership practice: A distributed perspective." *Educational Researcher*, 30(3): 23-28.

Spillane, J. P., and Orina, E. C. (2005) "Investigating leadership practice: Exploring the entailments of taking a distributed perspective." *Leadership and Policy in Schools*, 4(3):

57–176.

Starratt, R. J. (1991) "Building an ethical school: A theory for practice in educational leadership." *Educational Administration Quarterly*, 27(2): 185–202.

Starratt, R. J. (1994a) *Building an Ethical School*. London: Falmer Press.

Starratt, R. J. (1994b) "Afterword." In L. G. Beck and J. Murphy (eds.), *Ethics in Educational Leadership Programs: An Expanding Role*, pp. 100–103. Thousand Oaks, CA: Corwin Press.

Starratt, R. J. (1994c) "Preparing administrators for ethical practice: State of the art." Paper presented at the annual meeting of the American Educational Research Association, New Orleans, April.

Starratt, R. J. (2003) *Centering Educational Administration: Cultivating Meaning, Community, Responsibility*. Mahwah, NJ: Lawrence Erlbaum Associates.

Starratt, R. J. (2004) *Ethical Leadership*. San Francisco: Jossey-Bass.

Stefkovich, J. A. (2006) *Applying Ethical Constructs to Legal Cases: The Best Interests of the Student*. Mahwah, NJ: Lawrence Erlbaum Associates.

Stefkovich, J. A., and Guba, G. J. (1998) "School violence, school reform, and the Fourth Amendment in public schools." *International Journal of Educational Reform*, 7(3): 217–225.

Stefkovich, J. A., and O'Brien, G. J. (2000) "Students' Fourth Amendment rights and school officials' responsibilities: Implications for law and practice." *Thresholds in Education*, 20.

Stefkovich, J. A., and O'Brien, G. M. (2004) "Best interests of the student: An ethical model." *Journal of Educational Administration*, 42(2): 197–214.

Stefkovich, J. A., O'Brien, G. M., and Moore, J. (2002) "School leaders' ethical decision making and the 'best interests of students.'" Paper presented at the 7th Annual Values and Leadership Conference, Toronto, Canada, October.

Stefkovich, J. A., and Shapiro, J. P. (1994) "Personal and professional ethics for educational administrators." *Review Journal of Philosophy and Social Science*, 20(1–2): 157–186.

Stefkovich, J. A., and Shapiro, J. P. (2003) "Deconstructing communities: Educational leaders and their ethical decision-making processes." In P. Begley and O. Johansson (eds.), *The Ethical Dimensions of School Leadership*, pp. 89–106. Dordrecht, The Netherlands: Kluwer Academic Publishers.

Steinhauer, J. (2011) "In God We Trust, with the house's help." *New York Times*, November 2, A17.

Strike, K. A. (1991) "The moral role of schooling in liberal democratic society." In G. Grant (ed.), *Review of Research in Education*, pp. 413 – 483. Washington, DC: American Educational Research Association.

Strike, K. A. (1999) "Justice, caring, and universality: In defense of moral pluralism." In M. S. Katz, N. Noddings, and K. A. Strike (eds.), *Justice and Caring: The Search for Common Ground in Education*, pp. 21– 36. New York: Teachers College Press.

Strike, K. A. (2006) *Ethical Leadership in Schools: Creating Community in an Environment of Accountability*. Thousand Oaks, CA: Corwin Press.

Strike, K. A., Haller, E. J., and Soltis, J. F. (1998) *The Ethics of School Administration*, 2nd ed. New York: Teachers College Press.

Strike, K. A., Haller, E. J., and Soltis, J. F. (2005) *The Ethics of School Administration*, 3rd ed. New York: Teachers College Press.

Strike, K. A., and Ternasky, P. L. (eds.) (1993) *Ethics for Professionals in Education: Perspectives for Preparation and Practice*. New York: Teachers College Press.

Suggs, W. (2000) "Knight commission asks, have conditions in college sports gotten better, or worse?" *Chronicle of Higher Education*, posted with permission on http://www.collegevalues.org, September.

Suskind, R. (2004) "Without a doubt." *New York Times Magazine*. October 17, pp. 46–51, 64, 102, 106.

Texas Administrative Code (1998) *Texas' Ethics, Standards, and Practices*, Title 19, § 177.1.

Thoreau, H. D. (1964) *Walden and On the Duty of Civil Disobedience*. New York: Holt, Rinehart & Winston.

Tigchelaar, A., and Korthagen, F. (2004) "Deepening the exchange of student teaching experiences: Implications for the pedagogy of teacher education of recent insights into teacher behavior." *Teaching and Teacher Education*, 20(7): 665–679.

Tilly, C. (2004) *Social Movements* 1768–2004. Boulder, CO: Paradigm Publishers.

Tooms, A., and Alston, J. (2005) "What's democracy and ethics got to do with them? Administrative aspirants' attitudes towards the gay community." Paper presented at the

UCEA Annual Convention, Nashville, TN, November.

Tutu, D. (2004) *God Has a Dream.* New York: Random House.

UCEA. (2011) *UCEA Code of Ethics for the Preparation of Educational Leaders.* Charlottesville, VA: University of Virginia, May.

USA PATRIOT Act. (2001) *Uniting and Strengthening America by Providing Appropriate Tools Required to Intercept and Obstruct Terrorism.* Washington, DC: U. S. Department of the Treasury.

Vallance, E. (1973) "Hiding the hidden curriculum: An interpretation of the language of justification in nineteenth-century educational reform." *Curriculum Theory Network*, 4(1): 5-21.

Walker, K. (1995) "The kids' best interests." *Canadian School Executive*, 15(5): 2-8.

Walker, K. (1998) "Jurisprudential and ethical perspectives on 'the best interests of children.'" *Interchange*, 29(3): 283-304.

Webb, L., and McCarthy, M. C. (1998) "Ella Flagg Young: Pioneer of democratic school administration." *Educational Administration Quarterly*, 34(2): 223-242.

Weis, L., and Fine, M. (1993) *Beyond Silenced Voices: Class, Race, and Gender in U. S. Schools.* Albany, NY: State University of New York Press.

Welch, S. (1991) "An ethic of solidarity and difference." In H. Giroux (ed.), *Postmodernism, Feminism, and Cultural Politics: Redrawing Educational Boundaries,* pp. 83-99. Albany, NY: State University of New York Press.

Whyte, W. H. (1956) *The Organization Man.* New York: Simon & Schuster.

Willower, D. J. (1999) "Work on values in educational administration: Some observations." Paper presented at the annual meeting of the University Council for Educational Administration Center for the Study of Ethnics and Leadership, Charlottesville, VA, October.

Willower, D. J., and Licata, J. W. (1997) *Values and Valuation in the Practice of Education Administration.* Thousand Oaks, CA: Corwin Press.

Wraga, W. (2006) "The heightened significance of *Brown* v. *Board of Education* in our own time." *Phi Delta Kappan*, 87(6): 424-428.

Yodof, M., Kirp, D., and Levin, B. (1992) *Educational Policy and the Law*, 3rd ed. St. Paul, MN: West Publishing Company.

Young, I. M. (1990) *Justice and the Politics of Difference*. Princeton, NJ: Princeton University Press.

Young, M. D, Petersen, G. J., and Short P. M. (2002) "The complexity of substantive reform: A call for interdependence among key stakeholders." *Educational Administration Quarterly*, 38(2): 136-175.

Zaretsky, L. (2005) "Moving beyond the 'talk' toward the 'enactment' of democratic ethical educational leadership: A conversation between two principals." Paper presented at the annual convention of the University Council of Educational Administration, Nashville, TN, November.

索　　引*

* 本索引所附页码为英文原版书页码，即本书边码。

B

C

D

E

F

G

J

K

L

N

P

Q

R

S

X

Y

作者简介

琼·波琳娜·夏皮罗是天普大学教育学院教育领导学教授，天普大学教职员工委员会主席，也是新民主伦理与教育领导（New Democratic Ethical Educational Leadership，New DEEL）社区网络的联合理事。她在天普大学曾担任研究与发展学院副院长和系主任。她还曾任妇女研究项目的联合主任，以及宾夕法尼亚大学（University of Pennsylvania）实习教师的督导。她的职业生涯始于在美国和英国的初中和高中教学。夏皮罗博士在西蒙斯学院（Simmons College）获得学士学位，在宾夕法尼亚大学获得社会科学硕士学位和教育管理学博士学位，并且在伦敦大学学院教育学院，以项目评估和课程开发为主题，完成了她的博士后研究。她的成果主要涉及教育中的伦理、性别、多元文化和问责制问题。她与其他作者合著了《重塑教育多样性》（*Reframing Diversity in Education*，2002）、《城市教育中的性别：学生成就策略》（*Gender in Urban Education*：*Strategies for Student Achievement*，2004），以及《教育中的伦理领导与决策：以理论视角看待复杂困境（第3版）》（2011），并在期刊和汇编书籍上发表论文50余篇。此外，夏皮罗博士还获得过以下奖励：2004年度天普大学教育学院杰出教师奖；2006年因合著的一本关于职业伦理的书而获得威罗尔（Willower）卓越奖；2008年度获得林贝克（Lindback）基金会杰出教学奖；2009年度获得大学教育管理委员会硕士教授奖；2010年7月获劳特利奇出版社（Routledge Publishers）月度作者荣誉称号；2011年度获天普大学杰出教师奖。

史蒂文·杰伊·格罗斯是天普大学教育学院教育领导学教授和新民主伦理与教育领导社区网络的创会理事。他还担任由大学教育管理委员会资助的领导与伦理研究中心的主任。在天普大学，他曾担任临时系主任、项目协调人、合议会主席。他的研究兴趣集中于发起和维持教育组织的民主伦理创新，以及湍流理论。他的著作包括《领导力指导：在激荡时代保持学校的成功》（*Leadership Mentoring: Maintaining School Success in Turbulent Times*，2006），《保持中心：激荡时代的课程领导》（1998），《信守承诺：在激荡时代保持学校和地区的领导力》（2004）。格罗斯博士还发表了许多期刊论文和书籍章节。格罗斯博士是《领导力教育研究》（*Journal of Research on Leadership Education*）杂志的编委会成员，曾任课程开发协会（ASCD）系列课程手册编辑，佛蒙特州教育研究学会高级研究员。他曾任佛蒙特州三一学院的教育学副教授，佛蒙特州课程与教学首席专家，中国联合项目执行主任，拉特兰东北督学联盟（the Rutland Northeast Supervisory Union）课程和员工发展主任，以及费城高中社会研究教师。格罗斯博士在天普大学获得了历史学学士学位，在威斯康星大学麦迪逊分校获得中国近代史硕士学位，在宾夕法尼亚大学获得教育领导学博士学位，是哥伦比亚大学师范学院克林根斯坦（Klingenstein）研究员。格罗斯还在香港中文大学学习过普通话。

参著者简介

斯泰西·L. 阿罗诺拥有天普大学教育管理与政策研究方向的教育学博士学位。阿罗诺博士的论文《中层教育管理者：高中的分布式领导认知》（*Education's Middle Managers: High School Perceptions of Distributive Leadership*），考察了高中领导如何看待自己在部门和学校中的角色。有过两次大学教育管理委员会和大学理事会发言经历的阿罗诺博士，拥有宾夕法尼亚大学英语学士学位和教育学硕士学位。后来，阿罗诺博士在宾夕法尼亚州的一所高中教英语和新闻学，她还为该高中在全国获奖的校报提供咨询。此外，阿罗诺博士是卡布里尼学院（Cabrini College）研究生教育的兼职教授。

丽塔·M. 贝克尔获得了西马里兰学院（Western Maryland College）的课程与教学硕士学位，并获得了天普大学教育领导学博士学位。在成为宾夕法尼亚州中南部一个学区的助理督学之前，她曾担任小学教师、小学和中学校长，还曾担任小学教育指导员。贝克尔博士还是天普大学教育领导项目的兼职教授。

萨拉·M. 贝克尔在拉萨尔大学（La Salle University）获得了生物学学士学位，在天普大学获得了小学教育和教育心理学硕士学位以及教育心理学博士学位。她在费城及其郊区教了6年小学。贝克尔博士目前是位于新泽西州卡姆登市的罗格斯大学（Rutgers University）有效教育研究所的研究生教育主任。她的研究兴趣是读写能力习得和教学实习经验。

马克·布拉索夫是天普大学教育领导学博士课程的一名研究生，并从事职前教师的教学指导工作。他在匹兹堡大学获得工商管理学学士学位，在宾夕法尼亚大学获得教育学硕士学位。布拉索夫先生还是宾夕法尼亚州社会研究委员会的执行委员主任和国家宪法中心的教育研究员。在此之前，他曾在城市和郊区担任了9年的社会研究讲师，在这期间，他还担任宾夕法尼亚州第一所以历史和公民为主题的公立学校——宪法高中（Constitution High School，CSH）的教务主任。布拉索夫先生关于宪法高中的学校治理研究成果已在国内外期刊上发表。他打算以“学生声音之于学校改革的影响”为题写一篇博士学位论文。

埃伦·亨德森·布朗获得了天普大学教育领导学博士学位，主要研究高等教育管理。她获得了俄勒冈州立大学的教育咨询硕士学位以及新泽西学院传播学学士学位。在获得博士学位后不久，布朗博士即担任了天普大学学生体育学术咨询与支持中心主任。在天普大学、马里兰大学和俄勒冈州立大学为学生运动员提供了7年多的学术支持之后，布朗博士实现了她从事教学的追求，目前她是圣家大学（Holy Family University）研究生院心理咨询副教授。她专注于在学生事务辅导中心教授和指导学生，同时还教授一系列研究生和本科生课程。

科琳·A. 考德威尔在社区学院到研究型大学的教育管理领域已工作了30多年。在过去的几年里，考德威尔博士在天普大学担任教授、教育行政协调员和教育领导学系主任。在担任教职之前，她担任过多种多样的行政职务，包括：弗拉泽谷学院（Fraser Valley College）职业规划主任；费城社区大学（Community College of Philadelphia）的数学、物理学和技术科学学院的院长；宾夕法尼亚州立大学阿尔托山校区（Penn State，Mont Alto）执行主任；天普大学安布勒分校副校长兼院长；天普大学代理教务长。在整个学术生涯中，她一直坚持着自己的研究兴趣，围绕高等教育、教师职业与发展、女性领导、科学相关课程及认证等领域中被忽视群体的权利与机会问题撰写文章。考德威尔博士获得了英属哥伦比亚大学文学学士学位和社会工作学硕士学位，以及宾夕法尼亚大学高等教育领导学博士学位。

小艾伯特·F. 卡塔罗是位于宾夕法尼亚州沃明斯特的威廉·坦南特高中（William Tennent High School）的一名商业教育教师和实习项目协调员。卡塔罗先生在商界工作了20年后进入教育界。作为实习项目协调员，他与当地企业密切合作，为许多学生提供了更多的教育机会。卡塔罗先生在百年教育协会（Centennial Education Association）中担任领导职务且已当选主席。他还是天普大学教育领导方向的博士生，具有天普大学教育学硕士学位。他成功地完成了位于新泽西州劳伦斯维尔的瑞德大学（Rider University）的教师认证项目。他从新泽西州托马斯·爱迪生州立学院（Thomas Edison State College）获得了商学学士学位。他还从默瑟郡社区学院（Mercer County Community Colleges）获得了丧葬学副学士学位。卡塔罗先生的教育追求，加上他的创业努力，激发了他对高中生职业发展领域的热情。

约瑟夫·P. 杜塞特是天普大学教育心理学教授、教育学院资深副院长、教育心理研究系主任兼天普大学教育学院代理院长。杜塞特博士在威斯康星大学欧克莱尔分校获得了心理学和经济学学士学位，在康奈尔大学获得了实验心理学博士学位。他的研究兴趣包括归因理论、教学评价、项目评价和学习风格。他写了很多文章，还合著出版了一本关于中学校长的书。他研究的中心主题是多样性对教学的影响。

玛丽·M. 菲古拉曾任校长、副校长、课程专家、阅读专家以及五年级教师。她获得了布鲁姆斯堡大学（Bloomsburg University）学士学位，库兹敦大学（Kutztown University）阅读教育硕士学位，宾夕法尼亚州立大学校长资格证书，以及天普大学的督学证书。她于2012年12月获得维拉诺瓦大学（Villanova University）人力资源硕士学位，并获得高级人力资源管理专家（Senior Professional in Human Resources，SPHR）认证。除了在第七届多伦多领导会议上发言外，她还在南卡罗来纳州、宾夕法尼亚州和特拉华州的多个学区举办了员工发展工作坊。她目前从事教育咨询和行政代办（administrative substituting）工作。

戴维·X. 菲特已从天普大学的教学和行政岗位上退休。他曾是天普大学教育学院课程、教学及教育技术学系的实践副教授。他曾担任职前教师的实习主任和实习教师主管。此外，他还获得了宾夕法尼亚州学校心理师的资格认证。菲特博士拥有宾夕法尼亚大学测量、评估和测验方向的博士学位。他的研究兴趣包括课堂学习评估和项目评估。他与其他作者正合编一本电子教科书，聚焦如何培训职前教师在课堂上使用技术。

肯德尔·L. 格洛纳获得了米勒斯维尔大学（Millersville University）的小学教育学士学位和天普大学的教育管理硕士学位。她曾在宾夕法尼亚州霍舍姆市的哈特伯勒-霍舍姆学区做小学教师、校长和课程主任，目前是宾夕法尼亚州蒙哥马利中级学校的课程、教学和专业发展部主任。

埃米莉·L. 格罗斯住在纽约市的布鲁克林。她拥有佛蒙特大学公共传播专业学位，目前正在纽约大学罗伯特·F. 瓦格纳公共服务研究生院攻读硕士学位，其研究方向是公益性和非营利性的管理和政策。格罗斯女士还在负责纽约国际品牌集团的全球交流团队工作。除了拥有普通话学习和在中国生活的丰富经历外，格罗斯女士还曾在澳大利亚悉尼的埃德蒙·赖斯社会正义中心（Edmond Rice Centre for Social Justice）等非营利组织工作。

凯利·D. 哈博作为一名教师和行政人员，从事教育工作已经超过23年了。她在宾夕法尼亚州立大学获得硕士学位，在天普大学获得博士学位。哈博博士的研究兴趣聚焦于校园暴力，尤其是炸弹威胁问题。目前她是宾夕法尼亚州多个学区的教育顾问。

塔米卡·C. 哈维对她从事了10多年的帮助残疾儿童的工作充满激情。目前，她在宾夕法尼亚州费城的一所非传统学校（Alternative School）担任教学专家。她在天普大学获得小学/幼儿/特殊教育学士学位和教育管理硕士学位。2006年春，哈维还获得了美国大峡谷大学（Grand Canyon University）的特殊教育领域的教育硕士学位，并继续攻读心理学博士学位。

桑迪·M. 霍梅尔在巴克斯县的公立学校做了近40年的教师和行政人员。她的任职经历包括：中学数学教师；高中数学部主任；战略规划内部协调师；初中、高中校长；中学教育指导员；特殊教育指导员；督学助理；副督学及代理督学。她是天普大学高等教育领导专业的全日制博士生。霍梅尔女士在弥赛亚学院（Messiah College）获得文学学士学位，在天普大学获得教育科学硕士学位，并获得校长资格证书，在阿卡迪亚大学（Arcadia University）获得督学资格证书。

诺艾尔·杰奎琳目前在新泽西州大西洋郡的一所高中担任督学。在此之前，她是新泽西州开普梅县的一名主任兼校长，也是宾夕法尼亚州巴克斯县的一名督学。杰奎琳女士拥有英语学士学位、教育管理学硕士学位、课程硕士学位，并完成了天普大学博士学位的所有课程。此外，她还在罗格斯大学、罗文大学和哈佛大学修完了其他研究生课程。她积极参与和监督新泽西州的政治和教育发展。投身教学和行政管理 21 年的经历，使她深刻地意识到教育中高伦理标准的重要性。

威利特·琼斯在过去的 11 年里一直是宾夕法尼亚州费城菲特勒研究组织附属磁石小学（Fitler Academics Plus Elementary Magnet School）的校长。她有着广泛的教学经历，从小学阶段的特殊教育教师，到研究生阶段的教育学兼职教授。此外，她还在费城学区的各种教育会议上主持工作坊和开展教师专业发展工作。琼斯女士是几项著名学术成就奖的获得者，包括教育领域的罗斯·林登鲍姆改进奖、数学教育领先奖、年度校长奖。目前她正在获取天普大学督学资格证书。

詹姆斯·康拉德是宾夕法尼亚州费城世界通信特许学校（World Communication Charter School）的副校长。在做副校长之前，他是一名特殊教育协调员以及高中数学和英语教师。他在杜肯大学获得学士学位，在天普大学获得硕士学位。目前他正在天普大学攻读博士学位，他的论文将探讨特许学校的组织结构问题。

克里斯托弗·J. 莱克是黑泽尔顿地域学区负责教学的行政人员。在此之前，他受聘于宾夕法尼亚州教育部门，是一名杰出的教育工作者，负责高风险学区的相关工作。莱克博士作为一名教育工作者，在公立、私立和教区机构工作了 20 多年。他拥有斯克兰顿大学和天普大学的研究生学位。

他的博士学位论文关注的是获得国家委员会认证的教师如何利用自省技能来提高学生的成绩。

莫琳·F. 林顿著有一本关于从两年制转至四年制大学的转校生适应性问题的教材。她在天普大学教育学院获得教育学博士学位。林顿博士的学位论文探讨了转校生的适应情况和韧性以及其他成人学习理论对学生获得学士学位能力的影响。多年来，林顿博士在天普大学担任转学招生部（Transfer Admissions）协调员，同时也是教育学院的一名兼职教授。她对成人教育和转学生教育的学位完成问题的兴趣，促使她与天普大学教育学院展开合作，进行相关研究，并为项目寻找资金支持。

肖恩·利特尔当了10多年的班主任。目前他在宾夕法尼亚州的阿宾顿初中（Abington Junior High School）教七年级地理。此前，他在新泽西州万宝路中学（Marlboro Middle School）教七年级的世界文明课程。利特尔博士获得了拉萨尔大学文学学士学位以及天普大学教育管理学硕士和博士学位。他的学位论文聚焦绩效工资对教师留任的影响。

卡罗尔·A. 洛佩斯在宾夕法尼亚州中南部的一所小学担任校长已有8年。她在库兹敦大学获得小学教育学士学位，在利哈伊大学（Lehigh University）获得硕士学位以及阅读专家证书，而后开始了29年的教育生涯。她曾在宾夕法尼亚州城市和郊区的中小学担任阅读专家和英语教师。在当教师的后来几年里，她从宾夕法尼亚州立大学获得了校长资格证书。她目前正在天普大学攻读教育领导学博士学位。她在学位论文中所显露的教育兴趣集中在教师实习和大学预修项目上。

特里·M. 麦克唐纳是新泽西州布里奇沃特市拉里坦高中（Bridgewater-raritan High School）的一名高中辅导员。她在那里做了20多年的辅导员工作。她在新泽西州蒙特克莱尔州立大学（Montclair State University）获得了健康和体育教育学士学位，在新泽西州肯恩大学（Kean University）获得了学生人事服务硕士学位。麦克唐纳博士获得了天普大学教育领导学博士学位。她的博士学位论文对学校辅导员如何在工作中做出伦理性决策进行了批判性分析。

伊冯尼特·J. 马歇尔是牙买加大学理事会的执行董事，该理事会是国家高等教育质量保障机构。马歇尔博士在牙买加和美国从事教育工作已有34年之久。十多年来，她一直担任教育部门高等教育单位的高级教育官员。作为一名科学教育工作者，她参与了教学、课程开发、测试和评价以及教师培训等工作。她还关注当地、区域和国际层面的质量保证和认证标准的发展和监督。此外，她还负责牙买加的中学督学、战略规划和高等教育政策开发。她从西印度大学获得了化学学士学位，从纽约州立大学布法罗分校获得科学教育硕士学位。马歇尔博士还获得了天普大学教育管理学博士学位。

珍妮特·M. 梅正值在宾夕法尼亚州约克县的西约克学区做高中校长的第10个年头。她曾在约克县其他学区担任特殊教育教师、教学顾问、小学校长和学生服务主任。她在玛丽伍德大学（Marywood University）获得了特殊教育学士学位，在米勒斯维尔大学获得了学校咨询教育硕士学位和西马里兰学院教育管理科学硕士学位。她目前是天普大学教育领导学专业的准博士生。

罗伯特·J. 墨菲是天普大学医院和天普大学医学院病理学和检验医学系的行政主任。他曾担任费城圣约瑟夫大学卫生管理服务研究生教育项目的兼职讲师长达23年。墨菲博士在天普大学获得了工商管理硕士、教育学硕士和教育学博士学位。他的研究兴趣聚焦于美国和加拿大医学和护理专业本科院校的伦理学课程设计。

爱德华·L. 迈尔斯拥有宾夕法尼亚州东斯特劳兹堡大学（East Stroudsburg University）的理学学士和教育学硕士学位。他在阿尔弗尼亚大学（Alvernia University）修完了教育领导学的研究生认证项目课程。他还在圣约瑟夫大学完成了教育、行为/心理健康领域的研究生学习及研究。最近，他在天普大学获得了教育领导学博士学位。他还担任《教育政策、规划和管理》（*Journal of Education Policy, Planning and Administration*）期刊的执行主编。他的博士学位论文主要涉及情商和关怀伦理之于男性学校领导者行为的影响。迈尔斯博士在他18年的职业生涯中，分别在公立高中、学院/大学和社区机构中负责过行政、教学、指导和咨询等工作。

卡伦·R. 内尔是宾夕法尼亚州兰开斯特舍费尔小学（Schaeffer Elementary School）的校长，此前她曾在曼海姆镇高中（Manheim Township High School）担任副校长。作为一名前中学社会研究教师，她曾获得米勒斯维尔大学历史学和政治学学士学位以及天普大学政治学硕士学位。她是2008年赴印度和斯里兰卡留学的富布赖特-海斯奖学金获得者，还在2011年参加了中美管理者交流项目。内尔博士还在米勒斯维尔大学获得了教育领导学硕士学位和校长资格证书，并获得了天普大学教育领导学博士学位。

詹姆斯·M. 奥康纳从事教育专业工作已经35年了，他的职业生涯是从在一所半农村式的中学担任技术教育教师开始的。目前他是一个学区的学校主任，同时在一个邻近学区继续担任中学行政人员，对此他已有15年的经验。奥康纳博士曾在大学担任兼职讲师，并经常承担教师培训课程。2007年，他获得了天普大学的博士学位，主要研究方向为体验式教育。

克里斯滕·R. 夸克做了8年的班主任。目前她在宾夕法尼亚州伯温市的特里夫林-伊斯特敦中学（Tredyffrin-Easttown Middle School）讲授数学和特殊教育。在此之前，她在宾夕法尼亚州多伊尔斯敦的中巴克斯西部高中（Central Bucks West High School）教书。她在范德比尔特大学（Vanderbilt University）获得了数学、中等教育和特殊教育的学士学位，在维拉诺瓦大学获得了教育领导学硕士学位。目前，她是天普大学教育领导学专业的博士生。她的学位论文聚焦研究教师效能感问题。

辛西娅·L. 瑞恩汉是约克县西南学区教学支持督学的助理。在这个职位上，瑞恩汉博士负责特殊教育和学生服务，同时监督该学区的其他教育项目，为支持教师、学校辅导员、教学支持团队、护士、演讲师和专业治疗师提供指导。此外，瑞恩汉博士还是宾夕法尼亚州约克学院教育系的兼职教授，目前她正为那些胸怀大志的管理者和阅读专家讲授教育研究导论课程。她在天普大学获得了教育管理学博士学位。

苏珊·H. 夏皮罗是纽约市一家托儿所的主管。20多年来，她一直担任各类幼儿园的主管。她还做过学前教师。夏皮罗博士在尤金·朗学院（Eugene Lang College）的新社会研究学系获得了儿童心理学学士学位，在银行街教育学院（Bank Street College of Education）获得了小学及幼儿教育硕士学位。她在纽约大学教育领导项目中获得博士学位。她的博士学位论文关注的是2001年“9·11”事件对幼儿主管的影响。夏皮罗博士还担任过教育领导力在线课程的高等教育讲师，获得过学校员工发展基金资助，并撰写过有关伦理领导的文章。

杰米·R. 舒达拥有超过10年的公共教育经验，她与教师、学生和大学工作人员一起开发了创造性的科学课程，例如，她的基础教育获奖项目“生物之眼”（BioEYES），覆盖了全国25000多名学生。她的研究重点是探讨非正式科学教育在基础教育学校开发有效的科学课程方面所起的作用，以及成功的大学与社区伙伴关系的特点，以加强本科阶段的STEM教育。舒达博士目前是宾夕法尼亚大学生命科学外联部主任，她拥有德雷克塞尔大学（Drexel University）的理学硕士学位和教学资格证书，以及天普大学教育领导学博士学位。

艾利森·J. 斯塔普林目前是华盛顿州西雅图的一名私人教育顾问，旨在帮助各个家庭为各个层次的学生制定个性化学习计划。她还帮助大学预修学生，包括那些有学习差异和注意力缺陷多动障碍的学生，在高中和高等教育层次学校入学。斯塔普林博士作为宾夕法尼亚州费城的一所预修舞蹈寄宿学校的创始人之一，在担任该校教学部和招生部主任8年之后搬到了西雅图。她曾是一名专业芭蕾舞演员，也从事非营利性工作以及艺术和教育研究。她在天普大学获得教育领导学博士学位。

梅莉萨·斯特巴是一位经验丰富的辩护律师，对一些关于学生权利、心理健康和法律之间交叉的问题相当熟悉。她在纽约大学承担管理工作多年，并在天普大学担任讲师，在法学院讲授研究生课程。她获得了维拉诺瓦大学法学博士学位，宾夕法尼亚大学教育政策学博士学位。她的研究重点是性别平等、伦理和正当程序权利问题。

莉萨·马里·沃勒毕业于宾夕法尼亚州哈里斯堡的高中，成绩排在班级前10%，之后就读于宾夕法尼亚州立大学。在大学期间，她提升了自己的教学能力，有了更广阔的视野，1990年毕业获得社会研究教育学士学位时被列入院长名单。沃勒在接下来的6年里一直担任高中教师。在此期间，她获得了大量奖项，包括年度教师奖。离开教师队伍后，沃勒女士在天普大学攻读教育管理学硕士学位期间，担任了4年的中小学副校长。作为科技高中（SciTech High School）的创始人之一，沃勒女士成为该校的主任，并担任这一职务多年。她正在天普大学攻读教育管理学博士学位。

埃里克·沃特斯在天普大学获得了教育领导学博士学位，主要研究城市教育和辍学预防策略。他还拥有宾夕法尼亚州林肯大学（Lincoln University）工商管理学士学位和宾夕法尼亚州立大学课程与教学硕士学位。他曾任中学社会研究教师和校足球队教练，也曾任学区资助办公室主任。受一位八年级教师的启发，沃特斯博士成功地竞选上宾夕法尼亚州哈里斯堡市的市议员席位。目前，沃特斯博士在WT咨询集团工作，为儿童早期教育项目和公立特许学校提供服务。

特洛伊·L. 威斯汀拥有天普大学教育管理学博士学位。威斯汀博士目前是多佛区域学区（Dover Area School District）的首席小学校长（Lead Elementary Principal），他在那里做管理者已长达12年。在他20多年的教育生涯中，威斯汀博士分别从事过体育教练、健康教育工作者、高风险学生项目协调员、学生事务主任、中学副校长和小学校长等职务。他获得了宾夕法尼亚州西彭斯贝格大学（Shippensburg University）的生物学学士学位以及宾夕法尼亚州立大学健康教育硕士学位和管理资格证书。

杨光2010年在天普大学获得教育管理学硕士学位。在杨先生来美国之前，他获得了中国北京语言大学对外汉语教学学士学位。作为一名国际生，他从2009年到2010年在天普大学度过了四个学期。毕业后，他在费城乔治·麦考尔将军小学（General George McCall Elementary School）实习。后来，他搬到华盛顿特区，在当地一家语言学校担任中文教师。

道格拉斯·赞德是米勒斯维尔大学分管招生管理工作的副校长。他是天普大学2008届的毕业生，获得了教育领导学博士学位。他的论文研究重点是，在以白人学生为主的农村学校里，那些来自城区的非裔美国学生成功坚持完成学业的策略。赞德博士将这一研究成果应用于他目前工作的学校的一个机会项目（opportunity program）改革，并与同事们一起面向全国展示了该项目改革所取得的积极成果。

译后记

越是有影响力的作家，他们对于时代和人性的认识就越自觉。1859年，英国作家查尔斯·狄更斯（Charles Dickens）在他脍炙人口的《双城记》开篇“时代”中写下了广被引述的名段：“那是最好的年月，那是最坏的年月，那是智慧的时代，那是愚蠢的时代，那是信仰的新纪元，那是怀疑的新纪元，那是光明的季节，那是黑暗的季节，那是希望的春天，那是绝望的冬天，我们将拥有一切，我们将一无所有，我们直接上天堂，我们直接下地狱。”

而政治领袖对于时代的把握和掌舵就更具有引领方向、凝心聚力的作用。2017年，习近平总书记在中国共产党第十九次全国代表大会上的报告中指出，我们已迈入中国特色社会主义的新时代，这个新时代，是承前启后、继往开来、在新的历史条件下继续夺取中国特色社会主义伟大胜利的时代，是决胜全面建成小康社会、进而全面建设社会主义现代化强国的时代，是全国各族人民团结奋斗、不断创造美好生活、逐步实现全体人民共同富裕的时代，是全体中华儿女勠力同心、奋力实现中华民族伟大复兴中国梦的时代，是我国日益走近世界舞台中央、不断为人类做出更大贡献的时代。

生活在雅斯贝斯所说的“轴心时代”的中国早期文化的集大成者孔子，从今天的教育领导学视野看，也是一位伟大的校长和教育领导学者。孟子敬重孔子，他明确地说：“自生民以来，未有盛于孔子也。”孟子如此盛赞孔子，与他认为孔子是一位特别具有时代意识、能够与时俱进的至圣先师这一点分不开。孟子认为："伯夷，圣之清者也；伊尹，圣之任者也；柳下惠，圣之和者也；孔子，圣之时者也。"这里所谓的圣之时者，就是突出强调孔子是一位紧跟时代和能推动时代发展的伟大教育者与领导者。

而我们今天所生活的这个时代，较之以往无论是在变化的节奏、方式还是在变化的范围、性质等方面，都更复杂和具有挑战性。有人将我们今天所生活的时代称为"加速时代"（the Age of Accelerations）。所谓加速时代，是指"市场、大自然和摩尔定律的同时加速构成了'加速时代'，这就是我们现在身处的时代。这些力量是今天驱动世界机器运转的核心部件。这三种力量的加速也在相互影响，摩尔定律的加速驱动了全球化的加速，全球化的加速驱动了气候变化的加速，而摩尔定律的加速也对气候变化和我们面临的许多其他挑战提供了更多的潜在解决方案，同时也在改变现代生活的方方面面"①。也有人将我们所生活的时代称为"乌卡时代"（VUCA），以此突显当下时代的变动性与不确定性。乌卡是从VUCA音译而来，是对volatility（波动性）、uncertainty（不确定性）、complexity（复杂性）和ambiguity（模糊性）四个单词首字母的缩写。这四个词语最早出于本尼斯（Warren Bennis）和纳努斯（Burt Nanus）在1985年出版的《领导者：管理的策略》（*Leaders：The Strategies for Taking Charge*）一书。本尼斯和纳努斯指出，在剧烈变革的时代，组织面临的问题日益复杂，任何组织都有一大堆进退两难的问题需要处理。如此，领导者是否拥有应对波动性、复杂性、模糊性、不确定性事件的能力就变得至关重要。

我国当今的教育领导与管理研究者对于这个加速变动的"乌卡时代"，虽然不能说是毫无觉察，但也很难说形成了什么系统深入的研究。通常，我国的教育领导与管理研究者多热衷于将变动时代作为一个不言而喻的前提予以对待，缺少科学理性的、富有逻辑的分析和有深度的学理性构建。在这方面，西方的一些教育领导与管理学者无疑走在了我们的前面，展现了令人惊讶的时代敏感性和研究前瞻性。而美国天普大学教育学院教育领

① 资料来源：弗里德曼．谢谢你迟到：以慢制胜，破题未来格局［M］．长沙：湖南科学技术出版社，2018：24.

导学教授琼·波琳娜·夏皮罗和史蒂文·杰伊·格罗斯，就是其中的两位佼佼者。他们在合撰的《激荡时代的伦理教育领导：破解伦理困境（第2版）》一书中，对变动时代所引发的伦理教育领导困境展开了既有广度又有深度的阐释。他们在构建激荡时代的概念框架时所展现出来的理论魅力，以及在具体剖析伦理教育领导冲突时所表现出来的情境感染力，令人佩服不已。在翻译该书的过程中，我们不时为两位著者所展露的出众才智和深谋远虑所折服。

两位著者在《激荡时代的伦理教育领导：破解伦理困境（第2版）》一书中开宗明义地讲，这个时代动荡不安，战争、恐怖主义、自然灾害、金融风险、问责制和高风险测试这些问题离我们并不遥远。当然，强调我们今天所生活时代的动荡，看起来并没有什么值得大惊小怪的。时代的动荡特征在教育界特别是经过新冠疫情的冲击后似乎已成为人们的一个共通认知。联合国教科文组织前总干事伊琳娜·博科娃在为《反思教育：向“全球共同利益”的理念转变?》所作的序言中也曾明言，21世纪就是一个动荡的时代，“虽然不同社会之间的联系比以往任何时候都更加密切，但是偏执和冲突现象依然层出不穷。虽然新的权力中心正在形成，但不平等现象还在持续加剧，地球正承受着压力。虽然可持续、包容性发展的机会广阔，但是挑战也是十分严峻和复杂的”①。

两位著者并不能未卜先知。他们在该书初版的2007年和第2版的2013年，不可能预见2020年人类会遭遇像新冠肺炎这样的全球性大流行病。但他们的高明之处在于，冷静而理性地探讨了人类应如何认识和处理类似于新冠疫情、“9·11”恐怖袭击等这类高度不确定性突发事件背后的动荡困境。为此，他们创新性地提炼并系统阐发了把握激荡时代的湍流理论。这是本书的第一个重要理论贡献。湍流理论就其本质而言，是一种基于动荡、面向动荡和认识动荡的科学理论。根据湍流理论的观点，所有动荡都将归于四种不同程度的类型，即轻度湍流、中度湍流、重度湍流和极

① 资料来源：联合国教科文组织．反思教育：向“全球共同利益”的理念转变？[M]．北京：教育科学出版社，2017：1.

端湍流。理论还进一步构建了位置性、级联和稳定性三个概念来识别、鉴定湍流，提出了湍流并非都是坏的、消极的和需要避免的观点。从某种意义上讲，湍流之于组织的活力与发展，也是不可或缺的，重要的是对其进行科学认识、鉴别和主动应对。

本书的第二个理论贡献是著者提出了一个极具解释力的连通正义、批判、关怀和职业的多元伦理范式框架。越是面对动荡的境况，越是需要教育领导者融入伦理的观照。“岁寒知松柏”，“患难见真情”。按照两位著者的意见，在无法逃避的动荡冲突中进行领导决策，运用多元伦理的视角是极其重要的。大体上看，正义伦理多涉及权利、法律和政策，优先强调公正、平等和个人自由的重要性。批判伦理则倡导心智的解放和自由，主张对习以为常的文化、权力和语言展开批判性分析，要特别关注有关阶级、种族、性别和其他差异所裹挟的价值难题。关怀伦理更多地与女权主义者的卓越努力分不开，更偏爱用忠诚、信任、授权、关注、联结、支持等术语来讨论问题，正如女权主义教育家诺丁斯所言，“关心和被关心是人类的基本需要。我们需要被他人关心”，“同样，我们也需要关心他人”，“学校的首要任务是关心孩子。我们应该教育所有孩子不仅要学会竞争，更要学会关心。教育的目的应该是鼓励有能力、关心他人、懂得爱人、也值得别人爱的人的健康成长”。[①] 最后，职业伦理是一种工作伦理和专业伦理。对于校长等教育领导者来说，维护学生的利益成为所有决策的出发点和落脚点，这恰如《教育领导政策标准：ISLLC 2008》所强调的，教育领导者必须通过正直、公平和道德的方式来促进每个学生的成功[②]。

本书的第三个贡献，也是它的一个鲜明特征，即全书以鲜活生动和充满张力的案例引导学习者思考教育领导与管理难题，进而给人一种强烈的身临其境之感。两位著者为学习者编撰了 40 多个案例，并在案例后提出

---

① 资料来源：诺丁斯．学会关心：教育的另一种模式［M］．北京：教育科学出版社，2003：1，5.

② 参见本书第 1 章的相关内容。

了极具启发性的思考题供人们研讨。这些案例除了少数几个是由大学现任教师撰写的之外，绝大多数都是由在天普大学攻读教育领导学学位的研究生所撰写的。这些研究生大多数有着丰富的工作经历，对教育领导与管理实践中遭遇的困境冲突体悟较深。这就使得这些案例具有了生动的现场感，加之这些案例都是在某一时刻真实发生过的事件，案例撰写者要么是一定程度地卷入了事件，要么是相当熟悉这一事件的发生发展过程。这就使得这些案例的真实性和情感性有了充分的保障。不仅如此，由于这些案例的写作还得到了两位著者的有力指导，故事能够在湍流理论和多元伦理教育领导范式的复合框架中展开叙述，这更强化和彰显了所选编案例的目的性、针对性及实用性。学习者基于著者构建的理论框架，能在一个特定时空中有所依循地展开对话研讨，从而为避免漫无边际地夸夸其谈创造了条件。须知，传统的教育领导与管理教学存在两个明显的问题：一是纯粹研读理论，学习者谈起来口若悬河，却浑然不知从哪儿来又要到哪儿去；二是囿于实务、困于权术，只知琐事天大却不明行动的内里精神。本书从构建理论框架出发，开发案例和实施案例教学，为我国当下的教育领导与管理教学改革提供了重要参考。很长时间以来，我国的教育领导与管理教学之所以难以摆脱理论与实践“两张皮”的困扰——不是偏执于理论，就是障目于具体事务，盖因未能有效平衡好理论框架与案例教学两者的关系。近年来，尽管案例开发与案例教学在教育领导与管理专业领域受到了越来越多的重视，但真正能切入主旨的课堂教学改革还是难得一见的，现有的案例教学状况与人们的期待相比，尚存较大差距。就此而论，我们有理由相信，该著作的翻译出版，对于改善我国的教育领导与管理教学，全面提升人才培养质量，会大有裨益。

我在教育管理学和教育领导学两门课程的教学中，曾将该著作列为学习参考书目。南京师范大学教育领导与管理、教育经济与管理两个专业的部分研究生和我一起研读过此书。在此基础上，我指导的两位研究生，蒋婷和陈文芳，她们主动请缨，担负起本书的初译工作。其中，蒋婷承担了第 1 章至第 5 章的翻译工作，陈文芳承担了第 6 章至第 10 章的翻译工作。

翻译过程中，我对她们的翻译进行了及时跟踪、指导，对翻译文本进行了审修。另外，本书的前言、致谢、作者和参著者简介及书末的索引等文字材料，是由我们共同翻译并经我主校的。我在这里提及这些，是想与大家分享一种感受，即翻译是一件很吃力费神的事情，但我们在翻译的过程中也强烈地感受到了两位著者的智慧和使命担当，这让我们在经历辛苦的同时也感受到了学习的快乐，从而让我们对孔子所说的“知之者不如好之者，好之者不如乐之者”有了更深切的体会。正是这种受益良多的过程，为我们做好著作翻译注入了源源不断的动力。当然，尽管我们希望译好该著作，但终因能力水平有限，不妥乃至错误之处在所难免。我们真诚地邀请大家给予批评指正，以便将来再版时修订完善。

最后，再次感谢两位著者为我们贡献了这样一部精彩的作品！感谢与该著有缘相遇的各位读书人！特别感谢精心编辑、出版该书的教育科学出版社及本书的责任编辑翁绮睿和秦欢。两位编辑在审校书稿中表现出来的敬业精神和专业水平，从底线上保证并提升了译作的质量。正是因为大家共同的推动和无私的付出，才有了这本译作的面世及这套译丛的诞生。

张新平

2023 年 8 月

于滁州碧桂园欧洲城

Ethical Educational Leadership in Turbulent Times: (Re) Solving Moral Dilemmas (Second Edition)
By Joan Poliner, Shapiro; Steven Jay, Gross